中国保険業における開放と改革

政策展開と企業経営

伊藤 博 著
Ito Hiroshi

御茶の水書房

中国保険業における開放と改革
―― 政策展開と企業経営 ――

目　次

目　次

序章 ……………………………………………………………………… 3
 1. 問題意識　3
 2. 先行研究　5
 3. 研究方法および本書で使用した主な資料　8
 4. 金融システムにおける保険の位置　9
 5. 保険の分類　10
 6. 本書の構成　13

第Ⅰ部　中国保険市場の生成と発展

第1章　中国人民保険公司（PICC）の成立から実質的消滅まで ……… 19

 はじめに　19
 第1節　中国保険業前史　20
 第2節　中国人民保険公司（PICC）の成立　22
 第3節　保険会社の接収と公私合営化　27
 第4節　強制保険制度施行による資本回収　32
  1. 強制保険制度施行　32
  2. 指導幹部の認識　34
 第5節　国内業務引受け停止　37
  1. 北京市の状況　37
  2. 天津市、浙江省および上海市の状況　41
 おわりに　45

第2章　中国における保険業の対外開放 ……………………………… 49

 はじめに　49
 第1節　開放政策の萌芽から外資の営業認可へ　50
  1. 開放政策の萌芽　50
  2. 日中共同保険構想　51
  3. PICCの海外進出と外国保険会社北京駐在員事務所設立　52

第2節　外国保険会社の中国進出　54
　　　1．金融業における対外開放と外国保険会社の中国戦略　54
　　　2．「上海外資保険機構暫定管理弁法」制定　57
　　　3．AIGへの営業認可付与　59
　　　4．AIGの中国政府対策　60
　　　5．諸外国の保険業進出　62
　　第3節　WTO加盟による変化　64
　　　1．AIGの特権　64
　　　2．WTO加盟に関わる約束の遵守状況と保険行政の変化　65
　　おわりに　67

第3章　中国における保険業の改革 …………………………73

　　はじめに　73
　　第1節　中国人民保険公司の組織再構築　74
　　第2節　国内業務復活において政府が果たした役割　79
　　　1．国務院の動き　79
　　　2．「保険企業管理暫定条例」制定による競争体制の出現　81
　　　3．PICC・平安保険・中国太平洋保険による市場競争　82
　　第3節　「中国保険法」の制定による市場規範化　86
　　　1．「中国保険法」の立法過程　87
　　　2．PICCの体制改革　89
　　第4節　WTO加盟による改革の集大成　93
　　おわりに　95

第Ⅱ部　保険会社の経営に現れた開放と改革の具体像

第4章　保険会社の経理と経営指標 ………………………101

　　第1節　損害保険と生命保険の経理上の特徴　101
　　第2節　保険会社の経営指標　104
　　　1．損害保険会社の経営指標　104
　　　2．生命保険会社の経営指標　109
　　　3．日本の保険会社の経営指標　113
　　　4．中国保険業界の全体像　114

第 5 章　中国人民保険グループの発展戦略と経営状況 ……… 119

はじめに　119

第 1 節　国内業務復活期（1980 年～1985 年）の
　　　　経営戦略と経営状況　121
　1．国内業務復活期の経営戦略　121
　2．国内業務復活期の経営状況　125

第 2 節　業務発展期（1986 年～1991 年）の経営戦略と経営状況　128
　1．業務発展期の経営戦略　128
　2．業務発展期に実施された諸改革　129
　3．業務発展期の経営状況　132

第 3 節　競争激化期（1992 年～1995 年）の経営戦略と経営状況　134
　1．競争激化期の経営戦略　134
　2．競争激化期の経営状況　135

第 4 節　生損保分離期（1996 年～2000 年）の経営戦略と経営状況　137
　1．生損保分離期における損保の経営戦略　137
　2．生損保分離期の損保経営指標　138
　3．生損保分離期における生保の経営戦略　140
　4．生損保分離期の生保経営指標　142

第 5 節　グループ会社化推進期（2001 年～2006 年）の
　　　　経営戦略と経営状況　142
　1．グループ会社化推進期における損保の経営戦略　142
　2．グループ会社化推進期の損保経営指標　144
　3．グループ会社化推進期における生保の経営戦略　146
　4．グループ会社化推進の生保経営指標　148

おわりに　150

第 5 章補論　PICC における縦横の管理ライン ………………… 153

第 1 節　PICC と党および政府との領導関係　153
第 2 節　資産運用から見た PICC の領導関係　156
第 3 節　決算および利益配分から見た PICC の縦の業務関係　168

目 次

第6章　中国平安保険グループの発展戦略と経営状況……… 173

はじめに　173

第1節　創業期（1988年～1992年）の経営戦略と経営状況　175
　1．創業期の経営戦略　175
　2．創業期の経営状況　177

第2節　コングロマリット志向期（1993年～1996年）の
　　　　経営戦略と経営状況　179
　1．コングロマリット志向期の経営戦略　179
　2．コングロマリット志向期の経営状況　181

第3節　生保伸長期（1997年～2002年）の経営戦略と経営状況　184
　1．生保伸長期の経営戦略　184
　2．生保伸長期の経営状況　192

第4節　生損保分離期（2003年～2006年）の経営戦略と経営状況　194
　1．生損保分離期の経営戦略　194
　2．生損保分離期の生保経営指標　196
　3．生損保分離期の損保経営指標　198

おわりに　199

第7章　中国太平洋保険グループの発展戦略と経営状況…… 203

はじめに　203

第1節　交通銀行再建から太平洋保険設立へ　205

第2節　創業期（1991年～1994年）の経営戦略と経営状況　210
　1．創業期の経営戦略　210
　2．創業期の経営状況　213

第3節　業務発展期（1995年～1997年）の経営戦略と経営状況　217
　1．業務発展期の経営戦略　217
　2．業務発展期の経営状況　219

第4節　調整期（1998年～2000年）の経営戦略と経営状況　221
　1．調整期の経営戦略　221
　2．調整期の経営状況　224

第5節　グループ会社化推進期（2001年～2006年）の
　　　　経営戦略と経営状況　226
　1．グループ会社化推進期の経営戦略　226

2． グループ会社化推進期の損保経営指標　230
　　3． グループ会社化推進期の生保経営指標　231
　第6節　自動車保険を巡る全国的な動き　233
　おわりに　235

第8章　保険会社の経営比較 ……………………………239

　第1節　1980年～1990年の状況　239
　第2節　1991年～1995年の経営戦略と経営状況　240
　第3節　1996年～2000年の経営戦略と経営状況　242
　第4節　2001年～2006年の経営戦略と経営状況　245
　第5節　経営状況に対する全体的な評価　248
　第6節　中国保険市場の特徴　251
　　1． 改革開放期の中国保険市場　251
　　2． 各国の生保市場に現れた差異　255

結びにかえて ……………………………………………259

あとがき …………………………………………………267

参考文献一覧 ……………………………………………271

索　引 ……………………………………………………277

中国保険業における開放と改革
―― 政策展開と企業経営 ――

序　章

1. 問題意識

「保険は、時代を映す鏡である」と言われる。たとえば、海上保険は14世紀に海上交易が発達したイタリアで生まれた。火災保険は、1666年のロンドン大火を契機として考案された。近時においては、1885年にドイツのベンツ（Carl Benz）がガソリンエンジン車を開発し、その10年後の1895年に世界最初の自動車保険が、イギリスで引受けられるようになった。このように、時代の変化に伴って新しいリスクが生まれ、それに対応するために新種の保険が開発されてきた。

さらに、「保険は、社会を映す鏡である」とも言える。たとえば、日本では、生命保険によって死亡保障を得ることが一般的である。日本の生命保険は、被保険者本人のためではなく、家族のための保険である。アメリカで販売されている生命保険商品のうち50％以上は、被保険者本人のための年金保険である。また、団体医療保険のウェイトも高い。これらの現象は、アメリカには国民皆保険制度がなかったことを反映している。イギリスやフランスでは、死亡保障タイプの生命保険はほとんど販売されておらず、資産運用に特化した生命保険のシェアが8割から9割を占めている。英仏両国の生命保険も、被保険者本人のための保険である。このように、保険は現代社会のありようの一端を示しているとともに、その社会が歴史的にどのように変化してきたかを知るための手引きともなる。

筆者は、現代中国に大きな変革を起こした改革開放政策が、どのように展開されたのかについて、強い関心を抱いている。その理由は、改革開放政策

の展開過程を明らかにすることが、現代中国で起きている諸現象の解明に極めて有効だと考えるからである。そこで、本書では、「保険」を題材として、現代中国における開放と改革のあり方を分析したい。すなわち、本書では、中国における計画経済から市場経済への移行とその程度を、保険業を通じて検証する。

　問題意識の一端として、書名（『中国保険業における開放と改革』）について、述べておきたい。通常、中国では、たとえば、「1979年に改革開放政策が開始された」というように、「改革」が「開放」の前に来る。中国保険業においては、1959年から1979年までの20年間にわたり、極めて小規模の貿易関連保険を除いて、実質的に保険の引受けが行われていない時期があった。そのため、改革開放初期において、中国保険業には改革をなすべき対象が存在せず、むしろほとんどゼロからの再出発を余儀なくされた。中国保険業の改革は、1980年代半ばに始まったと考えられる。一方、開放の面では、1972年ころから中国の保険会社と外国保険会社との接触が始まり、それに続いて開放の萌芽とみられる動きがあった。中国保険業では、開放が改革に先んじたという状況を踏まえて、書名を『中国保険業における開放と改革』とした。

　次に、本書が対象とする期間について説明する。「開放と改革」を分析するのであれば、その対象期間は、1980年前後から始めればよいという考え方もありうるし、開放の萌芽がみられた1970年代前半からスタートするというアプローチも取れる。しかし、1959年に起きた「国内保険業務引受け停止」という重大事件が中国保険業に及ぼした影響は甚大であり、結果として1つの産業が中国からほぼ消え失せてしまうという事態を招来した。このことが、たとえば、開放の兆しは早めに現れた一方で、改革に着手するのは遅れたといったように、様々な形で「開放と改革」にも影響を与えた。そのため、本書では対象期間の始期を1949年前後とし、中華人民共和国建国後に着手された「強制保険」を主体とする中国独特の保険引受け体制の整備とその崩壊過程も見てゆくこととした。一方、対象期間の終期は、2006年とした。その理由は、2001年のWTO加盟後、保険を含む金融業の保護期間が2006年で終了したことによる。同年から、形式的には外国保険会社も内国

民待遇を享受できるようになったので、2006年を「開放と改革」における1つの区切りと考えたためである。

　本書では、保険会社の経営分析も行うので、その前提となる中国の会社における財務諸表の信憑性について、一言触れておきたい。一般に、公表された決算数字の信憑性は低いと言われることが多い。たとえば、李耀華（2012）は、ある保険会社社員が「保険会社の財務諸表の数字は、多くの社内部門の調整を経たのちに得られたものであり、数字そのものが会社の業務ならびに経営状況を真に反映したものとは言い難い。我々のような内部の専門家といえども、競争相手である同業他社の決算数字を分析する際には、無力感を覚える」と述べたと記している（李、2012：1）。

　確かに上記のような側面は否定できない。しかし、その一方で、各社の「年次報告書」に示された財務諸表は、当該企業の経営実態を表す唯一の客観的指標であり、これを一顧だにせずに、経営状況を判断することも妥当ではない。「開放と改革」の具体像は、個別保険会社の経営戦略や、その結果である経営状況に表れていると考えるので、財務諸表の分析も本書の主要な構成要素の1つとしたい。本書では、各社の財務諸表に依拠しつつも、そこに現れた矛盾点や脱漏を詳しく点検することで、決算数字の有効性を検証したい。

　現代中国では、広大な国土と社会を管理し、経済を円滑に運営するために、国務院各部（内閣の各省に相当）が、系列の下部組織を指導する「縦の管理ライン（条々）」と、地方党政機関が、当該地区に所在する各種組織を指導する「横の管理ライン（塊々）」による二元的な指導体制（条々塊々）が生み出された。この「二元指導体制」が、保険会社の本店および地方支店の活動に対して、どのように作用しいていたのかも分析したい。

2. 先行研究

　まず、中国金融業全般の改革開放については、呉暁霊（2008）『中国金融体制改革30年回顧與展望』が、監督官庁であった中国人民銀行の立場から、

銀行業・証券業・保険業の改革と開放について、この 30 年間に起きた主要事項を取り上げ、その経緯を解説した。劉鴻儒（2000）『劉鴻儒論中国金融体制改革　上下』および劉鴻儒他（2009）『変革——中国金融体制発展六十年』では、中央銀行である中国人民銀行勤務が長かった著者が、同行がどのようにしてマクロ経済を調節するための金融手段を獲得し、その運営に習熟していったのかを跡付けた。同時に証券業・保険業について、監督官庁がいかにして、改革を慎重に進めたのかをまとめた。殷孟波（2008）『中国経済改革 30 年　金融巻』では、主に西南財経大学の金融・保険関係の研究者が、呉暁霊（2008）と同様の資料に依拠して、銀行業・証券業・保険業における改革開放の過程を分析した。呉建融（2009）『見証　上海金融改革 30 年』は、上海における個別案件の分析を通じて、金融改革の進展を示した。これら一連の研究では、保険業に言及しているものの、内容は概説に止まっており、特に個別保険会社に関わる分析は少ない。

　次に、中国保険業については、中国保険学会（1998）『中国保険史』が、古代の文献資料から説き起こし、19 世紀における列強の進出に伴う外国保険会社の営業状況を解説した。さらに、中国系保険会社の起源を示し、中華人民共和国建国以降の保険業界の動きについて、中国人民保険公司の成立と発展を中心に跡付けた。馬永偉・施岳群（1996）『当代保険』は、中華人民共和国建国後の保険業界の主要な動向を明らかにした。しかしながら、両書とも個別保険会社についての言及は、国有保険会社に限定されていた。また、対象の年代は 1990 年代半ばまでとなっており、WTO 加盟前後の状況には触れられていない。趙蘭亮（2003）『近代上海保険市場研究（1843-1937）』は、主に上海檔案館所蔵の外国保険会社および中国系保険会社の檔案資料をもとに、上海保険市場の生成と発展過程を包括的かつ詳細に分析した。同書の資料的価値は高いが、対象年代は南京政府期までとなっていた。

　中国保険業の個別案件については、王安（2008）『保険中国 200 年』が、関係者へのインタビューを基にして、中国保険業における重要事件である 1959 年の国内保険業務停止の原因を追究したが、明確な結論を示していない。陳懇（2009）『迷失的盛宴：中国保険産業 1919-2009』は、主な出来事に

言及しつつ、個別保険会社の状況も取り上げたが、経営状況の分析には至っていない。

日本における中国保険業の研究としては、沙銀華（2007）「保険産業」佐々木信彰編『現代中国経済産業論』があるが、保険業の現況を概括的に提示したにとどまる。

「二元指導体制」の観点からは、磯部靖（2008）『現代中国の中央・地方関係　広東省における地方分権と省指導者』および三宅康之（2006）『中国・改革開放の政治経済学』が、主に広東省と四川省を例に挙げて、中央と地方のあり方を分析しているが、保険業はそのスコープに入っていない。大橋英夫（2000）「第2章　中央・地方関係の経済的側面　財政・金融を中心に」天児慧編『現代中国の構造変動　政治――中央と地方の構図』においては、金融業も分析の対象となっているが、その中心は銀行業である。田島俊雄（2000）「第3章　中国の財政金融制度改革」中兼和津次編『現代中国の構造変動　経済――構造変動と市場化』は、財政金融分野における「属地的経済システム」について論じており示唆に富むが、保険業への言及は多くない。

上記の先行研究を踏まえ、本書では中国保険業における開放と改革のあり方を分析する。まず1949年前後の保険業界の動きを振り返ることから出発し、「強制保険」による遊休資本の回収過程を見てゆく。その中で、中国保険業界の重要事件である「国内保険業務引受け停止」を取り上げ、その原因を多面的に考察したい。その後、開放と改革がマクロのレベルでどのように展開したのかを分析する。

続いて、合計で市場占有率が7割に近い大手3社グループ（中国人民保険、中国平安保険、中国太平洋保険）各社をケーススタディーの対象とし、ミクロの視点から、「開放と改革」の具体像がどのように現れたのかを見てゆきたい。具体的には、先行研究では触れられていなかった個別保険会社の経営戦略を検討し、その結果である経営状況について、同一の指標に基づき、時系列で縦の比較を試みる。さらに、中国人民保険・中国平安保険・中国太平洋保険という3大保険グループにおける横の比較も行う。個別保険会社の経営分析を通じて、時代や社会のあり方を反映する「保険」という仕組みが、

中国でどのような変遷を遂げたのかを跡付けることとしたい。加えて、先行研究のスコープに入っていなかった保険会社の地方支店の状況を検討し、「二元指導体制」が保険業でどのように作用していたのかを分析したい。これらの考察によって、中国の保険業では、計画経済から市場経済への移行がどのように行われたのかを見てゆきたい。

3. 研究方法および本書で使用した主な資料

まず、研究方法については、歴史分析と保険会社の経営分析を併用する。保険会社の経営分析においては、各社の財務諸表に基づいて、保険会社に特有の経営指標(損害率・事業費率・合算比率など)を算出し、それらを対比する。経営指標の具体的な内容とその意味については、第4章で述べる。

次に、本書で使用した主な資料について説明する。

① 1949年から1959年頃まで(中国人民保険公司設立から国内保険業務引受け停止まで)の状況を探るために、北京市檔案館および上海市檔案館所蔵の保険関係檔案を参照した。具体的な資料名は、以下のとおりである。

・「保険業概況」(1950-1952) 上海市檔案館蔵。
・「関於逐歩収縮保険業務的問題」(1958) 北京市檔案館蔵。
・「国務院関於改進保険工作管理制度的規定」(1958) 北京市檔案館蔵。
・「泰山保険公司工会為争取公司前途意見書」(1952) 上海市檔案館蔵。

② 個別保険会社の経営戦略や経営状況を分析するため、各保険会社の「年次報告書」(アニュアル・レポート)および各年次の『中国保険年鑑』を参照した。『中国保険年鑑』には、全保険会社の「年次報告書」の主要部分が抄録されている。具体的な資料名は、以下のとおりである。

・『中国平安保険股份有限公司年報』のうち、1997年版から2000年版までの4年分。
・『中国太平洋保険公司年報』のうち、1991年版から2000年版までの10年分。

- 中国保険年鑑編輯部（2001）『1981-1997　中国保険年鑑』北京市：中国保険年鑑編輯部。
- 中国保険年鑑編輯部『中国保険年鑑』のうち、1998年版から2007年版までの10年分。

③主に、保険業における「二元指導体制」の状況を探るとともに、保険会社の地方支店の状況を把握するため、省・市レベルの『保険志』12省市分および『金融志』13省市分を参照した。具体的な資料名は、本書末尾の参考文献を参照願う。

4. 金融システムにおける保険の位置

　第1章以下で中国保険業に関する具体的な議論に入る前に、保険そのものについて確認をしておきたい。

　社会が政治システムや経済システムなど複数のシステムで構成されていると考える時、経済システムの主要分野である金融システムが果たす役割は極めて重要である。それは、1997年のアジア金融危機や2008年のリーマン・ショック以降の経済危機など、金融システムが損なわれた後の状況を見ても明らかであろう。

　金融システムの機能を一言で示すと、それは「資源の配分」ということになる。「資源の配分」をさらに分解して、金融システムの中核的な機能を括りだすと、次の6つに区分できる（クレイン、2000：29）。

①取引を円滑にする決済の方法の提供。
②資源をプール化したり、小口化したりする仕組みの提供。
③異なる時点、地点、そして産業のあいだで経済資源を移転する方法の提供。
④リスクを管理する方法の提供。
⑤経済の様々な分野における分散的な意思決定の調整を助ける価格などの情報の提供。
⑥(取引の一方のみが情報を持っているとか、一方が他方の代理人である

場合に生じる）情報の非対称性に基づくインセンティブ上の問題に対処する方法の提供。

このうち、保険は「④リスクを管理する方法の提供」を担っている。

それでは、リスクの管理とはどのように行われるのだろうか。まず、リスク管理の方法として、「リスクの予防」が考えられる。交通事故を防ぐために道路を整備したり、病気の発生を減らすために公衆衛生のレベルを引き上げることなどが、それに該当する。しかし、いくら「リスクの予防」に努めたとしても、リスクの発現を完全に防ぐことはできない。

次に考えられるのは、「リスクの回避」である。たとえば、交通事故を避けるために自動車に乗らないという対処法がありうるが、それでも事故の発生を抑え込むことはできない。

さらに、事故発生による経済的損失に備えて「貯蓄」をするという対処法がある。しかし、経済的損失が莫大である場合や、貯蓄の途中で事故が発生した時には、「貯蓄」は役に立たない。

そこで用いられるのが「保険」である。個々の経済主体にとっては、事故が発生する時期や規模を事前に予想することは困難である。一方、十分に多数の経済主体の集合体を考えると、集合体のある一部が事故にあうことが、経験上分かってくる。こういった事故発生状況を長期間にわたり大量に観察すると、一定の法則性が導き出される。これを「大数の法則」と呼ぶ。

「大数の法則」によって予想される事故発生確率や損害の経済的規模を基にして、「事故等による経済的損害を多数の経済主体で分担する仕組み」が保険である。本書では、この基本的な保険の仕組みが中国でもそのまま通用していたのか、それともなんらかの変容を遂げたのかを見てゆきたい。

5. 保険の分類

次に、保険の具体的な内容について話を進めたい。現在、われわれの日常生活や企業活動において活用されている保険は多種多様である。これらの保険を便宜的に分類すると、①損害保険（以下、場合に応じて損保と略称す

表序-1 被保険利益による損害保険の分類

	被保険利益
物	船舶、貨物、建物、動産、自動車、ガラス、ボイラー、機械、動物、航空機、原子炉、工事目的物など
債権	運送費、貸付金、売掛金、割賦販売代金など
収益	希望利益、営業利益、家賃など
代償	船賃、前払運送賃、保険料など
費用	臨時生計費、治療費、再調達費、捜索費用、損害防止費用など
責任	損害賠償責任など

出所：木村・野村・平澤（2006）：18から筆者作成。

る）②生命保険（以下、場合に応じて生保と略称する）③社会保険（以下、場合に応じて社保と略称する）に分けられる。本書では、中国の損保と生保を分析の対象とする。

①まず、損害保険とは、一定の偶然の事故による損害を填補する保険である。損害保険を、被保険利益（保険に付けられるもの）が何であるかによって分類すると、**表序-1**のとおりである。

表序-1では被保険利益がある場合を考えたが、損害保険を付保できない状況も発生しうる。たとえば、経済的価値を判定できない骨董品の火災・盗難リスクや、巨大隕石の地球衝突のような発生が極めてまれで統計が得られにくいリスク、あるいは頻繁に発生するリスクなどがそれに該当する。

②生命保険とは、人の生死に関し、一定額の保険金を支払う保険である。生命保険は、個人が生命保険会社と個別に契約を締結する「個人保険」と、企業など法人が契約者となって、その従業員に保障を提供する「団体保険」に大別される。

個人保険を、商品別に分類すると**表序-2**のとおりである。

なお、「養老保険」と呼ばれる「死亡保険」と「生存保険」の混合タイプも存在する。この保険では、保険期間中に死亡した場合あるいは保険期間満了時に生存していた場合、同額の死亡保険金あるいは満期保険金が支払われる。

表序-2　生保個人保険の基本商品

期間＼商品	死亡保険	生存保険	医療保険
一定期間 （10年、20年、30年等）	定期死亡保険 （あるいは定期保険）	生存保険 （学費保険や 年金保険など）	定期医療保険
終身	終身死亡保険 （あるいは終身保険）		終身医療保険

出所：出口（2009）：47。

表序-3　日本の社会保険

リスク	対応する保険
傷病と出産	医療保険（国民健康保険、共済組合、組合管掌健康保険など）
老齢・障害・死亡	年金保険（国民年金、厚生年金、共済年金など）
要介護状態	介護保険
失業	雇用保険
労働災害	労働者災害補償保険

出所：大谷（2009）：356-372から筆者作成。

　上記の生命保険は、全て契約時点で保険金などの給付の金額が、一定額で確定している定額商品（定額保険）である。これに対して、給付が契約時点では確定しておらず、株式投資など資産運用の実績によって、保険金などが変動するタイプの生命保険がある。これを「変額保険」と呼ぶ。
　次に、「団体保険」は、グループ保険などの保障系商品と団体年金系商品に分けられる。グループ保険は、1年更新の定期死亡保険であり、通常、個人保険に比べると保険料は低廉である。団体年金系商品には、確定拠出年金保険や確定給付企業年金保険がある。
　③社会保険とは、政府が国民の生活を保障するため、傷病・老齢・失業・障害・死亡などの困難に対して、保険の技術を用いて対応する制度である。社会保険制度の内容は、国によって異なる。日本では「国民皆保険・皆年金体制」を目標として制度が整備されてきた。現状は**表序-3**のとおりである。
　一方、中国の社会保険は、都市部と農村部で制度が異なる。また、都市部・農村部においても、地域毎に制度の内容は違う。特に、農村部では社会

序　章

表序-4　中国の社会保険

リスク＼地域	都市部	農村部
傷病と出産	医療保険・出産（生育）保険	農村合作医療保険
老齢・障害・死亡	基本養老保険	農村養老保険（段階的に整備中）
要介護状態	なし	なし
失業	失業保険	なし
労働災害	労災（工傷）保険	なし

出所：大塚（2002）：3-38から筆者作成。

保険制度の整備が国家的課題となっている。その概要を示すと**表序-4**のとおりである。なお、本書では中国の社会保険は扱わない。

中国の社会保険制度は都市部偏重であるが、都市の中でも社会階層によって格差が存在する。たとえば、局長レベル以上であれば、医療水準が高い病院を利用できるが、一般公務員にはそれが認められていないし、ホワイトカラー（幹部）とブルーカラー（工人）の間にも格差がある。

6. 本書の構成

本書は、「第Ⅰ部　中国保険市場の生成と発展」および「第Ⅱ部　保険会社の経営に現れた開放と改革の具体像」の2部で構成される。中華人民共和国の保険市場では、その初期において、保険本来の機能である「リスク分担」よりも、財政を補完するための「遊休資本回収機能」が重視された。第Ⅰ部では、このように特異な保険市場が、どのように形成され、崩壊に向かったのかを見てゆく。さらに、1970年代以降、中国保険業は開放と改革の道を歩み始めたが、その道程はどのようなものであったのかを、マクロの視点から振り返る。

第Ⅱ部では、ミクロの視点から、中国人民保険・中国平安保険・中国太平洋保険の3大グループの経営戦略と経営状況を分析することを通じて、「開放と改革」の具体像が、3大グループの経営にどのように現れたのかを見てゆく。さらに、中国保険業において、「二元指導体制」が保険会社経営のど

の側面で、如何に作用したのかを分析する。各章の概要は、次のとおりである。

　第Ⅰ部の第1章では、1949年の中国人民保険公司（The People's Insurance Company of China、略称PICC）設立から1959年における実質的消滅までを扱う。保険業の担い手に注目してPICCの設立状況を探り、その後、保険会社の接収がどのように進められたかを見てゆく。続いて、強制保険制度施行の結果、保険不要論が生まれた状況を確認する。さらに、国内保険業務が引受け停止に至った経緯を分析し、地方政府の役割を見てゆく。

　第2章では、保険業の対外開放を扱う。1972年に対外開放の兆しが現れた後、PICCは様々なルートで保険引受けのノウハウを吸収しようとした。一方で、外国保険会社側は、生保と損保が異なった動機によって、中国進出を計画していた。WTO加盟を控え、保険業の開放と改革が相互に促進された状況を分析する。

　第3章では、保険業の改革を扱う。1980年のPICC再建を起点とし、政府が保険立法を通じて、如何にして中国系保険会社の多様化を進めたかを振り返る。その結果、PICC・中国太平洋保険・平安保険による3社鼎立の状況が生まれた。さらに、生損保分離がどのように進められたのかを分析する。ここまでが、第Ⅰ部である。

　第Ⅱ部の第4章では、第5章以下でPICC・中国平安保険・中国太平洋保険の各グループの経営状況を分析する前に、保険会社に特有の経理と経営指標について、その特徴や仕組みを確認する。さらに、比較の対象（ベンチマーク）として、日本の大手保険会社3社を取り上げ、最近の経営指標を見ておく。加えて、直近の中国保険市場全体の状況を概観し、第5章以下の分析に備える。

　第5章では、PICCグループの経営戦略と経営状況を扱う。国有保険会社であったPICCの歩みを保険料の伸びと経営戦略の内容によって、「国内業務復活期（1980年～1985年）」、「業務発展期（1986年～1991年）」、「競争激化期（1992年～1995年）」、「生損保分離期（1996年～2000年）」、「グループ会社化推進期（2001年～2006年）」に分けて、時期毎に経営戦略と経営状況

を分析する。

　第5章補論では、現代中国に特有の「縦の管理ライン（条々）」と「横の管理ライン（塊々）」が、PICCのどの事業分野で、いかに作用してきたのかを分析する。

　第6章では、中国平安保険グループの経営戦略と経営状況を扱う。民営企業の色彩が濃い平安保険が、創業者の馬明哲のリーダーシップによって、どのように開業し、業務基盤を固めたのかを振り返る。ゼロから出発した平安保険は、人材やノウハウなど必要なもの全てを社外から調達した。いわば「借り物」を次々に手の内に入れることによって、競争優位の状況を継続させ、会社の発展を図った。業務発展を「創業期（1988年～1992年）」、「コングロマリット志向期（1993年～1996年）」、「生保伸長期（1997年～2002年）」、「生損保分離期（2003年～2006年）」に分けて、平安保険のあり方を探る。

　第7章では、中国太平洋保険グループの経営戦略と経営状況を扱う。同社は、交通銀行の子会社として設立されたが、その初期において、配当性向が極めて高かった。この状況と近代中国の資金調達制度との関係を見てゆく。その後、太平洋保険中興の祖とも言うべき王国良が、いかにして同社を国有企業に有りがちな「しがらみ」から解き放とうと奮闘したかを振り返る。その歩みを「創業期（1991年～1994年）」、「業務発展期（1995年～1997年）」、「調整期（1998年～2000年）」、「グループ会社化推進期（2001年～2006年）」に分け、太平洋保険の特色を導き出す。

　第8章では、第5章から第7章までの分析を総合して、PICC・平安保険・太平洋保険の3グループを比較する。生保と損保の両分野に関し、経営戦略および経営状況の良否を判断する。この分析を通じて、各保険会社において、「開放と改革」が具体的にどのように現れていたのかを確認する。加えて、改革開放期の中国保険市場の特徴を描き出す。

　結びにかえてでは、本書全体のまとめを行うとともに、中国保険業の特質について考察する。

第Ⅰ部
中国保険市場の生成と発展

　第Ⅰ部では、現代中国における保険市場の生成と発展について述べる。

　まず、中国人民保険公司の成立を振り返る。その後、「強制保険制度」の運用を通じて、保険が「遊休資本の回収」に用いられた状況を分析する。その結果、中国国内で保険という制度そのものが消滅した過程を見てゆく。

　中国保険業においては、開放が改革に先んじた。どのようにして開放が始動し、深化したのかを振り返る。さらに、関連立法を通じて、保険業における改革がいかに進展したのかを分析する。

第1章　中国人民保険公司（PICC）の成立から実質的消滅まで

はじめに

　現代中国における保険業の嚆矢は、1949年に成立した中国人民保険公司（The People's Insurance Company of China、以下PICC）である。同社は、「官僚資本」系保険会社を接収して成立し、その後、政府による強制保険制度の恩恵を受けつつ、業績を伸ばした。ところが、PICCは業務開始からわずか10年後の1959年に、実質的に消滅してしまった。それは、当時、業務の太宗を占めていた国内保険業務の引受け停止という形で起きた。引受け停止は、その後20年間継続し、中国保険業に大きな空白期間をもたらした。筆者は、中国以外の国や地域において、一旦定着した保険という制度が消滅した例を知らない。保険制度は、社会にとって極めて有用であったため、存続しかつ発展したと考えられるが、それが中国ではある特定の時期に消滅してしまった。

　本章の課題は、中国保険業における重要事件である「国内保険業務引受け停止」の経緯を、いくつかの資料に基づいて振り返り、その原因を考察することである。当時の記録を見ると、人民公社の成立によって、災害に対する備えが十分にできたので、保険は必要なくなったと記されている。本章では、一次史料を含めた各種資料を分析の対象として、この重大事件の原因を多面的に考察したい。

　「国内保険業務引受け停止」の原因を探ることは、歴史をさらに一歩遡ってPICCがどのように成立し発展してきたのかを、明らかにすることにも繋がる。同社の成立については、馬永偉・施岳群（1996）『当代中国保険』や

中国保険学会（1998）『中国保険史』が同一の兌料（1949年9月21日付財政経済委員会による中国共産党中央宛中国人民保険公司設立申請書）に基づいて、その経緯を略述しているが、外形的事実が明らかになっているに過ぎない。

本章では、まず、中国保険業の発展を中華人民共和国建国以前まで遡り、その歴史を略述する。PICCがいかに成立し、「官僚資本」系保険会社の接収がどのように進められたかを跡付ける。さらに、1950年代初頭から進められた強制保険制度が、保険会社と保険契約者にどのような影響を与えたのかを振り返るとともに、当時の指導部の保険に対する認識を考察する。ついで、北京市を例として、引受け停止の過程で地方政府がどのように作用したのかを見る。天津市、浙江省および上海市の状況も確認する。

第1節　中国保険業前史

社会における保険の役割とは、一言でいえば、「社会に存在する様々なリスクを、保険に参加する人々や機構が少しずつ分担し、リスクの顕在化に備えること」である。この点から考えると、中華人民共和国建国以前の保険は、損害保険・生命保険とも本来の役割を果たしていたと言えよう。具体的な状況を振り返ると次のとおりである。

中国に近代的な保険が伝えられたのは、19世紀初頭と言われている。1805年には広州において、イギリス商人が諌当保安行（Canton Insurance Society、別名広州保険社）を設立し、主に貿易関係の保険の引受けを始めた（中国保険学会、1998：18）。その後も貿易に関わる貨物保険を中心に、イギリス・ドイツ・アメリカなどの外国保険会社が保険引受けを行う状況が続いた。

1865年には、中国系保険会社として初めて「義和公司保険行」が上海で設立され、貨物保険の引受けを行った（中国保険学会、2005：1）。同年には、李鴻章が上海に兵器製造のため江南製造総局を設立しており、洋務運動が開始された頃であった。しかしながら、「義和公司保険行」のその後の経営状

況は詳らかではない（中国保険学会、1998：42-41）。

　中国系保険会社として、その足跡をはっきり残しているのは 1875 年に上海で設立された「保険招商局」である。同局は、李鴻章が唐廷枢[1]と徐潤[2]らに指示して開設したものだが、外国保険会社に対抗する意図があった（中国保険学会、1998：45-46）。同局は貨物保険に加えて、当時外資保険会社が引受けを独占し、保険料が大変高額であった船舶保険の引受けも開始した。「保険招商局」は洋務運動によって生み出された保険会社であると言えよう。その後、「保険招商局」を母体として「仁和水険公司」や「済和水火険公司」といった中国系保険会社が設立された。これらの保険会社はシンガポールやフィリピンなどへも支社を開設するに至った（中国保険学会、1998：46-48）。19 世紀においては、外国保険会社・中国系保険会社とも貿易に関する貨物保険および船舶保険が引受けの主体であり、中国社会と保険との接点は限られたものであった。当時は、主に洋務派官僚および外国会社と中国社会を仲介する買弁のみが、保険の効用を理解していたのではなかろうか。

　20 世紀に入ると、生命保険会社も設立され、生保の引受けが始まった。特に 1912 年に設立された「華安合群保寿公司」は、黎元洪[3]・馮国璋[4]・盛宣懐[5]ら有力者を役員に迎え、隆盛を誇った（中国保険学会、2005：36-43）。同社の引受け対象は、中国人であったことから、「保険」という考え方が中国社会へ広まり始めた。近代保険思想の中国社会への浸透は、生命保険を通じて始まったと考えられる。

　1920～30 年代に至ると銀行が保険業へ進出する機運が高まった。1926 年には、東莱銀行が安平保険公司を設立した。同銀行は、1918 年に劉子山によって青島で設立された。1933 年に本店を上海へ移し、最終的には公私合営銀行[6]となった。1929 年には、金城銀行が太平水火険公司を設立した。同銀行は、1917 年に天津で創立され、1935 年に本店を上海に移した。その後、私営銀行としては資産規模が最大となった。1931 年には、中国銀行が中国保険公司を設立した。同銀行は、1912 年に設立されたが、その前身は 1905 年設立の戸部銀行[7]である。

　銀行が保険会社を設立した目的は、融資を行う際の担保である貨物や不動

産について、火災や盗難といったリスクを保険にヘッジしようとするものであった（中国保険学会、1998：70）。このような動きを通じて、火災保険を中心とする損害保険が中国の企業社会へ広まり始めた。その後も中華人民共和国建国まで、上海を中心に損害保険（貨物保険や火災保険）の普及が進んだ。このように、近代的な保険が伝えられて以降、中国保険業は保険本来のリスク分担機能を果たしていたと言えよう。

第2節　中国人民保険公司（PICC）の成立

　中国では中華民国期に、多数の保険会社が営業していた。1940年代の上海では200社を超える保険会社が存在し、工場の火災保険や輸出入貨物の貨物保険の引受けをしていた。つまり、保険を通じたリスクヘッジが一般的な状況であった[8]。1946年には133社（そのうち外資系は9社）、1947年には147社（そのうち外資系は9社）、1948年には241社（そのうち外資系は63社）が営業していた（中国保険学会、2005：126）。

　当時、上海における大規模公益事業であった電車公司、電力公司および一部の軽工業、重工業は基本的に外資系保険会社が保険を引受けており、中国系保険会社に比べると圧倒的な存在感を示していた（王、2008：35-36）。

　PICCは、主に「官僚資本」系保険会社（中国保険公司や中央信託局、太平洋保険公司など）を接収して成立した。

　設立当初、PICCは保険引受け機関としての職能に加えて、全国の保険業を指導監督する権限を持った。1950年2月以降、保険の指導監督権は中国人民銀行へ委譲され、PICCは保険引受けに専念することとなった。1950年6月までに、**図1-1**の5区公司に加えて、31ヵ所に分公司（支店）が設立された。

　PICCの設立には次のような人々がかかわっていた。元PICC上海分公司総経済師（副局長級）呉越によれば、1949年における「官僚資本」系保険会社の接収には17名の保険関係者が参画した（呉、1999：14）が、彼らは中国共産党の地下党員であった。呉越自身も1939年に太平保険へ入社し、

第1章　中国人民保険公司（PICC）の成立から実質的消滅まで

図1-1　PICC 組織図（1949年）

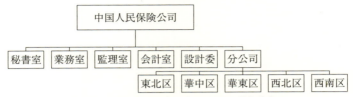

出所：中国保険学会・中国保険報（2005）：154 より筆者作成。

1946年に共産党へ入党した。その後、呉は新豊産物保険[9]に勤務した（王、2008：25）。たとえば、後に上海市軍管会金融処副処長として、保険関係の接収を指導した謝寿天は、党の指示に基づき、1941年12月に大安保険公司を設立した（施、1983a：63）。林震峰は、1935年に中国保険公司へ入社し、1938年に共産党へ入党した（王、2008：32）。その後、林は地下党保険分党委書記を務め、謝の下で金融処保険組組長となった。林の下で保険組副組長を務めた孫文敏は、建国前には外資系の保裕保険公司に勤務していた。孫は、後に PICC 華東区公司経理（マネージャー）に就任した（檔案番号 S181-4-17：保険業概況、上海市檔案館蔵）。元 PICC 副総経理施哲明は、中国保険公司に勤務していた。呉越以外の謝、林、孫、施らも、PICC 設立後、同社およびそのグループ会社幹部として活動した。

一方、当時地下党員ではなかった人々も、PICC 設立に参画した。中国保険公司業務処副処長・薛志章、中国人寿保険[10]公司経理・陶声漢、資源委員会保険事務所[11]所長・蔡致通、太平保険公司・林正栄、同公司・陶笑舫といった人々は上海から北京へ赴き、PICC 総公司（本店）の各部門責任者に就任した（呉、1999：15）。

たとえば、太平保険や中国保険等に勤務していた陶聴軒は、後に PICC 華東区公司損害保険営業部主任となった（檔案番号 S181-4-17：保険業概況、上海市檔案館蔵）。王恩韶は、1942年に東呉大学を卒業し大上海再保険集団へ入社した。その後、王は太平洋保険勤務を経て PICC へ入社し、再保険および国際部門の責任者を務めた（王、2008：24）。

そもそも PICC は、主に「官僚資本」系保険会社の本支店を接収し、その

23

図1-2 地下党員の動き

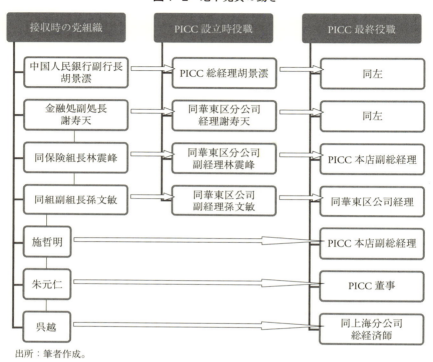

出所：筆者作成。

職員約600名を基礎として成立した（趙、2008：103）。これらの人々に加えて、少数ながら解放区から来た党員がPICCの内部部門（秘書室、監理室など）に配属された（王、2005：13）。1950年時点で、PICCには2,263人の職員がいたが、その中には解放前に各種保険会社に勤めていた人の3分の2が含まれていた（中国社会科学院・中央檔案館、1996：147）。

同社総経理（社長）に就任したのは、解放区で銀行業務を経験した中国人民銀行副行長の胡景澐[12]だった。同社では、かつての地下党員が主要部門の責任者となって実権を握り、解放区から来た党員が内部部門の責任者として元地下党員を補佐していたと推測される。実務面は、「官僚資本」系保険会社職員や私営保険会社職員が担っていたであろう。

建国以前、保険業の活動が盛んだった上海市と天津市については、前述の

呉越の回想および天津市地方志編修委員会（1999）『天津通志・保険志』から、PICC の地方組織の設立状況がわかる。

　上海市では、1949 年 10 月 20 日に PICC 華東区公司が成立した。中国人民銀行華東区副行長の謝寿天が PICC 華東区公司経理を兼務した。林震峰と孫文敏が副経理になった。華東区公司の組織や人員編成について関係者間で協議を進めるとともに、内部規則を定めた。また、経験豊富な旧保険会社職員とともに保険約款の研究を進め、新しい保険種目を開発し、実務処理マニュアルを作成した（呉、1999：15）。

　華東区公司は、総公司を含む全国各地（東北区、華中区、西北区、西南区の各公司）から、保険について実務経験がある人材の供給を求められた。そのため、業務停止に陥った私営保険会社の失業職員を繰り返して募集し、毎回数日間の研修をした後、すぐさま第一線へ送り込んだ。それでも人員不足は解消しなかったので、就業経験がある失業青年を募集し、15 日程度の短期研修を行い、彼らを上海で雇用した。その後、高校卒業生を募集し、3 か月間の正規研修を実施した。正規研修の募集人員は毎回 300〜400 名であり、合計で 10 数期にわたり研修を実施した結果、修了生は累計で 4,000 人余りに達した。毎回、修了生のうち、総公司に必要な人材を選抜して、送り込んだ（呉、1999：14-15）。

　一方、1949 年 10 月 10 日から、中国人民銀行天津分行と PICC 設立準備処は、共同で PICC 天津分公司の設立準備に参与した。新しい機構は、天津中国産物保険公司を改組して組織することになった。PICC 設立準備処主任・程人傑、中国人民銀行天津分行業務室主任・趙歩崇、中国人民銀行天津分行貯蓄部経理・王佩珍、天津中国産物保険公司経理・龔作霖が、新機構設立および新旧機構引継ぎや業務上の具体的問題について、共同で研究した。その結果、次の 2 点が決まった。第 1 に、天津中国産物保険公司は、中国人民銀行から支給された資金および会社の損益全体を中国人民銀行天津分行へ移管することであり、第 2 に、天津中国産物保険公司の未経過責任[13] は、新機構が引き継ぐことであった（天津市地方志編修委員会、1999：149）。

　PICC 天津分公司は、1949 年 10 月 20 日に成立したが、業務上は PICC 総公

司の領導[14]を受け、行政上（人事上）は中国人民銀行天津分行の領導を受けることとなった。PICC天津分公司は、天津中国産物保険公司（中国産物保険公司[15]天津分公司がその母体）を基礎として設立された（天津市地方志編修委員会、1999：22-23）。

1950年1月から1951年2月まで、PICC天津分公司はPICC総公司の委託を受けて、職員の募集および訓練を実施した。応募人員は700名近くに上り、主に天津人民印刷廠の余剰人員、建国以前に保険会社で勤務した経験がある者および若干の失業者が応募した。訓練は4期に分けて行われ、1期と2期は主に保険会社での勤務経験がある者が対象であり、3期は失業者、4期は天津人民印刷廠の余剰人員が対象となった。1期から3期までは、「社会発展史」「中国革命の基本問題」「新民主主義論」「批判および自己批判」「保険業務実務」が主要な講義内容だった。政治学習を通じて、頑迷固陋な警察や軍関係者、品性不良な者、汚職行為のある者などを除外した。4期については、算数・珠算など学習レベルを上げる教育を行うとともに、保険業務全般にわたる理論および実務教育を実施した（天津市地方志編修委員会、1999：762）。

その結果、1期と2期については、90名中70名余りを採用した。3期は61名中44名を採用した。4期は、416名が訓練に参加したが、そのうち153名は折からの朝鮮戦争の関係で、人民志願軍に入隊した。実際に保険業務に就いたのは、252名だった。1期から4期までの訓練に合格した人々は、PICC総公司をはじめ、河北省・天津市・綏遠省[16]・察哈爾省[17]などへ送り込まれた（天津市地方志編修委員会、1999：761-763）。

このように、天津市では、中国産物保険公司天津分公司を基礎として、PICC天津分公司が設立され、そこで大規模な人員募集と教育訓練が実施された。同地で育成された人々は、主に華北地方へ配属された。人員養成規模では、天津（300名前後）は上海（4,000名以上）に及ばなかったが、やはり重要な人材育成基地として機能していた。

天津と上海の人材育成を比較すると、両地とも保険会社に勤務経験がある者や失業者を募った点は同じだったが、天津では天津人民印刷廠の余剰人員

を訓練し、人数的に彼らが新戦力の中心になったことが特徴的である。ちなみに、後に PICC 総経理（社長）となる秦道夫もその中に含まれていた。秦の回想によれば、「自分は、もともと八路軍山東軍区の少年兵だった。1948年に天津へ異動し、天津造幣廠（天津人民印刷廠の前身）の接収に従事した。その後、党の指示により、1950 年 12 月に汽車で天津から北京へ赴き、西交民巷にあった中国人民銀行人事処へ顔を出した。そこで紹介状を出したところ、先方は保険公司へ行きなさいといった。私は銀行の入り口を出て、道を渡り、直ぐに向かいの保険公司人事処へ着いた。そこから保険業界での人生が始まった」という（陳、2009：16　および王、2005：12-13）。

第 3 節　保険会社の接収と公私合営化

　上海における保険会社接収の準備は、1948 年から始まった。同年、保険業界における地下党組織は、上海の「官僚資本」系保険会社の財産・人員等の情報を収集し、解放区へ送付した。さらに、孫文敏・徐天碧の 2 名を解放区へ派遣し、都市政策を学習することを通じて、上海における接収の準備を行うことを決定した。同時に、地下党は破壊反対・虐殺反対・移転反対・工場保全・学校保全といった運動を展開し、上海解放に備えた（林、1989：4）。

　1948 年 11 月、上海保険業関係の地下党員であった廖国英と呉越の 2 名が国民党に逮捕されたため、党は一部の党員を蘇北[18]解放区へ避難させた。その結果、上海には金家銓（太平保険）、杜伯儒（太平保険）、王永昌（怡太保険）、張葵珠（中南保険）、翁輔庭（寧紹水火）、陳聯芳（泰山保険）の 6 名が残った（杜・金、1989：41）。

　1949 年 1 月、上級党委員会からの通知により、国民党が隠密裏に財産を上海外へ持ち出したりあるいは破壊するのを防止するため、「官僚資本」および英米系資産の状況を把握することとなった。そのためには、情報収集が必須だった（杜・金、1989：42）。

　保険業関係の地下党員は、保険引受けに用いる「区域カード（block card）」を利用することを思いついた。区域カードには、当該区域所在の企業名・倉

庫とその在庫内容・建物の建築構造・地番・被保険財産などが記載されており、十分な情報を集められる。地下党員は自らが保管していた区域カードの内容を抄録するとともに、他の職員が保管するカードも何とか借り出し、信用できる人々を動員して、これらも抄録した。この作業を僅か数日で成し遂げ、纏めた資料を上級党委員会へ送り、上海解放後の接収作業の助けとした（杜・金、1989：41-42）。

また、上海市内の各保険会社は、火災保険の引受けをする際、上海市の詳細な地図（上海市区街道地段図）を使って、リスクの度合いを測るとともに、保険金額を把握していた。ただし、この地図は印刷後何年も経過しており、実際の市街区や建物は大きく変化していた。太平保険公司が使用していた地図は、同社調査科に所属していた地下党員が改めて測量し修正したものであり、新たに編集して小冊子（地図帳）にしていた。この地図帳には、上海市内全ての建物の階数や建築構造が明記されており、大小の道路や小道まで比較的詳細に記されていた。それは、軍事上、歩哨の位置を決めたり、市街戦を行う際の参考にすることも可能だった。加えて、「官僚資本」および英米商人の財産も地図上に注記されており、接収作業を行う際の参考になった。上海解放を迎えるため、杜伯儒は、太平保険公司を離れる前に、この地図帳を上級党組織に送付した。その後、その地図帳は人民解放軍へ渡された（杜・金、1989：43）という。

これらの行為は、現代の我々の目から見れば、「顧客情報の漏洩」ということになり、到底容認されない。しかし、国共内戦という当時の状況下においては、このようなことが起きても不思議ではなかった。

解放軍が長江（揚子江）を渡った後（1949年4月〜5月頃）、中国共産党中央華東局は、上海という全国最大都市をとどこおりなく接収するため、多くの幹部を選抜し、江蘇省丹陽に集結させた。そこで、党の都市政策・都市に関する知識および上海入りした後の規律などに関して、文献ならびに指導者の講話を学習した。この活動を通じて、政策に通暁し、上海の状況を理解し、接収の対象・段取り・方法などの各種準備について研究した。丹陽において、前出の謝寿天が上海市軍管会金融処副処長に任命された。もともと上

海にいた地下党員のうち解放区へ行っていた一部の人々が呼び戻され、保険組を形成した。そこには、孫文敏・施哲明・徐天碧・唐鳳喧・朱元仁・劉鳳珠・湯銘志らが含まれていた。彼らは、上海で「官僚資本」が設立した保険企業の接収計画を立案した（林、1989：4）。

建国直前の1949年4月に「中国人民解放軍布告」が公布され、その第3条には「官僚資本は没収する。国民党反動政府及び大官僚が経営する工場、商店、銀行は全て、人民政府が接収管理する（中国保険学会、1998：224）」とあった。上記規定に基づき、「株式のうち、50％以上を官僚資本が占める保険会社」および「株式における官僚資本の占有率が50％を超えないが、官僚資本が実権を握っている保険会社」が接収管理の対象となった（中国保険学会、1998：224）。

中国銀行・中央信託局・交通銀行・中国農民銀行およびそれらの傘下にあった保険会社は、「官僚資本」が支配していたと目され、これらの保険会社は接収の対象となった。それらの本店は上海に集中していたので、同地が接収管理の中心となった。この結果、中央信託局産物保険処・同局人寿保険処・中国産物保険公司（かつての中国保険公司）・中国人寿保険公司など24社が接収管理されることになった（馬・施、1996：26）。具体的には、顧濂渓らが中央信託局を、前出の呉越が中国産物と中国人寿保険を、前出の徐天碧らが太平洋保険と交通産物保険を、前出の施哲明らが中国農業と国民保険を、前出の朱元仁が資源委員会保険事務所の接収を担当した。全体の指揮を執ったのは、前出の謝寿天・林震峰・孫文敏だった。上海における接収管理作業は、1949年10月にはほぼ完了したものの、債権債務の整理にはさらに数年を要した（呉、1999：14）。

当時、中国の保険関係者は、中国系保険会社は競争力がないと考えていた。具体的には、外国保険会社を頼って再保険[19]を出すことにより、資金が国外へ流出するとともに、解放前の上海においては、保険料の過半が外国保険会社に握られていたと認識していた[20]。事実、1949年当時における外国保険会社の市場占有率は62％であり、中国系保険会社を凌駕していた（馬・施、1996：37）。1950年5月時点では、外国保険会社は61社を数え、一大勢力で

あった（馬・施、1996：35）。

建国直後に上海市軍事管制委員会が採用した方針は、次のとおりであった。第1に、外国保険会社に対して、行政上あるいは法律上の取締措置を講じずに、管理監督を強化することから着手した。営業面でこれと競争することにより、彼らの顧客基盤を断つこととした。第2に、外国保険会社の引受け代理店となっていた中国系保険グループに対しては、その企業集団は支持せず、個別保険会社を取り込むようにした。再保険も企業集団には配分せず、個別保険会社にのみ配分した。第3に、一般の中国系保険会社に対しては、彼らが連合して経営を行うように誘導した。外国保険会社へ再保険を出さないことを条件に、彼らの再保険手配を支援した（施、1983b：57）。

このような状況下、人民政府は、外国保険会社への管理を強めた。たとえば、外貨の自由送金を認めず、外貨建て保険証券の発行も認めなかった。さらに、貿易部門が貨物海上保険を外国保険会社へ付保することを禁じた（馬・施、1996：36）。その結果、外国保険会社の市場占有率は急激に低下し、1950年には9.8％、1951年には0.4％まで落ち込んだ。1952年末には全ての外国保険会社が中国から撤退した（中国保険学会、1998：294）。

当時、国内的には、中華人民共和国建国の熱気の中、植民地主義を象徴する存在である外国保険会社との共存を志向する方向性は極めて低かったと思われる。対外的にも1950年6月に朝鮮戦争が勃発し、同年10月には中国人民義勇軍が参戦したことから、欧米の保険会社との共存共栄を目指すのは難しかったと考えられる。1950年12月には、政務院[21]において「アメリカの在華財産を管理し、アメリカの在華預金を凍結することに関する命令」が出され、さらに「アメリカの補助を受けている文化教育救済機関および宗教団体の処理方針に関する決定」が採択された。このように、中国国内において、アメリカの影響を経済的側面だけではなく、文化的側面においても一掃する措置が採られていた（劉、1989：26）。

一方、接収管理されなかった中国系保険会社は、太平保険公司[22]と新豊保険公司[23]という2つの公私合営保険会社に集約された。公私合営時に集約された資本金は、太平保険公司の場合、民間資本45億元に対して、中国

人民銀行から支出された国家資金 55 億元の合計 100 億元であり、新豊保険公司の場合は、民間資本 35 億元に対して国家資金 25 億元の合計 60 億元であった。公私合営保険会社に投じられた資本金のうち、50％は建国前の保険会社から継承されたものだった。このように資本金の面では、建国前の民間資本が公私合営保険会社へ集約された。公私合営後の太平保険公司は、最終的に中国国内の営業権を後に設立された PICC へ譲渡した。国内の営業権を喪失した太平保険公司が香港や東南アジアの既設支店を活用し、同地域で営業する保険会社となったのはこのためである（林、1999：17）。

　このような公私合営のプロセスは、企業内部からはどのように見えたのであろうか。上海市金融処や PICC から指導を受けていた泰山保険公司[24]の工会（労働組合）は次のように見ていた。すなわち、公私合営については、会社としてそれを実現するために適切な条件を備えていなければならなかった。泰山保険の職員は自社がそれを実現するために十分な条件を備えていると考えていた。第 1 に、泰山保険は資産面で十分な実力を持っていた。第 2 に、株主の組成上、公と公私合営の持ち株比率が過半を超えていた。第 3 に、保険サービス面で悠久の歴史と豊富な経験を備えていた。したがって、泰山保険は公私合営に参画する資格を持っていた（檔案番号 Q362-1-24-119：泰山保険公司工会為争取公司前途意見書、上海市檔案館蔵）という判断であった。おそらく、他の中国系保険会社においても泰山保険公司と同様に、上海市金融処や PICC からの働きかけによって、会社内部でも公私合営保険会社へ集約するための準備が行われていたと思われる。

　以上より、保険業では、人的な側面において建国前後で連続性が保たれた。「官僚資本」の接収はあったものの、リスクヘッジの担い手である保険会社は存在しつづけた。その中で、外国保険会社の市場占有率の高さに対する危機感が、中国保険公司や中央信託局などを統合して、国営保険会社である PICC の設立を促したのである。

第4節　強制保険制度施行による資本回収

1. 強制保険制度施行

　建国当初、政務院が通達した「中国人民銀行試行組織条例」により、保険業は中国人民銀行が指導・管理することとなった。同行は中国の中央銀行であり、1948年に成立した。計画経済期は、一般向け預貸金業務を兼ねていたが、改革開放期から中央銀行業務に注力する一方、銀行業・証券業・保険業の監督管理も行っていた。1952年にはソ連モデルの影響を受け、財政部（財務省）が保険業を監督することとなった。ソ連モデルとは、財政部が国家財政全般に責任を負い、保険業もその一部に組み込むモデルである。金融業においては、中央銀行が商業銀行業務を含めた全ての銀行業務を担う「モノバンク制度」が採られた。そもそも1949年9月から10月にかけて開催された第一回全国保険工作会議終了時において、ソ連の保険専門家が同国の保険概況を説明し、中国側は大変啓発されたとのことであり、保険業におけるソ連の影響は小さくなかった（中国保険学会、1998：241）。

　建国直後における具体的な保険引受けの状況を見てみよう。1950年の北京における主要国営企業は102社であり、そのうちPICCが保険を引受けていたのは65社で、全体の63％に相当した（当代北京金融史料編写組、1988：下冊448-449）。私営企業について見ると、1953年において北京全市の私営商工業者のうち59.8％から保険を引受け、保険引受け財産は、私営商工業者所有資産の54.9％に及んでいた（当代北京金融史料編写組、1988：下冊450）。PICCは国営企業の6割以上から保険を引受けており、私営商工業者についても、その半数以上が保険に参加した。この状況から考えると、PICCは比較的順調に業務を開始したと言えるのではなかろうか。

　その背景には、強制保険の存在があった。1951年2月に政務院は「国家機関、国営企業および県以上の合作社で強制保険を実行し、鉄道車両および旅客の強制保険を実行する決定」を公布した。同年4月には関連の「財産強制保険条例」などが公布され、工場の火災保険等について強制保険が実施さ

れた。たとえば、PICC 北京市分公司においては、10 の工作グループが組織され、分担して中央各部委員会および北京市の機関や事業単位に宣伝を行い、保険引受計画を立案した（当代北京金融史料編写組、1988：下冊 455）。この結果、1952 年から 1958 年までの強制保険累計保険料は、2,903 万元に達した一方、累計支払保険金はわずか 450 万元であり、損害率（支払い保険金／収入保険料）は 15.5％であった（当代北京金融史料編写組、1988：下冊 456）。北京以外の地域においても、保険契約締結の方法は同様であり、PICC 職員が国務院の指示文書[25]を携えて省政府へ赴き、そこでもまた指示文書を書いてもらい、それを持って各国営企業を訪問し、有無を言わせず保険契約を締結するという方法が採られた（王、2005：119）。

日本の保険業界の通例では、損害保険における損益分岐点は、損害率でみると 60〜70％程度である[26]。そこから類推すると、損害率が 15％程度であった強制保険は大変収益性が高い分野であった。PICC 全体でみると同社に莫大な収益をもたらしたと推定される。1950 年代半ばにおいて、PICC から国庫への上納率は、利潤の 50％であった（中国保険学会、1998：350）ので、公司内部へ残った純利益額は大きかった。

保険付保を強制された国営企業等保険契約者から見れば、保険による恩恵は僅かしか受けられず、保険料の負担感が大きかったと推察される。さらに、農村においては家畜等の強制保険を実施する際、農民を集め、その周りを民兵が囲み、付保が完了するまで集会を継続するなどということが行われた（王、2005：42）。これらの状況から、保険契約者が保険不要論を抱くようになるのは、時間の問題であった。

一方、PICC の側では、あまり営業努力をしなくても多大な収益が約束されていたので、業務革新のインセンティブが全く働かない状況が生まれたであろう。PICC が強制保険制度を謳歌している足下で、それを掘りくずす力が働いていた。

1954 年 2 月 8 日から 4 月 19 日まで全国の PICC 職員は『ソ連国家保険』を学ぶ運動に駆り立てられた。同書によって、マルクスの保険基金に関する理論に初めて接するとともに、ソ連保険理論に含まれる欠点による悪影響も被

った。すなわち、保険を財政の後ろ盾と見なし、分散した資金を吸収する道具とのみ捉える風潮が生じた。国営企業の保険は、国家の資金を右のポケットから左のポケットへ移すだけで意味がないとの考えを生むに至った（施、1983c：41）。

　1954年11月には、国営企業の財産強制保険に関し、PICC総公司（本店）は実際の状況に基づき各部門と協議し、中央が認めた方法を採用して、1955年から鉄道、食糧、郵便電話、地質、交通の6部門の財産強制保険と鉄道車両強制保険ならびに船舶強制保険の引受けを停止する方針を立てた（中国社会科学院・中央檔案館、2000：506）。

2. 指導幹部の認識

　国内保険業務引受け停止という重大事が発生するに至るには、いくつかの原因があった。その1つは、指導幹部の保険に対する認識であり、当時の状況を示すエピソードが残っている。すなわち、1956年2月、財政部（財務省）幹部が毛沢東にある件を報告した際、保険に話が及んだという。その時、毛は「保険を付けたい者は保険を付ければよいし、付けたくなければ付けなくてもよい」と述べた（王、2008：84）。この毛発言は、文書となって下達されたことが確認されている。同時に毛は「私は国家主席だ。私は保険に参加しない」と言ったと伝えられているが、この部分は文書による記録が残っていない（王、2008：84）。その後に国内保険業務（工場の火災保険や運送保険および農牧畜保険など）が引受け停止になったことを思えば、毛発言の真意は「何を保険に付けるというのか？保険などは余計なものではないか」ということであった（王、2008：84）。毛発言は、一見すると保険契約者の自主性を尊重するかのように思われるが、本質は保険軽視あるいは保険不要論であった。

　1950年代にPICC総経理（社長）を歴任した張蓬の回想によれば、国内保険業務引受け停止には、次のような経緯があったという。すなわち、1956年に全国総工会[27]主席が、団体生命保険の引受け取りやめを周恩来総理に訴えた[28]。その理由は、ほとんど保険事故が発生しておらず、保険を付ける

意味が見いだせないためだった。総理は、団体生命保険の引受けを停止せよと指示した。程なく、総理は外国訪問に出発したため、陳雲同志が総理代行となった。総工会主席は、再度（団体生命保険廃止を陳雲総理代行へ：筆者補足）訴えた。ある副総理[29]が、我々保険関係者に対して「陳総理代行が（労働者にとって、ほとんどメリットが見出せない団体生命保険制度について：筆者補足）大変立腹されている」と伝え、陳総理代行から、当該副総理自身がこの問題を処理するよう指示を受けたと述べた。

当該副総理は、当時の財政部長助問（財務大臣補佐官）兼保険総公司総経理ほか数名の保険公司トップを集め、直接報告を聞いた。その後、保険業務について、全面的かつ詳しい指示を出した。最終的にその指示は、「停、整、簡、看」という4文字に集約された。その意味するところは、次の通りだった。生命保険はすぐに「停止」し、その他の国内業務は大幅に「整理」する。人員はおおいに「精簡（削減）」し、営業面では事務所で「看」るだけで、外回りの営業はしてはならない。これは、まさに当時の保険業務に止めを刺す措置だった（張、1985：41）。

1950年代後半において、保険業務全般を取り巻く環境は厳しく、中国共産党および中国政府の上層部は保険業務を重視していなかった。さらに、副総理レベルから、生命保険業務の停止や国内保険業務の大幅整理ならびに人員の大規模削減を指示されるという切迫した状況だった。

当時、保険業務を指導管理していたのが財政部であったことも引受け停止の理由の1つであろう。すなわち、国家予算を管理していた財政部からみれば、各企業がPICCに納付する保険料は国庫からの支出である。仮に事故が起きて、企業が保険金をPICCから受け取ったとしても、それは国庫の資金が国有資産の回復に用いられるだけであり、資金が単に循環しているように見える。「ポケット論（保険は国家資金を右のポケットから左のポケットへ移すだけで意味がない）」が財政部内に存在していた[30]ことも国内業務停止の原因である。

ここで、中央集権と地方分権という観点から当時を振り返ると、1956年に毛沢東が論文「十大関係を論ずる」を発表し、中央集権的な経済運営シス

テムに対して、修正の必要性を示唆したことが分かる。1957年になると陳雲らを中心に具体的な分権化構想が検討され、1958年8月には国務院が「財政管理体制と銀行信用管理体制の改善を徹底することに関する規定」を策定した。本規定によって、地方に対する自主財源の付与と財政自主権の拡大、および銀行信用の地方管理化が打ち出された（田島、1990：44-45）。

地方分権化に関して、党内および国務院の動きを詳しく見ると、次のとおりだった。

1957年2月26日、国務院第五弁公室会議において、李先念は「商業貸付計画管理については、原則的に省・市に管理を任せることでよい。ただし、適切なコントロールは必要である」と述べた（李先念伝編写組・鄂豫辺区革命史編輯部、2011：第三巻11）。このように金融分野においても、地方分権が議論されていた。

1957年7月15日、中央経済工作五人グループ[31]は党中央に対して、「若干の工作において中央と地方の管理権限を分割する問題に関する意見（草稿）」を送付した。同意見（草稿）によれば、「中央と地方の管理権限を分割するという問題は多岐にわたる。しかし、分割すべき権限を全て一気に、はっきり分けるのは不可能である。まずは、工業・商業・財政など急いで区分けすべき分野について、先に分割し、試行する過程で経験を積むべきである」とされた（李先念伝編写組・鄂豫辺区革命史編輯部、2011：第三巻28）。

その後、1957年8月15日に出された「若干の工作において中央と地方の管理権限を分割する問題に関する意見」では、「もともと地方の省市に所属する企業の収入は、全て地方に帰属させ、中央には分与しない。中央が管理権限を地方に下放した企業について、毎年当該企業の利潤の15％を省市に割譲し、地方収入とする」とされた（李先念伝編写組・鄂豫辺区革命史編輯部、2011：第三巻32）。

1957年11月8日、国務院第60回全体会議は李先念が起草した「国務院財政管理体制改正に関する規定」を承認した。同規定によれば「地方財政の収支の範囲を規定し、適切に地方の財政管理権限を拡大する。さらに、国家の重点建設を保証するという前提のもとで、地方が蓄積する資金を拡大し、収

入増加および支出節約へのモチベーションを高める。これらを通じて、建設事業の発展を図る」とされた（李先念伝編写組・鄂豫辺区革命史編輯部、2011：第三巻43）。

　1958年6月2日には、中国共産党中央より「企業、事業単位および技術力を下放することに関する規定」が出され、結果として中央工業部門に所属する企業および事業単位のうち80％程度が地方政府の管理下に置かれることとなった（劉、1989：191）。

　1958年9月24日、国務院第80回全体会議は、李先念が中心となって起草した「財政管理体制と銀行の貸出管理体制をさらに一歩改善することに関する規定」を承認した。同規定によれば、収支を下放し、計画を請け負わせ、地区ごとに調整し、総額を（中央と地方で：筆者補足）分け、1年ごとに変更することを旨とするとされた。具体的には、国家財政収入のうち、鉄道・郵便・貿易・税関などの収入を除き、その他の全ての収入は、各種の税収や企業の収入を含めて、全て省・自治区・直轄市の地方財政収入とすることになった。銀行の貸出体制については、預金貸出の権限を下放し、計画を請け負わせ、差額を管理し、統一的に手配することとした（李先念伝編写組・鄂豫辺区革命史編輯部、2011：第三巻90-91）。

　1958年の政治情勢を振り返ると、同年5月5日に中国共産党第8回全国代表会議第2次会議において、「社会主義建設の総路線」が採択され、「大躍進運動」が本格的に開始された。

　これらの時代背景をまとめると、当時は大躍進運動の下で、財政金融分野においても地方分権化を図ることが時の趨勢であった。地方分権化を梃子にして、中央政府が各分野の行政事務を細かく管理することによって生じていた非効率と地方のモチベーション低下を挽回しようとした。

第5節　国内業務引受け停止

1. 北京市の状況

　国内業務引受け停止の経緯については、地方政府が果たした役割をみる必

要がある。たとえば、北京市政府の対応を分析することによって、北京市が中央政府による権限移譲措置を踏まえて、PICC北京市分公司の提案に対して、どのように反応したのかがわかる。

　当時の北京市の状況に関しては、次のような史料がある。1958年9月にPICC北京市分公司の責任者は財政部（財務省）が河南省鄭州で開催した会議に参加した。財政部の戎子和副部長が席上、「各種の保険業務は徐々に縮小し、最終的には停止すべきだ」と述べた（当代北京金融史料編写組、1988：上冊263）。また、PICC北京市分公司分党組が1958年10月7日付で北京市財政局宛に提出した「目下の新情勢における保険工作に関する伺い」には次の記述があった。すなわち、「人民公社は自然災害に対抗するのに十分な能力を持っており、保険の作用はすでに消滅に向かっているというのが各分公司の一致した見方である。財政部戎副部長と貝部長助理（大臣補佐官）は、保険という方法は時代遅れであり、それはすでに社会保険に取って代わられている」と述べた（檔案番号134-1-298：中国人民保険公司北京市分公司　関於保険工作在目前新形勢下的請示、北京市檔案館蔵）。

　「しかしながら、各地の状況はそれぞれ異なるので、各省市分公司は各地の党および政府にどうすべきか指示を仰いで決定することになった。これを踏まえ、北京の状況を検討したところ、次のような意見が寄せられた。宣武区の蔡区長は、『人民公社が成立し、保険は時代遅れとなった。思想が解放されていない人は保険を付けるかもしれないが、思想が解放されれば保険を付ける人はいなくなるだろう。』と述べた。東城人民日報工会主席は、『今はどこでも人民公社が成立している。その中で保険はどのような働きを発揮するのか。』と述べた。（中略）人民大学陳余年教授は、『人民公社が成立したので、保険は不要だろう。』と述べた。このような情勢を受け、党組拡大大会による研究の結果、今後、保険業務は徐々に縮小し、最終的には停止したくお伺いする（檔案番号134-1-298：中国人民保険公司北京市分公司　関於保険工作在目前新形勢下的請示、北京市檔案館蔵）」。

　これを受けて北京市財政局から万里副市長へ伺いが立てられ、1958年10月13日に万里事務所から回答が寄せられた。その内容は、「万里同志曰く：

完全に中央の方針に基づいて行い、かつ大衆が反対しないのであれば、保険業務を徐々に縮小することに同意する」ということであり、10月14日にその旨がPICC北京市分公司へ伝えられた（檔案番号134-1-298：関於逐歩収縮保険業務的問題、北京市檔案館蔵）。

それでは、なぜ北京市政府はこのような決定を下すことができたのだろうか。この疑問を解く手掛かりが、1958年6月25日付で国務院から出された「国務院　関於改進保険工作管理制度的規定　議字51号」に示されている。本規定は、国内保険業務停止の直接的な契機となった重要文書なので、以下にその全訳を掲げる。

国務院　保険業務管理制度改定に関する規定

議字 51 号

国務院各部・法制局、編制委員会、中国人民銀行、新華通信社、人民日報；
各省・自治区・直轄市人民委員会、チベット・寧夏回族自治区準備委員会；
　生産建設事業大躍進という新情勢に適応し、一歩進んで地方の党の領導に依拠し、保険事業をよく行い、さらに立派に生産に服務し、大衆に服務するため、保険業務の管理制度を改定する必要がある。そのため、保険業務の管理権を地方へ下放する。ここに、以下の通り規定する。

1. 鉄道・飛行機・船舶の旅客傷害強制保険は中国人民保険公司総公司が統一的に経営することを除き、その他の国内保険業務は全て省・自治区・直轄市が自ら経営することとする。
2. 国外保険業務は、対外貿易関係の保険業務と国外で行われる保険業務も含め、引き続き総公司が統一的に経営管理する。
3. 中央国営企業の財産強制保険は、原則的に1959年から引受け停止とする。強制保険の引受け停止後、引き続き保険付保を希望する企業がある場合には、任意付保の保険に変更してよい。地方国営企業の強制保険業務を引受け停止にするか否か、いつから引受け停止にするかについては、地方が決定する。
4. 各種保険の保険金支払いに対応するため、省・自治区・直轄市の保険公司は、全て一定の保険基金を設けなければならない。保険基金の資金源は（1）総公司が過去に積み立てた保険基金の一部を提供する（2）地方公司は毎年積み立てた業務収益の一部を提供する。この保険基金は人民銀行の専用口座へ入金し、流用してはならない。
5. 保険業務制度改定後、関連の省・自治区・直轄市保険公司と総公司の業務連携については、財政部と地方が別に協議し定める。
6. 保険業務の管理権が下放された後、地方の保険業務の種類・規模・業務の段取りおよび各種規則制度の制定については、全て地方が決定する。
7. 各級保険機構が同級の人民銀行の領導に従うのか、あるいは従来通り財政庁・局の

領導に従うのかは、地方が決定する。
8. 本規定は公布日から施行する。

1958 年 6 月 25 日
（中華人民共和国国務院の印章）

出所：「国務院　関於改進保険工作管理制度的規定」北京市档案館蔵、档案番号 2-10-127。

　上記規定から明らかなことは、大部分の国内業務の引受け権限を省・自治区・直轄市へ委譲するということと、中央国営企業の強制保険は 1959 年から引受け停止とするということであった。全体を貫く基調は、「保険業務管理権の地方への委譲」であって、国内業務の全面的な引受け停止ではない。本規定が公布されたのは 1958 年 6 月 25 日であり、財政部戎副部長の保険業務停止発言は同年 9 月のことだった。この約 3 か月の間に何が起こったのだろうか。

　筆者は、1958 年下半期以降、中央国営企業の強制保険引受け停止が、地方政府レベルの決定によって、あらゆる国内業務の引受け停止に拡大されたと考える。その根拠は、PICC 北京市分公司分党組が 1958 年 10 月 7 日付で北京市財政局宛に提出した「目下の新情勢における保険工作に関する伺い」の中に「各地の状況はそれぞれ異なるので、各省市分公司は各地の党および政府にどうすべきか指示を仰いで決定する」とあり、それを受けて、北京市万里副市長が国内保険業務の縮小を決定した経緯に求められる。この決定は「国務院　保険業務管理制度改定に関する規定」に述べられた手順に則り、保険の管理権限が地方政府に下放された結果だった。その後、後述するように、北京市では、国内保険業務は全面的に引受け停止となった。

　それでは、国内業務停止は具体的にどのように進められたのであろうか。PICC 北京市分公司では、1958 年 10 月の万里副市長の決定を受けて、同年 12 月 31 日をもって全ての新規国内業務の引受けを停止した。1959 年 2 月までには北京市分公司の機構が撤廃され、わずかに 11 名の職員が後始末を行うことになった。同年 3 月には、貿易に関わる貨物保険や大使館の自動車保

第 1 章　中国人民保険公司 (PICC) の成立から実質的消滅まで

険など国外業務が総公司（本店）へ移管された。6月には家畜保険が終了した。家畜保険とは、牛・馬・騾馬・驢馬・駱駝などの使役動物の死亡、労働能力喪失および官による屠殺命令による損失をカバーする保険であり、保険金額は当該使役動物の推定価格の 80％ とされた。9月には簡易生命保険の解約手続きが完了した。10月には個人の火災保険が終了し、北京市財政局に対して、総公司から提供された保険基金・生命保険責任準備金・1958 年度分公司利潤などの合計金額 772 万元を納めた。10 月末には、全ての文献記録を整理し、伝票なども含めて市財政局へ移管した。11 月には関係部門に北京市分公司の全ての機構が撤廃されたことを通知するとともに、全ての建物を市の建築物管理局へ移管し、後始末を完了した。1958 年末当時、北京市分公司には職員が 127 名在籍していたが、このうち 11 名は後始末を行うと共に保険事業 10 年の総括を執筆した。3 名は学習に出され、78 名は北京市の保険以外の仕事をあてがわれ、1 名は密雲ダム支援に派遣された。残りの 34 名は行き先が決まらず、農村へ下放され鍛錬を受けることになった（当代北京金融史料編写組、1988：下冊 474-475）。

このようにして、直前まで強制保険業務の超過利潤を享受していた北京市分公司の人々は一転して職員離散の憂き目にあい、それぞれが慣れない仕事を始めなければならなかった。各人の苦衷は相当なものであったと推察されるが、その状況が 20 年の長きにわたって続くことになった。

「中央国有企業の強制保険引受け停止」を国内業務全般に拡大し、最終的にその引受け停止を決定したのは、地方政府だった。その決定は、上記のように複数の原因によってもたらされた。この文脈において、当時の史料に頻出する「人民公社」は、時代風潮を示す単なる決まり文句に過ぎなかった[32]。

2. 天津市、浙江省および上海市の状況

天津市でも地方政府レベルで、国内保険業務の引受け停止が決定された。すなわち、1956 年 6 月、PICC 総公司は省市分公司経理臨時会議を開催し、毛沢東主席の「保険を付けたいものは付ければよいし、付けたくない者は付けなければよい」という指示を伝達した。同会議で、保険の自主付保の原則

を明確にし、農村において全面的に法定保険を実行するというやり方を修正した。1958年、天津市は河北省の領導に従うことになり、PICC天津市分公司もPICC河北省分公司の直接的な領導を受けることとなった。1958年6月に国務院から「中央国有企業の強制保険は、1959年から引受け停止とする」こと、および「保険業務の管理権限を地方に委ねる」旨の決定が出された。同年10月、西安において財貿工作会議が開催され、そこで「人民公社化以降、保険の作用はすでに消滅した。国外業務を除いて、国内保険業務は停止する」との決議がなされた。同年12月、河北省人民委員会は国内保険業務を停止する旨の通知を出した（天津市地方志編修委員会、1999：26-27, 150, 964-965）。

浙江省でも省主体で、国内保険業務引受け停止の決定がなされた。1958年11月12日、浙江省全省保険工作座談会において、「（1949年からの保険事業の業績を肯定しつつ：筆者補足）工業農業の絶え間ない躍進と国家の後備力の迅速な増強によって、特に最近、農村において基本的に人民公社化が実現した新しい状況の下、公社経済の全面的な発展により、災害に対する備えが増強され、経済的蓄積が拡大し、福利事業も完備されつつある。つまり、公社の優越性が国家保険を代替するようになった。会議は討論の結果、一致して次の認識に至った。すなわち、国家保険はすでにもとの作用が消失しており、栄光のうちにその歴史的使命を終えた。これは形勢発展の必然的結果であり、我国の社会主義制度の比べようもない優越性の具体的な反映である」との結論が出された。その結果、1959年には、全省において続々と国内保険業務が引受け停止となった（浙江省保険志編纂委員会、1999：63）。

北京市・天津市・浙江省と比較すると、保険の中心地の1つであった上海市の動きは複雑であった。上海市では独自の決定がなされ、国内保険業務は即座には引受け停止にならなかった。これも地方政府主体で決定が行われたことの例証である。

1958年10月、西安財貿会議で国内保険業務を停止するという意見が出され、12月の武漢全国財政会議で正式に国内保険業務を停止する決定がなされた。上海市はそれに対して、比較的慎重な態度を取り、冷静な決定を下し

た（中国保険学会、1998：392）。

　1959年、国内保険業務が停止されるという全国的な趨勢が定まっていく中で、上海では、国内保険業務を停止するかあるいは継続するかで議論が行われていた。すなわち、PICC上海分公司は、市財政局と合同で、企業を管理する専業局の幹部を集めて、会議を開いた。そこでの結論は、「新しい情勢の下でも、国内保険はやめるべきではない」ということだった。保険料の生産コストに占める割合は、極めて小さいが、事故が発生したときの作用は大きい。財政に影響を与えることなく、生産回復が可能であり、利潤上納にも支障を来たさず、まさに良いことずくめである。したがって、保険付保を強制することはやめるとしても、自主的に付保する方針とすべきだとされた（中国保険学会、1998：393-394）。

　その後も、PICC上海分公司は、調査や意見聴取を進め、それが1959年6月1日付け共産党上海市財政局党組[33]による共産党上海市委員会宛報告「本市の国内保険業務処理に関する意見」に纏め上げられた。同報告によれば、①企業の火災保険等の強制保険は、1959年に停止し、自主的付保へ切り替える　②簡易生命保険は、発展させず、現状維持とする　③農村保険業務のうち、養豚および耕牛保険は、1959年から停止するが、もし、人民公社側に困難がある場合は、保険公司が共同保険などで支援する　④旅客傷害保険は、鉄道・船舶・航空運輸の各主管部門に処理を任せる、とされた。共産党上海市委員会は、国内保険業務を継続することについて、比較的明確な態度を保持していたため、同報告は速やかに承認された。その結果、1959年において、強制保険から自主付保へ切り替えた企業は、全体の93％に達した（中国保険学会、1998：394-396）。

　確かに、同報告は、客観的な状況に適合するものだったが、全国で国内業務が停止されるという情勢の下、当時の指導者は、上海の保険は歴史が長く、伝統的習慣と化しているので、すぐには止められないが、将来的には「維持」し、「縮小」し、最終的には「停止する」と考えていた。この指導思想に基づき、上海における保険機構は縮小された。実際の業務運営上も、満期時には付保先へ「満期通知票」を送付するだけで、保険公司職員が付保先を

訪問することも許されなかった。このようにして、保険業務は先細りとなっていった（中国保険学会、1998：396-397）。

　その後も、PICC 上海分公司や市財政局党組は、「国内保険を継続すべし」という意見を堅持した。しかし、中国人民銀行上海市分行は「ポケット論」の存在や全国的な引受け停止の流れに抗しきれず、1962 年 3 月に「本市国内保険業務引受け停止に関する意見」を共産党上海市委員会財貿政治部および市人民委員会財貿弁公室へ上程した（中国保険学会、1998：399）。

　上述のように、中国各地において地方政府の決定により、1959 年から国内保険業務（工場の火災保険や運送保険および農牧畜保険など）は縮小あるいは引受け停止状態となった。一方、わずかに残った国外業務（輸出入の貨物に関わる貨物保険や外洋航行船舶の船舶保険など）については、再び中国人民銀行国外業務局が指導をすることとなった。その後も 1998 年に至るまで、中国人民銀行が保険業を監督する状況が続いた（呉、2004：81）。

　建国を跨いで存続した保険業であったが、文革期にはいったん産業活動が中断された。外国保険会社との再保険取引も途絶え、PICC は最も困難な時期を過ごすこととなった。1969 年 4 月から 1971 年 9 月まで、PICC は総勢 13 名で細々と国外保険業務のみの引受けを行っていた（馬・施、1996：138）。PICC が中国国内の引受けを停止する直前の 1958 年当時の職員数は約 4 万人だった。職員数 13 名という状況は、PICC という保険会社がほぼ消え失せた姿であったと言えよう。

　なお、国外業務は何故存続したのだろうか。元中国保険学会秘書長であった王永明によれば、1959 年に PICC が開催した保険業務の前途に関する討論会において、国外業務を継続するか否かについて激烈な議論が戦わされた。それを受けて、当時の財政部副部長が「国外業務は貿易を行う上で必要であり、外貿公司も継続を主張している。ソ連や東欧を含めた世界各国において、保険機構が存在し、保険の引受けを行っている。それゆえ、我々も国外業務を継続することとする」との決断を下した結果、同業務は生き残ることとなった（王、2005：8）。

おわりに

　本章では、1959年の国内保険業務引受け停止について、その原因を多面的に検討した。まず、1950年代後半において、中国共産党トップが保険を重視していなかったこと、および監督官庁の財政部に「保険ポケット論」が存在したことが時代的な背景としてあった。社会で広く強制保険が実施され、保険が資本回収に利用されたため、割高な保険料を支払っていた保険契約者の反発を招いた。地方分権化という社会情勢の下で、保険業務の管理権限が地方政府に委譲された結果、地方政府の決定により「中央国営企業の強制保険引受け停止」が、国内保険業務全般の引受け停止へ拡大されたことが分かった。本局面では、「横の管理ライン」が強く作用したと考えられる。

　次に、本章ではPICCの成立を主に人的な側面から明らかにしようとした。建国前の保険会社職員が「官僚資本」系保険会社の接収を通じて、どのようにPICCへ異動したのかを探った結果、1949年以前に営業をしていた保険会社の地下党員や非党員が、PICC設立時に同社指導層に就任し、解放区から来た党員が内部部門責任者となったことが分かった。PICCの一般職員は「官僚資本」系保険会社や私営保険会社出身であった。上海や天津においては、新規職員の募集が大規模に行われ、そこで訓練を受けた人々が、全国へ配置された。さらに、建国前の中国系保険会社の資本金が公私合営保険会社を通じて、最終的にPICCへ集約された。本章の検討を通じて、PICCという保険会社の成り立ちが、いくつかの史実によってより具体的になった。

　国内保険業務引受け停止については、「はじめに」で述べたとおり、1959年当時は、人民公社成立にその原因を求めることが多かった。しかし、本章の検討によって、地方政府が引受け停止を決定したことが明らかになったと言えよう。

注
1）　1832年、広東省中山生まれ。香港のモリソン（Morrison）記念学校卒。香

港政庁で通訳を務めたのち、1858年に上海で税関の総通訳に就任。1861年に怡和洋行で買弁となる。その後、怡和洋行関連の保険会社経営に参画した。1873年に李鴻章の招きに応じて怡和洋行を離れ、李の助手となり、1875年に「保険招商局」を設立した。1892年没。

2) 1838年、広東省中山生まれ。買弁の家に生まれたため、14歳で宝順洋行へ入り、1861年に副買弁へ昇格した。1872年に輪船招商局へ入り、唐に次ぐ地位を占めた。1911年没。

3) 1866年生まれ。軍人、政治家。辛亥革命の際に南京政府臨時副総統を務めた。1916年に第二代大総統就任、1922年に再選された。1928年没。

4) 1859年、河北省生まれ。軍閥の領袖。1916年の袁世凱没後、北洋軍閥直隷派を率いて、段祺瑞の安徽派に対抗した。1919年没。

5) 1844年、江蘇省生まれ。李鴻章の部下として、輪船招商局・漢冶萍公司・中国通商銀行などを経営し、洋務運動を継承した。後に郵伝部大臣就任、鉄道国有化問題で辛亥革命の口火を切った。1916年没。

6) 1950年代前半に民間の資本に加えて、国家資金の投入により設立された保険会社。

7) 清末に設立された官と民の合弁による銀行。1908年に大清銀行と改名され、紙幣発行や国庫代理の特権を与えられた。本店は北京。1912年に中国銀行となった（劉、1987：168）。

8) 1942年から45年まで日系保険会社上海支店長を勤めていたW氏より聴取した。（聴取日：1994年6月22日）

9) 産物保険とは、損害保険を指す。

10) 人寿保険とは、生命保険を指す。

11) 1943年に重慶で設立された保険引受け機構。その職務は、資源委員会に所属する組織・機構へ保険引受けサービスを提供することであり、主要な国営企業およびその所有物資などは全て引受け対象となった。上海、華北、広州、台北に分所が設置された。

12) 山西省生まれ。1931年山西銀行専科学校卒業、1937年八路軍参加、1938年中国共産党入党。冀南銀行副総経理、同行総経理、太行工商管理総局局長、華北銀行副総経理を歴任。建国後、中国農業銀行行長、中国人民銀行副行長歴任（百度百科　http://baike.baidu.com/view/320756.htm、2011年11月10日閲覧）。

13) 未経過責任とは、保険期間中のある時点から保険期間満了までの保険責任

を指す。
14) 単なる教育指導ではなく、強制力をもった指導のこと。
15) 中国保険公司（中国銀行の関連会社で、1931年創立）が、1945年に中国産物保険公司へ改称した。その後、1949年に旧社名に復した。
16) 綏遠省（すいえんしょう）とは華北にあった省の名。1928年に設置され、1954年に内モンゴル自治区へ併合された（天児他、1999：596）。
17) 察哈爾省（ちゃはるしょう）とは華北にあった省の名。1928年に設置され、1952年に内モンゴル自治区、河北省、山西省へ編入された（天児他、1999：786）。
18) 江蘇省の北部を指す。
19) A保険会社が引受けたリスクの一部をB保険会社へ売ること。保険会社は、自らが負担するリスクの総量をコントロールするため、引受けたリスクの一部を売り買いしている。これを再保険と呼ぶ。再保険を出す（売る）ことを「出再」といい、受ける（買う）ことを「受再」という。
20) 1949年9月21日付財政経済委員会（陳雲と薄一波が責任者）による中国共産党中央宛中国人民保険公司設立申請書にその旨の記載がある。
21) 1949年10月1日から54年9月15日まで存続した国家政務の最高機関。後の国務院に相当する（天児他、1999：625）。
22) 1929年に金城銀行が設立した太平水火険公司が前身であり、33年に太平保険公司に改名。その後も安平・豊盛などを合併し、天津系保険会社も加わった（馬・施、1996：14）。
23) 大安、大華、新豊などの保険会社が合併して成立した保険会社。1956年に太平保険と合併した。太平保険公司が合併後の存続会社（馬・施、1996：34）。
24) 1932年に浙江興業銀行、中国通商銀行他中国系銀行2行と米国の美亜保険公司（The American International Group、アメリカン・インターナショナルグループの前身）が共同で設立した保険会社。資本金100万元。
25) いわゆる「紅頭文件」のこと。政府機関から発行される指示文書は、レターヘッドが赤字で印刷されているので、このように呼ばれる。
26) 日本の大手3社（東京海上日動、損保ジャパン、三井住友海上）ディスクロージャー資料によれば、3社の2006年度から2010年度の平均損害率は、それぞれ2006年度：63.3％、2007年度：63.9％、2008年度：69.1％、2009年度：70.7％、2010年度：69.5％だった（各社のHPから筆者計算）。
27) 労働組合の全国組織。

28) 当時、団体生命保険の保険料は給与天引きだったので、保険料ばかり徴収されることに不満を抱いた人々が、団体生命保険廃止を労働組合の最高責任者へ訴えたのであろう。
29) 当時、副総理兼財政部長だった李先念を指すと思われる。
30) ポケット論は、李先念が財政部長時代に最初に提唱した（王、2005：119）。
31) 1957年1月10日、中国共産党中央は「中央経済工作五人グループ成立に関する通知」を出した。陳雲がグループ長となり、李富春・薄一波・李先念・黄克誠をメンバーとし、党中央政治局の領導のもと、全国の経済工作を統一的に領導することとなった（李先念伝編写組・鄂豫辺区革命史編輯部、2011：第三巻2）。
32) 1958年当時の保険関係文書に「人民公社」が頻出する理由は次の通りである。すなわち、1958年10月15日から西安で開催された全国財貿工作会議の主要議題が「人民公社化後の農村における財貿体制の改革」であり（尚明・陳立・王成銘、1993：178）、同会議において国内保険業務の引受け停止が、副次的に議論されたためである。
33) 党組あるいは党グループとは、中国共産党以外の組織の指導機関に設置された党の指導機構のことを指す（天児他、1999：942）。

第 2 章　中国における保険業の対外開放

はじめに

　第 1 章では、「国内保険業務引受け停止」は、複数の要因によって惹起されたことを見出した。中でも、地方政府の決定により「中央国営企業の強制保険引受け停止」が、国内保険業務全般の引受け停止へ拡大されたことが主要な原因であり、その局面では「横の管理ライン」が作用していた。

　それでは、中国において保険業がほぼ消え去った状況から、どのような過程を経て、対外開放が始まり、その後、いかなる展開を見せたのだろうか。

　保険業における対外開放政策の展開は、それまでの歴史から影響を受けた。PICC は、1959 年以降、実質的に業務停止に陥っていたため、海外から保険引受けに必要なノウハウを導入する必要があった。それは、中国政府が海外からプラントを輸入することを決定した 1972 年から始まった。海外からの保険引受けノウハウ導入の試みは、文化大革命中に停止していた外交活動の実質的な再開と同時並行的に行われた。この局面では、国務院から PICC 本店へ連なる「縦の管理ライン」が作用していた。

　本章では、1972 年に見られた開放政策の萌芽を確認した上で、「日中共同保険構想」の経緯を振り返る。中国金融業における対外開放の状況を確認するとともに、外国保険会社の中国戦略を分析する。加えて、アメリカの The American International Group の動きを見てゆく。中国の WTO 加盟によって、保険市場の開放政策にどのような変化が現れたのかを探る。

第1節　開放政策の萌芽から外資の営業認可へ

　一般に、改革開放政策は1978年12月に導入が決定されたが、実質的には1979年からスタートしたと言われることが多い。しかし、保険業における開放政策の始まりは1972年と言える。同年、中国人民保険公司（The People's Insurance Company of China、略称PICC）と一部の米国保険会社との接触が始まった。当時、中国政府は友好的な米国保険会社と業務往来を行うことを決定していた。その後、PICCと米国保険会社による合弁保険会社設立や日米の保険会社による駐在員事務所開設などを経て、1992年に中国保険市場が試験的に対外開放された。

1. 開放政策の萌芽
　まずは、開放政策が始動する前夜の状況を見ていこう。

　状況に変化が見られるのが、1970年代初めの中国の国際舞台への復帰であった。1972年2月のニクソン訪中により中国の外交政策に変化が出始め、同年より非公式ながら米中間の外交関係も復活した。それに伴い、両国間の直接貿易が始まった（馬・施、1996：142）。

　同年、国務院が認可した外交部・外貿部・財政部による「米国保険業務問題に関する伺い」に基づき、財政部と外貿部は、米国の The American International Group（略称AIG）[1] 他の中国訪問を受け入れた。AIG社は1919年に上海で創業し、1939年に本部をニューヨークへ移した歴史を持つ。元PICC国外業務部副総経理王仲石の業務記録によれば、「国務院が認可した方針に基づき、中国に対して友好的ないくつかの保険会社を選び、再保険関係を結ぶ。業務のやり取りを通じて米国保険市場の活動状況を理解し、米国人民との友好往来を展開する（王、2008：153）」との方針がPICC社内で定められていた。

　保険市場の対外開放の点からは、ニクソン訪中直後にAIGが訪中していることが興味深い。米中国交回復の立役者が、周恩来総理とキッシンジャー

第 2 章　中国における保険業の対外開放

(Henry A. Kissinger) 大統領補佐官であったことにも注目したい。AIG は後に上海で営業認可を得るため、対中国政府工作において、キッシンジャーが組織したコンサルタント会社（キッシンジャー・アソシエイツ）を起用していた（マン、1999：435）。

一方、日本の保険会社（日本火災海上保険、住友海上火災保険、安田火災海上保険、東京海上火災保険）も、1972 年より PICC へ貨物海上保険や海外旅行傷害保険の事故処理代理業務を委嘱するなど、中国側との接触を開始した。1974 年には、日中航空協定締結を受けて、東京海上火災保険（以下、東京海上と略称）が PICC との間で、航空保険の事故処理代理業務を相互に委嘱することとなった。この一連の動きは、日中国交正常化の動向に対応したものである。

2. 日中共同保険構想

このような水面下の動きは、その後さらに鮮明になる。

1978 年 10 月、PICC の馮天順総経理を団長とする訪日団が日系損保 A 社を訪れた際、馮総経理から「日中共同保険」に関する提案があった。提案内容は、「日中長期貿易取り決めに基づき、日本から輸出されるプラント等に関わる各種保険について、日中それぞれ 50％の割合で共同保険として引受けたい」というものであった[2]。

日本側では、損保業界全体で上記提案を検討し、具体的な引受け案を PICC へ提示した[3]。1981 年 7 月には最終案へ調印の運びとなったが、PICC からは、「関係国内法を整備する必要があるので、暫く時間が掛かる」との連絡があり、その後、膠着状態となった。1984 年 4 月になってようやく PICC から書面で「政府が協定書案を認可しないので、協定締結は不可能である」旨の回答があり、日中共同保険構想は実現しなかった。

その間中国国内では、華国鋒が主導した大規模なプラント輸入が資金難に直面し[4]、1979 年に宝山製鉄所の一部契約がキャンセルされた。1981 年には、山東省等における石油化学プラントの契約キャンセルを招き、総額 30 億ドルにも上る契約破棄問題へ発展した[5]。このような日中関係を背景にして、

51

中国の保険関係者は日中共同保険構想をどのように決着させるかについて検討を繰り返した結果、長期にわたって事態が膠着したものと推測する。

しかし、構想が示された1978年から、それが消えた1984年までの6年間に、日中保険業界の交流は進展した。たとえば、日本の保険会社は80年代初頭に相次いで北京に駐在員事務所を開設した[6]。渤海湾や広東省の珠江沖合における海上石油開発の保険手続きは、駐在員事務所が窓口となって日中両国の協力により進められた。これらのプロジェクトに関わる保険手配[7]については、実質的に日中共同保険構想に沿う形で、日中間の共同保険や再保険が行われた。この面から、日中共同保険構想は、保険業における対外開放に一定程度寄与したと言えよう。

3. PICCの海外進出と外国保険会社北京駐在員事務所設立

中国が保険市場を対外開放する前に、PICCは海外進出を試みた。AIGはそれを中国国内営業開始の足がかりにしようとした。すなわち、1980年10月にPICCとAIGは、折半出資でバミューダに「中美保険公司」を設立した。同社は、PICCが初めて外国の保険会社と合弁事業を行った例である。1980年9月27日に締結されたPICCとAIGの株主間協議書によれば、中美保険公司の業務方針は、米国およびカナダの保険業務並びに世界的な再保険の引受け、さらには双方が合意した中国貿易および商業活動に関連する保険業務を行うことであった（王、2008：197）。この方針に基づき、同社は1982年にニューヨーク支店を設立し、北米業務の引受けを行ったが、当時は競争が厳しく収益を残すことが困難であった。AIG側はそれを理由として一方的に、米国業務の縮小さらには引受け停止を決定した。その一方で、AIG側は中国保険市場への参入に注意を向け、中国のいくつかの対外開放都市へ人員を派遣し、活動を行った。AIGからの派遣員は、経済特区と開放都市に入り込もうとした（王、2008：197）。

外資保険会社の中国における営業認可については、国務院弁公庁が1985年に同意したPICC起草の「国外保険業務を発展させ、外貨収入を増加させる件に関する報告」に関連の定めがあった。すなわち、同報告の第5条に

「国務院が認可した場合を除き、一般に外国保険会社が中国で開業することを許さない。それにより、大量の外貨保険料が国外へ流出することを防止する」と規定されていた（王、2008：197）。つまり、中国政府は、1980年代半ばにおいて、外国保険会社の中国における営業は原則的に認めない旨の政策決定をしていた。

1986年2月27日付のPICC資料によれば、AIGは中国国内で営業活動を行おうとしていた（王、2008：196）。そもそも前出の1980年9月27日付株主間協議書が問題含みであったと考えるべきだろう。その理由は、PICC側は、最先端の引受けノウハウを学ぶため、米国を中心とする北米での保険引受けを目標としていたのに対して、AIG側は「中国貿易および商業活動に関する保険業務」、すなわち中国での保険引受けを目指していたためである。この合弁事業は、開始当初から同床異夢であり、事業成績が振るわなかったのも当然の結果である。しかし、1980年という比較的早い時期に海外で合弁事業が行われ、それを利用して、AIGが中国進出を図ろうとしたことには注目すべきだろう。

PICCの海外進出に加えて中国の保険市場開放の面でも、象徴的な出来事があった。それは、1980年7月の東京海上による北京駐在員事務所開設認可取得である。日本の保険会社は、「日中共同保険構想」などの動きを受け、北京駐在員事務所開設を目指していたが、東京海上が外国保険会社として最初に事務所開設認可を得ることとなった。駐在員事務所は将来的に営業拠点へ昇格させることが暗黙の前提となっていたため、外資は駐在員事務所開設に大変熱心であった[8]。

1980年代初頭において、PICCが海外で合弁保険会社を設立したことと比較すると、中国国内における対外開放は駐在員事務所開設認可に止まっていた。合弁会社設立、支店設立、現地法人設立といった直接営業を認めるところまで踏み込んでいない。保険業における対外開放は受身の開放であり、外資を活用した輸出指向型発展戦略の枠外にあった。

この時期の外資系保険業の状況は、外国保険会社駐在員事務所（以下、事務所と略称）の日常活動に象徴的に表れている。事務所の活動範囲は、当時、

「外国保険機構駐華代表機構管理弁法」[9]によって、「市場調査および連絡業務」に限定されていた[10]。その結果、事務所では主に次の業務を行っていた[11]。

まず、市場調査関連業務としては、駐在員が中国各地へ出張することにより、中国の主要地域における保険事情を調査研究し、結果を本店へ報告した。

連絡業務としては、中国へ進出した外資系企業が保険手配を必要とする場合、その希望を中国系保険会社へ伝達した。自社の本店等から経営幹部が中国へ出張して来た際、中国関係機関[12]訪問の準備を行い、同行した。総じて、極めて限定的な業務を行っていたと言える。

法制面では1985年に「保険企業管理暫定条例」が制定され、PICC以外の中国系保険会社が市場へ参入するための枠組みが整えられた。その結果、1986年には新疆生産建設兵団農牧業保険公司が設立され、PICCの独占が打破された。1988年には平安保険公司が広東省深圳市で成立した。その後、1991年には1987年末から保険引受けをしていた交通銀行保険業務部が中国太平洋保険公司として独立した（呉、2004：5）。

第2節　外国保険会社の中国進出

中国政府には自国の保険産業は「起歩晩、底子薄」（歴史が短く、基盤が弱い）という認識が強くあり、本格的な対外開放をする雰囲気はなかった。その原因は、1959年から1979年までの20年間にわたり、国内保険業務が引受け停止になっており、国内の基盤が全く欠けていたためである。中国政府としては、まずは、PICCの業務を再開し、それに続いて国内保険会社の多様化を図ることが優先課題であった。しかしながら、1989年の天安門事件とその後の米中の確執が保険業の対外開放に影響を与えた。

1. 金融業における対外開放と外国保険会社の中国戦略

保険業の対外開放の状況を明らかにするために、銀行業・証券業の対外開放の歩みと比較してみよう。

第 2 章　中国における保険業の対外開放

　まず、銀行業であるが、中華人民共和国建国後、1979 年まではモノバンク制度（中央銀行が商業銀行業務も併せて一元的に業務を行う仕組み）を採っており、中央銀行である中国人民銀行のみがあらゆる銀行業務を行っていた。銀行業務については、中国人民銀行だけとはいえ業務が中断することなく継続していた。保険業においては、1959 年から 1979 年まで国内業務が引受け停止となっており、この 20 年間はほぼ空白期間になっていた。証券業では、1952 年に全ての証券取引所が閉鎖されて以降、証券業務そのものが存在していなかった。

　対外開放の歩みを見ると、銀行業では早くも 1981 年に香港（中国の金融行政において香港は外国扱いである）の南洋商業銀行が経済特区の深圳で営業認可を得た。南洋商業銀行は、1949 年に中国政府によって設立された銀行であり、現在は、中国銀行（香港）有限公司の 100％子会社である。1985 年には同じく経済特区である珠海、汕頭、厦門も外資系銀行に対外開放された。対外開放された都市で営業認可を得た外銀は、外貨建ての預金業務や貸付業務を行うことができるようになった。1990 年に上海で対外開放の法的枠組みが準備され、翌年に日米欧の合計 6 行が営業認可を受けた（岡部・安藤、1996：437）。1992 年には大連ほか 7 つの沿海開放都市での営業も認められた。1994 年には中国全土の都市において営業認可を申請できるようになった（呉、2008：125）。

　一方、保険業では 1992 年になって初めて上海で AIG のみが営業認可を受けた。第 2 次認可は 1994 年の東京海上であり、1995 年に広州が対外開放された。証券業では、1995 年に JP モルガンが中国国際金融有限公司へ出資することが試験的に認可されたが、実質的な外資の進出は、2002 年の「外資参股証券公司設立規則」制定を待たねばならなかった。

　モノバンク制度の下で中国人民銀行が業務を継続していた銀行業においては、最も早く対外開放が実施され、開放の範囲も比較的早く拡大された。その理由は、外資系銀行は海外から中国の経済発展に必要な資金をもたらすとともに、外資系製造業を誘致するにもその必要性が高かったためである（呉、2008：128）。それに対して、保険業においては 20 年の空白により対外開放

を行うための国内基盤がなかったことから、先ずは国内の保険市場再建に力が注がれた。この結果、市場開放が1992年まで遅れた。証券業では、証券業務そのものが存在しなかったことと並んで中国政府が資本取引の自由化にきわめて慎重であったことから、市場開放が取り上げられるようになったのは2002年以降のことである。

遅々として進まなかった保険業の対外開放に変化の兆しが表れたのは、1992年頃であり、中国筋から外国保険会社の営業を、上海で試験的に認めることを検討中であるとの話が聞こえ始めてきた[13]。試験的に認めることの意味は、営業地域を上海に限定した上で、1～2社のみに営業認可を与え、彼らの活動が中国保険市場にどのような影響を与えるのかモニターするということだった。さらに、保険監督官庁として、中国人民銀行が、外国保険会社を管理するためのノウハウを蓄積することも意図されていた。

一方、外国保険会社側では、生保と損保のそれぞれにおいて対中事業戦略が検討されていた。生保は、中国人個人の生命保険を主なターゲットとした。AIGがその代表格であり[14]、AIG以外の欧米保険グループもほぼ同様の戦略を描いていた[15]。日系生保は、1990年代初頭において、日本国内に強固な収益基盤を有していたため、一部の例外を除いて、海外営業にあまり興味を示していなかった[16]。欧米系生保の戦略は、一般的に生保事業と損保事業を比べると、生保は収益性がより安定しているという保険の原理[17]に基づくものである。加えて、通常、生保市場は損保市場に比べると規模が格段に大きいことから、AIG等欧米系生保は中国以外の世界各地で同様の戦略を展開してきた。彼らは世界各地で現地法人や合弁会社を設立し、生保の経営を行っていた。AIGから見れば、中国の生保市場（主に大都市の住民）はきわめて高い成長性が見込まれる非常に魅力的なマーケットであり、一日でも早い進出が望まれていた（Shelp, 2006：108）。

損保の考え方は、自国の進出企業に対して、リスクマネジメントサービスを行いつつ、工場の火災保険等の引受けサービスを提供しようとするものであり、日系損保がこのような考え方を持っていた[18]。欧米系損保は、外国市場の法的規制に拘泥せず、自国内で全世界の大型物件を引受ける戦略を取っ

ていたため、AIG などを除き、海外進出に対して積極的ではなかった。

　日系損保の戦略は、自国の法人顧客が海外へ進出する場合、進出に伴う各種リスクを明らかにし、その管理を行うためのリスクマネジメントサービスを提供しようとするものであった。加えて、予想されるリスクをできる限り自国内と同様に引受けることにより、当該法人顧客の満足度を高め、国内外合計の保険引受けシェアを引き上げようとするものである[19]。この場合、海外保険営業といっても自国内の法人営業の延長であった。海外営業拠点には日本人駐在員が配置され、日本国内と同等の顧客サービスを提供することが目標とされた。1990 年代初頭においては、日系企業の対中投資が増加する兆しが見えていた。特に 1994 年以降は、家電や自動車等の大企業が進出を本格化させ、日系損保も営業拠点開設が焦眉の急となっていた。ただし、日系損保は、中国人個人の火災保険等にはあまり関心がなかった。それは、当該マーケットの規模が未だ小さかったことと、このマーケットへアクセスするための販売網（各地に分散する代理店網）構築に時間とコストが掛かると予想されたためである。

　対中進出の目的は全く異なるものの、欧米および日本の保険会社が営業拠点開設を強く希望する状況が、1990 年代前半に現れていた。しかも、中国政府の考える市場開放は試験的なものであり、営業認可を得ることができる外国保険会社はごく少数であろうと予測されたので、外国保険会社間の営業認可獲得競争は熾烈を極めた。

2.「上海外資保険機構暫定管理弁法」制定

　世界中の有力保険会社が対中戦略を立案しようとする中、1992 年 9 月に外国保険会社関連規定の嚆矢となる「上海外資保険機構暫定管理弁法」[20] が制定された。本弁法は、全文 8 章 44 条の比較的整った規則である。本弁法制定を以って、外資系保険会社への市場開放が初めて法的な拠り所を得たことになり、制定の意義はきわめて大きい。

　その主な内容は、以下のとおりであった。

　第 2 条では、外国保険機関の定義がなされており、それは「外国保険会社

が上海市内に設立した支店」および「外国保険会社と中国の金融機関による合弁保険会社」とされた[21]。

第5条では、設立申請条件が定められており、それは①保険業務を30年以上行っていること　②総資産が50億ドル以上あること　③中国国内に駐在員事務所を設立してから3年以上経過していることの3点である。

第17条では、営業範囲が定められており、①国外企業の各種保険、国内において外国企業が投資した企業の企業財産保険（火災保険など）およびその関連の責任保険　②外国人および国内の個人が保険料を支払う生命保険　③上記に係わる再保険業務　④認可を得たその他の業務とされた。

第21条では、再保険につき定められており、「外資保険機関は、全引受け契約の30％を中国人民保険公司へ出再[22]しなければならない」とされた。

本弁法に関して、第1に、外資保険機関設立要件（保険業務経験30年、総資産50億ドル、事務所開設3年以上）については、基本的にその後も踏襲され、営業認可付与に当たっての必要条件となった（僅かに、事務所開設要件が2年に緩和されているのみ）。当時、上記条件に合致する保険会社は、世界的にも大手の保険会社に限られており、中堅以下の保険会社には門戸が閉ざされていた。これは、消費者（保険契約者）保護を最優先課題と考える監督当局の基本姿勢を反映しており、外資系保険会社の倒産等を避けるための措置であろう。

第2に、損保の業務範囲については、基本的に外資系企業の投資案件しか引受けを認めず、中国地場物件は引受け禁止とする制限的内容であった。この制限は、中華人民共和国建国直後、上海において、外国保険会社の締め出しを図った際の規定と同様であり、「外国保険会社には、中国国内の企業物件は渡さない」との意図があったものと思われる。当初、外資系銀行の業務範囲も外貨建て業務に限定されていたことに相通じるが、外資の活動を国内とはできる限り切り離そうという考えに基づくものであろう。生保については、個人物件のみの引受けを認め、当時主流であった団体保険は引受け対象外であった。ここにも中国系生保の既得権益を守ろうとの意図が表れていた。

第3に、再保険について、外資保険会社は引受け業務の30％をPICCへ出

再（A保険会社からB保険会社へリスクの一部を売ること）する必要があった。これは、市場モニター[23]の範囲を超える高率の出再を求めるものであった。再保険を引受けるPICCにとっては好都合な規定であり、外国保険会社の目で厳選された優良物件の一部を、自動的に引受けられる仕組みができたことになる。一方、外資にとっては、獲得した業務の30％をPICCへ自動的に割譲することになり、営業成績上大きな痛手となった。

3. AIGへの営業認可付与

「上海外資保険機構暫行管理弁法」の制定後まもなく、米国のAIGは1992年9月に営業認可を得た。中華人民共和国建国後、外国保険会社としては初めてのことであった。この時期に至って、保険業における開放政策が、全面開放という形ではないにせよ本格的に導入されたと考えられ、新しい時代が始まったと言える。

これに遡ること3年前の1989年6月に六四事件が発生し、その後中国は1990年と91年の2年間にわたり、経済成長率の鈍化と海外からの直接投資激減に見舞われた。

こうした状況の中で、中国政府はAIGに上海での営業認可を与えた。それには、「中国政府は、今後も開放政策を推進する。金融分野の対外開放も行う」というシグナルが込められており、本営業認可を米国との関係正常化の誘い水にしたいとの思惑があったと考えられる[24]。鄧小平は1989年11月に訪中したキッシンジャーに対し、対米関係改善のための包括的な提案をしており、その中に「双方がともに努力し、早い時期に数項目の比較的大きな中米経済協力プロジェクトを実施に移す」との内容が含まれていた（銭、2006：173）。本認可はその一環とも考えられる。

市場開放に当たっては、その是非を巡り国内保険業保護の観点から議論が戦わされ、最終的には国務院レベルで決着が図られた。当時、中国人民銀行上海分行長であった龔浩成の回想によれば、PICC幹部他とともに中南海に呼ばれた際、国務院副秘書長だった何椿霖に対して、龔は中国系保険会社の不安を払拭するため「損保については、中国系企業物件の引受けは認めず、

外資系企業物件の引受けのみを認める。生保については、団体保険の引受けを認めず、個人契約の引受けのみを認める」という案を提示した。何はそれにすぐ同意した。一方、中国人民銀行内部では生保会社の設立形態について、合弁とするかそれとも単独出資を認めるかで意見が分かれていた。龔浩成らは、「合弁の場合、双方がいがみ合って上手くいかないことが多いので、単独出資とすべきだ」と意見具申し、それが中国人民銀行トップに認められた（呉、2009：172-173）。AIG が生保において、単独出資を認められたのは極めて特殊なケースである。その後、AIG の生保部門は、上海市における新規契約のうち 80％以上を獲得するなど目覚ましい成果を挙げた。これは中国系生保に大きな脅威を与えたであろう。その後の外資生保の営業認可に際して、中国当局は外資側の単独出資を認めなかった。その結果、中国側パートナーの意向が反映できる合弁会社設立のみを認可することとなった。生保は中外合弁のみ認可するという条件は、WTO 加盟以降も続いている。

　AIG の進出は中国に何をもたらしたのかと言えば、それは生命保険分野における新しい販売方法である（呉、2004：43）。中国系保険会社は、企業との関係作りを除けばいわゆる営業活動はしていなかったので、AIG の販売手法は彼らに大きな刺激を与えた（呉、2004：43）。当時、生命保険の種目としては、簡易生保、団体傷害保険、団体年金保険などがあったが、そのほとんどは団体契約で、企業が保険契約者となりその職員を一括して付保する形だった。個人を対象とした生命保険はほとんど存在しないも同然であった。AIG は生命保険代理人による直接販売の手法を上海に持ち込み、個人向け生保の普及率を引き上げた。その後、AIG を模倣し、生命保険代理人を大量に養成して市場に投入する中国系生保が続出した結果、市場拡大に拍車がかかった。

4. AIG の中国政府対策

　外国保険会社の中で、なぜ AIG は他社に先んじて営業認可を取得することができたのであろうか。

　同社は、1919 年に上海で設立され、日中戦争中には、同社創業者のコー

ネリアス・ヴァンダー・スター（Cornelius Vander Starr）が 1931 年に買収した「大美晩報（Shanghai Evening Post and Mercury）社」を拠点として、抗日宣伝を展開した経歴を持つ（趙他、2007：22）。また、同社は米国政府との関係も深かった。1942 年 12 月に、スターは OSS（Office of Strategic Services：戦略事務局、Central Intelligence Agency：中央情報局の前身）創始者ドノバン（Donovan）のかねてからの依頼に基づき、OSS が Shanghai Evening Post and Mercury を隠れ蓑として情報収集活動を行い、対日工作を展開するよう申し入れた。OSS は 1943 年 1 月にこの申し出を受け入れ、同紙へ資金提供を行うとともに、情報収集活動を展開した（Shelp, 2006：47-48）[25]。第 2 次大戦後間もなく、スターは元 OSS 工作員で中国にコネクションを持つヤングマン（W. Youngman）やトゥウィーディー（G. Tweedy）をスカウトし、AIG グループ会社のトップに据えた（Shelp, 2006：92-93）。

1973 年に同社のモーリス・グリーンバーグ（Maurice R. Greenberg）会長（当時）は、「ニクソン訪中を受けて、中国も徐々に開放されるだろう。私はAIG が中国に呼び戻されることを望む。さらに、我々が最初に呼び戻されることを期待する」と述べた（Shelp, 2006：108）。その後、チェースマンハッタン銀行関係者からの助言に基づき、AIG と PICC 間で協力関係を構築したい旨の趣意書を PICC へ送付した。1975 年にようやく中国からグリーンバーグ会長宛に招聘状が届いた。同年、グリーンバーグ会長は初訪中し、PICC 総経理の宋国華と会談した。その結果、AIG は PICC との間で、合弁会社設立の可能性を引き続き探るとの覚書を締結した。これが、1980 年の「中美保険公司」設立へつながった（Shelp, 2006：108-110）。

グリーンバーグ会長は、中国保険市場（特に生保市場）進出を大きなビジネスチャンスと捉えていた。同会長は上海市での元受営業開始に強い意欲を燃やし、地方政府の顧問に就任するなど、政府との関係を深めていった。同会長は、1990 年に朱鎔基上海市長の求めに応じて、「上海市長国際企業家諮問会議主席」に就任した（*AIG IN CHINA*）。当時、中国側は、このような場における政策提言を求めていた。

1990 年代初めには、AIG はキッシンジャー・アソシエイツを対中コンサル

タントとして起用し、中国政府対策を行っていた（マン、1999：435）。キッシンジャー・アソシエイツには、キッシンジャー元大統領補佐官をはじめ、イーグルバーガー（Lawrence S. Eagleburger）（元国務副長官）やスコウクロフト（B. Scowcroft）（元大統領補佐官）などが幹部として在籍しており、中国政府高官と接触していた。米国政府対策の面では、キッシンジャーはグリーンバーグ会長を同道して米国財務省と商務省に接触するとともに、ホワイトハウスで国家安全保障問題担当補佐官の アンソニー・レイク（Anthony Lake）とも会っていた（マン、1999：435）。

AIG は中国に対する投資活動も活発に展開した。たとえば、1990 年に「上海商場」（ホテル、事務所棟、マンション、商店、展覧会場、劇場の複合施設）を建設した。総工費 1 億ドルのうち、AIG は 3,000 万ドルを投資した（*AIG IN CHINA*）。

1994 年には、同社が中心となり、「AIG アジアインフラ基金Ⅰ」を組み、11 億ドルを集めた。1998 年には「AIG アジアインフラ基金Ⅱ」を組み、17 億ドルを集めた。これらの基金は、主に中国におけるインフラ整備に投資されている（*AIG IN CHINA*）。

AIG は、教育活動にも手を染めており、1994 年には上海の復旦大学と共同で、「友邦－復旦アクチュアリー（actuary）[26]センター」を設立した。1996 年には、広州の中山大学と共同で、「友邦－中山アクチュアリーセンター」を設立した（*AIG IN CHINA*）。

AIG（グリーンバーグ会長）は、六四事件直後の 1990 年に朱鎔基上海市長の顧問となった。当時逼迫していた総合施設を建設するなど中国との関係を強化し、外国保険会社として初めて営業認可を得る準備をしていた。おそらく、キッシンジャー・アソシエイツを通じた活動も、営業認可取得およびその後の営業地域拡大に寄与したものと推測する。

5. 諸外国の保険業進出

AIG 以降、諸外国の保険業の中国進出が始まった。営業認可地は、AIG の広州を除いて、全て上海であった。1994 年には東京海上が認可を受け、1995

年にはAIG広州支店（米国、生保・損保）、同じく1995年にはマニュライフ（Manulife）社（カナダ、生保）、1996年にはウインタートゥール（Winterthur）社（スイス、損保）、1997年にはアクサ（AXA）社（フランス、生保）、アリアンツ（Allianz）社（ドイツ、生保）、エトナ（Aetna）社（米国、生保）が認可された（呉、2004：48-53）。

　米国を除くと1国1社であり、その国の保険業界を代表する企業が選ばれていた。また、認可の伝達の仕方は、中国の政府トップが外国訪問をした際に、あたかも土産を渡すかのごとく知らされることが多かった。あるいは、その逆に、外国の政府首脳が訪中した時に、伝達されたこともあった。その流れを概観すると、1990年代において、外国保険会社への営業認可付与は、中国外交における取引材料の1つであったと推測される。中国保険業界関係者によれば、多くの外国政府から、自国保険会社の営業認可を強く求める要請が中国政府へ寄せられた。その結果、中国政府は外国保険会社への営業認可付与が外交上重要であることに気づいた様子だった[27]。

　その後も営業認可を受ける外国保険会社は毎年2～5社程度であったが、2001年には15社へ急増した。営業認可の急拡大は、WTO加盟交渉の場で、中国が諸外国と加盟条件を打ち合わせる際に行われた。いわば、中国が加盟を円滑に進めるため、諸外国を懐柔した結果である。もっとも、中国側から見れば、欧米から圧力をかけられた結果、やむなく大量の認可を与えたとも言える。当時、中国政府首席代表を務めていた龍永図（元対外貿易経済合作部副部長）は、2000年12月2日に北京で対外経済貿易大学の学生を前にして「先日、EUはいくつの保険会社に営業認可を与えるかという問題について、我々と争いを起こした。別れ際に、もし言うことを聞かなければ、EUが再び中国を支援することを期待するなと脅した。いくつの保険会社に営業認可を与えるかは中国の内政にかかわる事柄であり、彼らはどんな権利があって我々に干渉するのだろうか？　私の血圧はあっという間に上がり、今も頭が朦朧としたままだ（王、2008：223）」と述べた。

　2001年までの国別累計認可件数を見ると、アメリカ10社（AIGは1社で4拠点の認可を得た）を筆頭に、カナダ、スイス、フランス、イギリス、ドイ

ツ、日本がそれぞれ3社、オーストラリア、オランダ、イタリア、韓国がそれぞれ1社ずつとなっている（呉、2004：48-52）。

これは、まさに中国と諸外国の外交関係を反映したものであり、アメリカ（特にAIG）の突出ぶりが目を引く。日本は、ヨーロッパの主要各国と同等の扱いを受けていることが分かる。イギリスは、1997年の香港返還が済んで初めて、営業認可を得ることができた（呉、2004：52）。この場合、営業認可は香港返還を完了したイギリスに対する見返りであり、外国保険会社への営業認可付与が、中国外交における取引材料の1つであったことの例証と言えよう。

外国生命保険会社の出資比率については、中国政府内部に論争があり、その上限を49％、50％、51％のいずれにするかに関して意見が分かれていた。その結果、マニュライフ社、アリアンツ社、アクサ社は51％出資を認められたにもかかわらず、CMG社は49％までしか出資を許されなかった。その他の多くの外資生保の出資比率は50％となった。

第3節　WTO加盟による変化

中国保険市場の対外開放において特徴的なのは、まず、外国に市場開放をする前に、中国系保険会社の市場参入を促進し、彼らに十分な準備をさせようと試みることである。これは、1992年の第1次対外開放前（PICCによる市場独占打破）[28] および95年の第2次対外開放前（中国系保険会社の多様化）[29] に行われた。外資への営業認可付与に当たっては、中国から見て、外交的に重要な国が市場開放の恩恵を受けた。特に、アメリカ重視が鮮明であった。また、開放場所は、すでに大きな保険市場を有する大都市に限定されており、あくまでも「点」での開放に止まっていた。1999年まで対外開放都市は、上海と広州に制限されていた。

1. AIGの特権

中国のWTO加盟を巡っては、様々な分野で厳しい交渉が行われたが、保

険もその1つであった。中でも、最大の争点は、「米国AIGの特権をどこまで認めるのか」という点であった。AIGの特権とは、生保について、AIGは同社香港法人の支店を中国国内に開設するという形で、実質的に100％出資が認められていることを指す。AIG以外の各社は、全て中国との合弁を求められており、外資側の出資割合は、概ね50％以下に抑えられていた。

　米中間および多国間の交渉の結果、本件については「AIGの既得権は容認するが、WTO加盟後の新拠点開設については、他社と同様に扱う」ことで決着がついた[30]。とはいえ、中国のWTO加盟（2001年12月）直前に、AIGは新たな営業拠点開設認可（北京、蘇州、江門、東莞）を駆け込みで取得し、政治力を見せ付けた[31]。

2. WTO加盟に関わる約束の遵守状況と保険行政の変化

　中国は、WTO加盟時に次のような保険市場開放スケジュール[32]を約束した。

　その後、市場開放スケジュールはおおむね遵守されたが、「設立形態」については、関連法規の整備や中国保険監督管理委員会と国家工商行政管理局

表2-1　WTO加盟時の保険市場開放に関する約束

スケジュール	開放都市	損保引受制限緩和	設立形態他
加盟時 （2001年12月11日）	上海、広州、大連、深圳、仏山	貨物運送保険、大規模物件、マスターポリシー（注）の免許地外引受可	支店および外資50％までの合弁会社設立可。生損保とも営業免許発行数は制限しない。
2003年12月までに実施	北京、天津、瀋陽、蘇州、寧波、武漢、成都、重慶、福州、厦門を追加	中国地場企業、個人分野の引受可（引受物件の制限撤廃）	外資100％の子会社設立可
2004年12月までに実施	地理的制限撤廃	（法定保険については、開放を約束せず）	

（注）マスターポリシー（Master policy）とは、1枚の保険証券で複数の場所に所在する物件を纏めて引受けることを指す。たとえば、上海に本社があり、工場が江蘇省に点在しているようなケースで、上海を主体とするマスターポリシーを発行し、江蘇省の工場群も纏めて引受けることができる。
出所：日中経済協会（2001）より筆者作成。

など関係省庁との調整が遅れたため、スケジュールどおりには進んでいない。たとえば、外資100％出資の現地法人設立については、2004年5月になって初めて、香港に本拠をおく中国保険グループの民安保険[33]と中国銀行グループの中国銀行保険が、支店から現地法人への改組認可を受けているに過ぎない。金融監督の建前からは、香港企業は外国企業とされているが、上記2社は明らかに中国系保険会社である。純粋の外国保険会社で認可された例は、2005年の韓国三星火災と日本の損保ジャパンが初めてであった[34]。

現地法人化認可が、AIG等の先発保険会社ではなく、三星火災と損保ジャパンに最初に与えられたことには意味がある。三星火災と損保ジャパンは、外資系保険会社の中で市場占有率が小さく、中国系保険会社への影響が相対的に少ないため、認可が与えられた。逆に市場占有率が大きく中国系保険会社にとって営業上の脅威となるAIG他先発保険会社に対する認可は後にするとの政策判断が働いたと推測される。WTO加盟以前において、中国政府は主に外交関係を考慮して、国ごとのバランスを見ながら営業認可を与えていたが、加盟後は、中国系保険会社の営業面での影響が少なくなるよう外資系保険会社の現地法人化の順番やスピードを調節していると考えられる。つまり、WTO加盟によって、中国政府はそれまでの外交上のバランスを重視し、外交取引の材料として営業認可を与える姿勢から、中国系保険会社の営業重視へ保険行政のスタンスを変えたと言える。

このほか、監督官庁からの通知により、2004年2月から「貨物保険の異地引受け（中国全土における引受け）」と「中国地場物件の引受け」が外国損害保険会社にも認められた。それまで外国損害保険会社の営業地域は「認可を得た都市」に限定されていた。そのため、A保険会社上海支店は、上海以外に所在する顧客の貨物保険を引受けることはできなかった。「貨物保険の異地引受け」とは、すなわちA保険会社上海支店に対して、中国全土に所在する顧客の貨物保険引受けを認めることである。この措置は、外国損害保険会社に対して大きな市場を開くことになった。

2000年代半ばの中国において、1990年代に進出した外資系企業が生産体制を整え、販売網もほぼ構築した状況に至っており、彼らが購入する原材料

や販売する製品に関わる貨物保険の需要が爆発的に高まった。「貨物保険の異地引受け」により、外国損害保険会社は収入保険料を大きく伸ばした。

　生保については、WTO加盟の結果、外資側の出資割合が50％に制限される代わりに、外資はパートナーとして、保険会社や銀行など金融機関以外の出資者を選んでよいとされた。外資側の出資割合については、中国政府は50％以下に抑えることを死守すべきラインと考えていた。一方、EU側が強硬に51％以上を主張した結果、妥協が図られ、外資は出資割合を50％以下に抑えるが、パートナーを自由に選べることとなった（王安他、2005：137）。そのため、外資は国有の大型企業（中国石油天然気集団公司など）を合弁相手に選び、当該企業の従業員に関わる生命保険契約を独占的に引受けるという挙に出た。たとえば、中意人寿（外資側はイタリアのジェネラリ〈Generali〉社）の場合、パートナーである中国石油従業員の契約により一挙に200億元（約3,000億円）の保険料を上げ、2005年の収入保険料ランキング5位に躍り出た。一方、当初期待されていた外資側から合弁生保への引受けノウハウの移転などはほとんど進まず、無競争で巨額の保険料収入を上げることの問題点が指摘された（堵、2006：22）。パートナーの力を借りて極めて容易に巨額の保険料を手にすることができる外資側には、合弁生保にノウハウを移転するためのインセンティブが存在しない。このように大口契約について無競争状態が続けば、新商品の開発がなされず、料率引き下げも行われないので、保険契約者の利益が損なわれることになる。これは、外資生保の進出形態を合弁のみに限定したことの弊害である。

おわりに

　外資系保険会社と中国保険業との関係が復活したのは1972年であり、その先鞭をつけたのは、米国のAIG社であった。当時、中国側も米国保険会社と業務関係を結び、保険引受けに関するノウハウを学ぶことを考えていた。AIG社はその後、1980年にPICCと合弁でバミューダに「中美保険公司」を設立した。AIGは同社を通じて、中国本土における営業開始を目指していた

が、中国政府はそれを認めるつもりはなかった。

　1978年にPICCから提示されたプラントに関わる「日中共同保険構想」は、その後、中国国内の政治経済状況の影響を受け、実現に至らなかった。しかし、基本的な考え方は、渤海湾や珠江沖合における海上石油開発の保険手配で生かされた。1980年代初頭における保険業の対外開放は受身の開放であり、輸出指向型発展戦略の枠外にあった。

　1989年の六四事件により中国は海外からの直接投資激減に見舞われた。その状況を打破し、米国との関係正常化を図るための1つの手段として、1992年にAIG社へ営業認可が与えられた。銀行業に比べて、保険業の対外開放が遅れた理由は、1959年から20年間にわたり業務の空白があり、国内保険市場の再建が優先されたためである。1990年代初頭、外国保険会社側では、生保と損保のそれぞれにおいて、中国戦略が検討されていた。目的は異なるが、生保・損保とも対中進出を急ぐ理由があった。その後、米国以外の保険会社にも営業認可が付与されたが、それは中国外交における取引材料の1つであった。2001年のWTO加盟によって、外国保険会社の営業範囲が拡大し、中国系保険会社の営業基盤が揺らぐことが懸念された。そのため中国政府は、保険業の対外開放に関して、従来の外交関係尊重の姿勢から、中国系保険会社の営業重視へ軸足を移した。

注
1）　米国の巨大保険グループで、2007年まで株式時価総額は保険業界において世界最大。1970年代より、モーリス・グリーンバーグ会長（当時）が中国での営業認可取得に熱心に取り組み、現在では外国保険会社の中で最大の市場占有率を持つ。
2）　1979年に日系損保A社より聴取した。
3）　共同保険の当事者は、PICCと日本の元受保険会社20社とする。保険種目は、船舶保険・貨物海上保険・組立保険等とする。共同保険の引受け割合は、日中それぞれ50％ずつとする。本引受案概要については、1979年に日系損保A社より聴取した。
4）　プラント輸入を決定した1977年を例にとれば、「中国の財政収入874億元、

外貨収入 76 億ドル」に対して、「導入計画により必要となる資金は 1,300 億元、外貨 180 億ドル」であり、無謀な計画であったと言わざるを得ない（陳、2007：135）。

5) 1978〜79 年のプラント輸入額は、80 億ドルに達した結果、中国政府は 1979 年 2 月に支払い能力不足を理由に宝山製鉄所プロジェクトなどの一部契約の見合わせを申し入れてきた。1981 年 1 月には、宝山製鉄所第 2 期工事および山東省等における石油化学プラントの契約破棄を通告してきた。中国が十分な資金的な裏付けなしに対日経済関係を急いだことが理由であったが、1981 年 3 月の日本による金融支援等により解決をみた（毛里、2006：101-102）。

6) 1981 年に PICC から聴取した。

7) 原油掘削用リグそのものの損害保険や暴噴制御保険など引受けの難易度が高い保険であり、保険金額も膨大な額に達するため、再保険手配にも専門的な知識を必要とする。

8) 1980 年に PICC から聴取した。

9) 1988 年に中国人民銀行が配布した。

10) 現行の同弁法 15 条によれば、「事務所は、いかなる形式においても営業的業務に従事もしくは参与してはならない」とされている。

11) 1980 年および 1990 年代前半に日系損保 A 社から聴取した。

12) たとえば、中央では、経済あるいは金融担当の副総理および中国人民銀行副総裁、地方では、上海市の金融担当副市長および中国人民銀行上海分行副行長。

13) 1992 年に中国人民銀行上海分行から聴取した。

14) そもそも AIG は創業地の上海で、1921 年に中国人向けの生保引受けを最初に始めた外資系保険会社である。

15) 欧米の保険グループが、損保に比べて生保重視の戦略を採っていたことは、彼らの営業認可取得状況からも明らかである。すなわち、初期に認可を得た外資系保険会社のうち、スイスのウインタートゥール社が損保の免許を得た以外、マニュライフ社、アクサ社、アリアンツ社、エトナ社はいずれも生保の免許を得ている。

16) 1990 年代初頭に日系生保 B 社から聴取した。

17) リスクの大きさを考えると生保の場合、人の死亡確率は比較的予想可能であるが、損保の場合、大規模災害の発生等は事前に予測しがたく、その結果、

収益のブレも大きい。
18) 日系損保A社から聴取した。(聴取日：2009年10月21日)
19) 日系損保A社から聴取した。(聴取日：2009年10月21日)
20) 1992年に中国人民銀行より同弁法原文コピーを入手した。本弁法は、1992年9月に中国人民銀行が制定後、同行の上海支店へ通知し、その後、上海市人民代表大会が認可し、同大会により公布された。
21) 外国保険会社の全額出資による現地法人設立が想定されていない。これは、当時の監督官庁は、現法（親会社とは別法人）より支店（同一法人）の方が管理しやすいと判断したためであろう。
22) 引受けたリスクの一部を再保険として他社に売り出すこと。
23) 保険監督当局が、市場の状況をモニターするため、国有の再保険会社等へ強制的に出再させることは稀ではないが、出再比率は5-10％程度である。
24) この決定は、1992年3月に当時の国務院副総理朱鎔基が下したものである。また、党中央による政治的な決定である（王安他、2005：78）。当時は市場開放のテスト段階であり、外交面での配慮が決定的な作用を及ぼした（劉、2000：674）。1990年から91年にかけて、銭外相とベーカー国務長官が米中両国を相互訪問した結果、米国政府は1992年2月21日に対中制裁3項目を撤回することを宣言しており（陳、2008：145）、本認可はこの見返りの1つであるとの見方も成立するかもしれない。
25) ナチスドイツはヨーロッパ大陸において、自国の保険会社が持っていた戦争相手国企業の顧客情報（たとえば、化学工場の立地場所や生産設備配置状況等）を利用し、爆撃目標の選定等の戦争計画を立案、実行していた。ドイツの保険会社は当時、全世界の企業物件関連再保険の45％を握っており、顧客情報も豊富に有していた。彼らの動きを暴き、対抗措置を取っていたのが、OSS保険ユニット（スターの部下も含む）であった（Shelp, 2006：49）。
26) アクチュアリーとは、保険における数理専門家であり、保険料算出の基となる「生命表」作成などに従事する。極めて専門性が高く、資格試験の難度は大変高い。中国保険業界において、もっとも必要とされる人材である。
27) 1992年にPICCから聴取した。
28) 1986年から92年までの間に新疆生産建設兵団農牧業保険公司、平安保険公司、中国太平洋保険公司が設立され、PICCの独占が打破された。
29) 天安保険公司と大衆保険公司が設立された。
30) 2001年に金融当局関係者より聴取した。

31) 中国のWTO加盟に際しては、AIGのグリーンバーグ会長が営業拠点の拡充を中国政府に認めさせた後、米国政府に対してロビー活動を展開し、加盟容認へ導いた。朱鎔基総理は、AIGの強欲さに最初は激怒したが、グリーンバーグ会長の背後には米国政府がいることに思いを致し、最終的には龍永図首席代表を派遣して同会長との交渉に当たらせた（Shelp, 2006：111）。
32) 損保については表2-1のとおりだが、生保については、次のように約束がなされた。すなわち、①外国人および中国人個人（団体以外）の生命保険引受けを認める。加盟後3年以内に、外国人および中国人の健康保険、団体保険および養老（年金）保険の取り扱いを認める。②外資の生命保険会社に対し、合弁では外資の出資比率を50％まで認め、外資は合弁パートナーを自ら選択することができる。
33) 1943年に周恩来の指導の下、中国共産党南方局の認可により重慶で設立された「民安産物保険股份有限公司」（中国保険学会、1998：138）の後身で、PICCグループに属する保険会社。主な営業地域は香港。
34) その後、2008年8月までに、AIG社、三井住友海上社、東京海上日動社などが改組の認可を受けた。

第3章　中国における保険業の改革

はじめに

　第2章では、中国保険業の対外開放がどのように進展したのかを分析した。開放と改革は、いわば車の両輪であり、相互に作用しつつ、一方がもう一方を促進する形で進んできた。

　通常、中国の改革は1979年から実質的に開始されたとされる。しかし、保険業において、同年は改革が始まった年というよりは、ほとんどゼロからの再出発の年であったという表現が的確であろう。それは、1959年から20年間にわたって国内業務が引受け停止となっていたためである。

　そもそも、中華人民共和国建国後、中国政府はソ連に倣い、保険を利用して国有財産と労働力を守り、社会にある遊休資本を効率よく回収しようとした（施、1983c：41）。保険の本来の機能は「参加者によるリスク分担」であるが、当時はこの機能よりも「遊休資本の効率的回収」が重視された。社会に広く強制保険を推進し、資本回収を図ったことによって、中国政府は保険本来の機能を弱めた。それは「政府が保険を利用する体制」が形成されたことを意味する。保険業における改革とは、「政府が保険を利用する体制」から「企業体や個人が保険を活用する体制」への転換であった。

　本章では、中国人民保険公司が、1980年前後に如何に組織の再建を行ったかを跡付ける。国内保険業務復活とその後の新しい保険会社（平安保険、中国太平洋保険）設立による競争体制創出に際して、政府の果たした役割を見ていく。1995年の「中国保険法」制定によって、中国人民保険公司の組織改革がどのように進展したのかを分析する。これらを踏まえて、中国の

WTO 加盟が保険業の改革にどのような影響を与えたのかを考察する。

第 1 節　中国人民保険公司の組織再構築

　中国人民保険公司（The People's Insurance Company of China、略称 PICC）は、1949 年に設立された国有保険会社である。設立以降、中国人民銀行[1]あるいは財政部（財務省）の指導下にあって、各種損害保険と生命保険の引受けを担当した。健康保険や年金などの社会保険は引受けていなかった。1984 年に中国人民銀行から独立し、1986 年まで中国保険市場を独占していた。

　設立以降、PICC の保険引受け業務は、国内業務（企業の火災保険や個人の生命保険引受けなど）と国外業務（輸出入の貨物保険や船舶保険引受けなど）に大別されていた。国内業務は収入保険料全体の 90％以上を占めていたが、1959 年以降引受けが停止された。その原因は、第 1 に、保険業務の管理権限が地方政府に与えられた結果、中央所属国営企業に対する強制保険引受け停止という施策が拡大適用され、地方政府によって国内業務全般の引受け停止が決定されたためであった[2]。第 2 に、人民公社の成立によって、国内では社会主義体制がほぼ確立したので、保険による災害救済の必要性はなくなったと認識されたことがその背景にあった[3]。

　1959 年から 1979 年までの 20 年間は、国内での保険引受けはほとんどなされておらず、この時期は保険業における空白期間であった。1 つの産業において、仮に 20 年間にわたり活動が停止されていたとすれば、人材の育成はおろかノウハウの伝承すら全く途絶えてしまい、再出発時にはほとんど何もないところから事業を構築しなければならない。1979 年は改革開始の年ではなく、ゼロからの再出発の年であるという所以である。

　ところで、一般的には、1978 年 12 月の中国共産党第 11 期 3 中全会において「改革開放政策」の採用が決定され、1979 年から実行されたと言われている。しかし、実際に 1979 年から行われたのは改革政策ではなく「経済調整政策」であった。具体的な状況は次のとおりだった。

　1979 年 3 月 14 日、陳雲と李先念は連名で党中央へ手紙を出し、国務院の

第 3 章　中国における保険業の改革

下に財政経済委員会を設立することを提案した。さらに、同委員会が、財経工作の方針を検討のうえ政策を制定することとし、同委員会を財経工作における重大事項を決定する機関とするよう建議した。その手紙の中で、現在および今後の財経工作について、次のように述べた。「現在の国民経済には総合的なバランスが欠けている。その程度は相当程度重大である。2～3 年にわたる調整期間が必要であり、それによって各方面におけるバランス失調状況を調整できる」（中略）27 日に党中央はこの建議を承認した（李先念伝編写組・鄂豫辺区革命史編輯部、2011：第六巻 21-22）。

1979 年 3 月 21 日～23 日、李先念は党中央政治局会議に出席し、国民経済の調整に関して次のように発言した。「国民経済において、調整・整頓・改革を行うというのは積極的な方針であり、バランスを調整することによって初めて、着実かつ迅速に前進できる」この政治局会議において、国家計画委員会が提出した調整計画が承認されるとともに、国民経済を調整するという方針が確定された（李先念伝編写組・鄂豫辺区革命史編輯部、2011：第六巻 24-25）。

なお、バランス失調とは、農業と工業間のバランス・貯蓄と消費のバランス・燃料動力工業とその他工業とのバランス・軽工業と重工業とのバランスが崩れていることを指す（李先念伝編写組・鄂豫辺区革命史編輯部、2011：第六巻 30）。具体的には、次のような問題点が指摘された。第 1 に、工業に比べて農業の発展が軽視されており、農業生産が伸びていない。第 2 に、貯蓄を重視し、消費を軽視してきたため、国民の収入が増加していない。第 3 に、燃料動力工業の発展が遅れているため、その他の工業の成長が損なわれている。つまり、燃料動力工業が産業発展のボトルネックとなっている。第 4 に、軽工業への投資割合が重工業に比べると極端に低いため、国民生活における必需品の生産が不足している（李先念論財政金融貿易編輯組、2010：384-386）。これらのバランスを回復するため、1979 年から「経済調整政策」が実施された。

さて、国内保険業務の再開に関して、具体的な状況を見てみよう。

1978 年になると保険関係者は、国内業務復活へ向けていろいろ動き始め

た。家をお互いに訪問して意見交換を行い、PICC 総公司、中国人民銀行総行、財政部および国務院へ手紙を書き、国内保険業務復活を訴えた。上海では、呉越らが 1979 年 1 月に上海科学院世界経済研究所研究員唐雄俊の名義を借りて、学者や専門家を集めた「保険座談会」を実施した。その後、「四つの現代化をより良く行うには保険事業を重視し発展させなければならない」と題する報告書を作成し、それを「世界経済資料」に掲載して、上海市党委員会へ配布するなど世論を盛り上げる工作を行った（王安他、2005：100）。1978 年 10 月、PICC 総公司は（78）保綜 737 号文件を出し、上海および南京分公司（支店）に対して、国内保険業務復活についての調査研究を行うよう通知した（王、2008：161）。その後、準備作業を経て、1979 年 11 月に全国保険工作会議が開催され、1980 年に実施予定の国内保険業務復活のテストにつき段取りを決めた。会議の席上、薄一波副総理が参加者全員と会見し、重要講話を述べ、宋国華 PICC 副総経理（副社長）が講話した（『中国金融』1980 年第 1 期：9）。薄一波は、1949 年に PICC が設立された際、財政経済委員会副主任として主任の陳雲とともに、中国共産党中央宛に PICC 設立申請書を提出しており、保険との因縁は浅からぬものがあった[4]。

一方、国内業務復活に際して、理論面では「ポケット論[5]」（保険は、国家資金を右のポケットから左のポケットへ移すだけで意味がない）を克服し、保険という仕組みの必要性を訴えるために、マルクスの著作が活用された。たとえば、PICC 副総経理の宋国華は「マルクスは、『資本論』の中で次のように予言している：資本主義の生産方式が消滅した後も、つまり社会主義経済の条件下においても、損害を補償する保険後備基金はやはり引き続き存在する。マルクスは、『ゴーダ綱領批判』で社会主義の社会総生産品分配を論述する際、次のような科学的論断を下した：社会の総生産品の中から一部を控除し、自然災害等の後備基金あるいは保険基金として、それを用いて不幸な事故に対応すべきである」と述べた（宋、1980：7-8）。また、後に PICC 董事（取締役）兼副総経理を務めた張崇福も「保険体制の改革に関する考え方」（『経済管理』1980 年第 2 期所収）と題する論文で同様の議論を展開した。PICC 関係者が協力し、理論面での突破を梃子にして、社会における保

第3章　中国における保険業の改革

険の必要性の浸透を図ろうとしていたことが窺われる。

　それでは、PICCはどのように組織の再建を図ったのだろうか。国内業務復活時の人材は、約半数が中国人民銀行から転任した人々であった。彼らは、金融に関する知識と銀行および企業との関係を活用して、保険業務の発展に力を発揮した。第2のリクルートルートとして、かつて保険会社で働いた経験のある人々に対しては、メディアを通じてPICCへの復帰を促した。彼らはその後「老保険」と呼ばれ、多くが中上層の幹部となった。第3のルートは、転職幹部と除隊兵士の募集であった。第4のルートは、大学や中等専門学校の新卒採用および隣接業界からの公募である。1980年代初頭においては、企業の火災保険などを開拓する際、やはり各級政府が出した「紅頭文件」[6]がものを言った。たとえば、電力系統・石炭工業系統からの引受けは、関係政府部門の協力によるものだった（中国保険年鑑編輯委員会、2001：99）。

　PICC北京分公司（支店）を例として、具体的にどのように国内業務の引受けが再開されたのかを見てゆこう。1979年から準備を開始し、中国人民銀行北京分行から人員の派遣を受けるとともに、1959年以前に保険に従事していた人々も呼び集め、60名で業務をスタートした。まず、北京市機械局、第一商業局および紡織局に直属する企業の火災保険から試験的に引受けを開始し、経験を総括しつつ、全市に引受けを広げていった（当代北京金融史料編写組、1988：下冊476）。

　1980年6月に中国人民銀行北京分行と北京市財税局が連名で「企業火災保険引受け復活に関する通知」を出した。同通知には保険付保は任意であるものの、北京市の地方国営企業の諸財産について損害が発生した場合、今後は国家財政からの支出は行われない旨規定された（当代北京金融史料編写組、1988：上冊576）。地方国営企業が損害を被った際、国家財政からの補填がないとなれば、企業側としては真剣に保険付保を検討せざるを得なかっただろう。政府による財政負担軽減措置が保険の普及を後押しし、PICCの復活を助けたことになった。

　1980年7月20日にPICC北京市分公司は正式に国内業務引受けを復活し、

77

関係部局の支援の下、いくつかの大企業に火災保険を付けてもらった。同年11月には北京市燕山石化総公司と火災保険契約を結んだ（当代北京金融史料編写組、1988：下冊477）。

1982年になると1980年6月の通知と同内容の通知が再度出され、それに基づき、北京市第一軽工業局、第二軽工業局、紡織局、出版局など各局に所属する企業へ付保が勧奨された。同年7月には上記以外の外貿局、文化局、医薬総公司など全ての系統に属する各企業が各種保険付保を完了した（当代北京金融史料編写組、1988：上冊702-703）。

ところで、1980年の国内業務引受け復活の時期に、上海で興味深い動きがあった。すなわち、上海市労働局からPICC上海分公司に対して、合作社社員の養老保険（退職後の年金）と医療保険（国民健康保険などの健康保険に相当）を引受けてはどうかという申し入れがなされた。この2つの保険は当時も社会保険の範疇に属し、PICCは引受けていなかった。当初、PICCはいくつかの理由（約款がない、データがないので保険料が算出できない、職員に力がない、営業店舗がないなど）を挙げて引受けを躊躇した。しかし、市長や労働局から協力が得られることとなったので、1981年から研究を開始し、1982年より市内の2つの区で試験的な引受けをすることとした（王安他、2005：103）。

そもそも、年金については、1951年に制定された「中華人民共和国労働保険条例」を起源として、都市部の公務員や国営企業従業員を対象に国や一部の企業体が賃金総額の3％を積み立てて、それを退職者に支給することから制度がスタートした（大塚、2002：3）。当初の月当たり支給額は、月給与の35～60％であったが、1955年末に50～80％へ引き上げられた。（沈、2003：134-135）。1958年には支給対象者が拡大され、大都市の労働者がその対象となったが、支給額は給与の50～70％に調整された。この制度は、文革初期の1966年から1968年まで中断したが、1969年からは企業が責任を持つ形に改められ、それが1978年まで継続していた（沈、2003：136-137）。

一方、健康保険については、1951年の「労働保険条例」と1952年の「政府・党・団体および所属の政府機関職員に公費負担医療と予防措置を実施す

ることに関する通達」によって、企業職員・労働者と公務員に対して「無料医療」が提供される体制が構築された（大塚、2002：102）。年金および健康保険とも、対象者は主に国有企業や集団所有制企業従業員か公務員に限られていたので、1980年当時これらの範疇に属さない都市住民は、無年金で健康保険もない状態に置かれていた。

年金と健康保険に関する引受けの経緯は、1982年1月、上海の「解放日報」一面トップに「労働保険待遇のない職員の福音」と題する記事で取り上げられ、人民日報にも転載された。その結果、多くの省市から視察団が上海を訪問し、実際の引受け方法などを学び、他都市へも引受けが広がった。その後、1983年4月13日に国務院が規定を出し、「合作経営組織の職員は個人で保険機構に保険を付保することにより、年金と健康保険の問題を解決してよい。保険料は個人負担でもよいし、合作経営組織が一部あるいは全部を負担し、福利厚生費として費用に含めて支出してもよい」とされた（王安他、2005：104）。

年金問題の解決法は、最終的に、1984年4月6日の中央財経領導小組の決定ならびに国務院の国発［1984］151号文件にまとめられ、全民所有制企業職員の年金は労働部門が処理し、都市の集団所有制企業職員の年金はPICCが引受けるという分業体制が固まった（王安他、2005：104）。この一連の動きは、改革開放政策の始動に伴って、「単位」[7]制度の枠外で生活する人々の年金や健康保険を保険会社に引受けてもらおうとの意図に基づくものであった。それは、その後「単位」制度の揺らぎや解体により徐々に社会化される両保険の運命を先取りしていた。この動きは、「政府が保険を利用する体制」から「企業体や個人が保険を活用する体制」への転換の事例と考えられる。

第2節　国内業務復活において政府が果たした役割

1. 国務院の動き

それでは、国内保険業務復活に向けた政府内部の動きはどうだったのだろ

うか。1979年2月に開催された中国人民銀行分行長会議において本件が議論され、「徐々に国内の保険業務を回復すべきである」との結論に至った（中国保険学会、2005：198）。

1979年4月に国務院から出された「中国人民銀行分行長会議紀要」第6条に次の記述があった。

> 保険業務を発展させ、国家のために資金を蓄積し、国家と集団の財産に対して経済的な保障を提供する。今後、導入するプラント設備や補償貿易の財産等については、全て保険を手配すべきである。外貨で保険金を支払う業務については、その保険料も外貨で収受するように改める。
> 　保険公司の利潤については、今後、財政に上納せず、国家が保険事業を発展させるための基金として留保する。
> 　人民公社生産隊が事故により損害を蒙った場合、速やかに補償が得られ、かつ財政支出に影響を及ぼさないよう、生産に服務し、大衆に服務するという原則に基づき、テストケースを通じて、徐々に国内保険業務を回復する。重要な港、省市自治区の分行所在地においては、保険業務発展の必要に応じて、段階的に保険分公司（保険会社支店）を設立する。保険分公司は、人民銀行分行と保険総公司（保険会社本店）の二重指導を受けるが、業務上は保険総公司の指導を主とする（馬・施、1996：145）

上記「紀要」発表と同時期に、中国人民銀行から「保険業務の回復と保険機構強化に関する通知」が出された。各地で保険分公司が設立されるとともに、火災保険・貨物運送保険・自動車保険の引受けが再開された。1980年にPICCは、1950年代に制定した火災保険約款と「財産強制保険条例」を基に、企業財産保険約款[8]と料率[9]規則を制定した。

上記諸施策の結果、1980年にPICCの支店数は810カ所となり、職員数は文革中の13人から3,423人まで回復し、収入保険料は2.8億元に達した。前述のように1980年と1982年の2回にわたり、各地方政府から通知が出され、国営企業で損害が発生した場合、財政からの補填はないことが明示されたこ

とにより、各企業は保険付保に踏み切ることとなった。

その後、1983年には、PICCの会社定款が定められ、生損保兼営の国営専業公司とされた。資本金は5億元となった（馬・施、1996：148-151）。さらに、董事会（取締役会）と監事会（監査役会）が設置され、企業体としての組織が整えられた。董事（合計23名）には、PICC幹部（10名）の他、国家計画委員会・国家経済委員会・財政部・中国人民銀行・交通部・鉄道部・対外経済貿易部・商業部から人が派遣され、国務院挙げての支援体制が採られた。同年9月には、国務院の認可を経て、PICCは国務院直属の中央官庁局レベルの経済実体へ昇格し、1984年1月から独立して業務を執行できるようになった（呉、2004：81）。

上記状況より、PICCは1984年をもって中国人民銀行から独立し、国営保険会社としての体制をほぼ整えたと考えられる。

ただし、1985年当時、GDPに占める保険料の割合は僅か0.4％程度であり、先進国の平均レベルの10分の1以下であった。また、主な保険契約者は国営企業であり、業務拡大は行政手段によることが多く、PICC自らの営業努力により業務開拓を行っている状況ではなかった。保険種目の新規開発も遅々として進まず、むしろPICCによる保険市場独占の弊害が認識されるようになった。

2.「保険企業管理暫定条例」制定による競争体制の出現

同条例は、1985年3月に国務院が公布し、同年4月に施行された。本条例が画期的なのは、PICCによる保険市場独占を打破する目的が込められている点にあった。

まず、第1条では被保険者保護を謳っている。第3条において、「国外付保規制」を示しており、「自国保険主義」を明らかにしている。第4条では、保険業の管理主体を中国人民銀行とする旨定めている。第6条から第8条においては、保険会社設立認可の手順や最低資本金額（生保：2,000万元、損保：3,000万元、生損兼営：5,000万元）を定めており、ここでPICC以外の保険会社設立の道が開かれた。第8条では、生保と損保の兼営を認めている。

第11条と第12条では、保険業界におけるPICCの特殊な地位を認めた。第18条において、法定再保険比率を30％と定めた。

本条例制定の意義は、第1に、PICC以外の保険会社設立の枠組みが定められたことにある。第2に、「国外付保規制」を明確化したことにより、中国所在物件については、中国の保険会社へ付保すべきことが明示された。第3に、法定再保険の引受けを通じて、PICCが保険市場の動向をモニターすることが明らかとなった。ただし、元受保険会社からの出再[10]比率は30％と極めて高く[11]、市場モニターに加えて、PICCの収入確保への配慮が窺えた。一方、1つの保険会社において生損保兼営を認めている点には問題があった。通常、引受けリスクの期間や性質が全く異なる生保と損保を兼営すると、たとえば生保保険料を流用して損保の保険金支払いに充当するなどの不正経理を惹起しやすく、保険契約者保護の観点から認めがたいからである。諸外国でも1つの保険会社において、生損保兼営を認める例はほとんどなかった。

3. PICC・平安保険・中国太平洋保険による市場競争

「保険企業管理暫定条例」施行の結果、3つの保険引受機構が相次いで設立された。

最初の例は、新疆生産建設兵団農牧業保険公司である。1986年2月、中国人民銀行の認可を得て成立し、兵団農場内の農牧畜保険の引受けを始めた（呉、2004：104）。同公司は、建国以来初めてPICCの独占を打破したが、引受け地域や営業保険種目が限られていたため、その影響は限定的だった。

つづいて、1987年年末に交通銀行が同行上海分行に保険業務部を設立し、保険引受けを開始した（馬・施、1996：225）。交通銀行は、1987年4月1日に再建された銀行である。それに先立つ1986年に国務院が出した国発［1986］81号文件および「国務院の『交通銀行再建に関する通知』を貫徹し執行することの通知」（銀発［1987］40号文件）によって、多種の業務を行う総合性銀行として、銀行業務に加えて保険業務を行うことが再建前から認められていた（交通銀行総行編、2006：877）。

当時、交通銀行上海分行保険業務部は、「五つの訪問」すなわち、「宣伝および営業の為、顧客を訪問する」「保険証券発行および保険料収受の為、顧客を訪問する」「事故処理の為、顧客を訪問する」「意見を求める為、顧客を訪問する」「企業の困難を解決する為、顧客を訪問する」を実践していたという。保険会社としては当然と思われるこれらの行為をPICCは行っていなかったと推測される。また、同分行保険業務部は「五つの同様」すなわち、「保険金額の大小を問わず、同様に対応する」「引受けと事故処理を同様に熱心に行う」「顧客の外見にかかわらず、同様に尊重する」「顧客の態度を問わず、同様に熱心に対応する」「関係の親疎を問わず、同様に周到に対応する」ことも実践していた（交通銀行総行編、2006：861）。これもPICCに欠けていた点であったと思われる。このように、顧客サービスの導入が、新しい保険会社に課せられた使命であった。ここでも、交通銀行という新しい保険の引受け手を通じて、「政府が保険を利用する体制」を「企業体や個人が保険を活用する体制」へ転換する試みが行われていたと言えよう。

1991年4月、「銀行と保険を分けて管理する」原則に基づき、監督官庁の中国人民銀行は交通銀行に対し、同行保険業務部を組織変更して「中国太平洋保険公司」を設立することを認可した。交通銀行の子会社である同公司の資本金は10億元であり、交通銀行本支店が8.31億元出資した。ここで興味深いのは、出資を募った際、交通銀行各分行（支店）が出資に応じている点である。中国太平洋保険公司の資本金は、親会社である交通銀行総行（本店）が一括して出資したのではなく、同行分行も一部を分担していた。そもそも全国各地の交通銀行分行（支店）は、分行所在地の地方政府に隷属しており、分行への出資金は地方政府財政から支出されていた。つまり、交通銀行は株式制の銀行であるが、地方の分行は主に各地方政府の出資によって成立していた。交通銀行としては、中国太平洋保険公司の収益を分行所在地の地方政府へ分配するため、各分行からの出資を仰いだ（交通銀行総行編、2006：871-872）。ここから、現代中国における地方分権あるいは属地主義的な側面が見て取れるが、詳細は第7章で論じたい。

1988年3月に中国人民銀行の認可を得て、平安保険公司が設立された。

出資者は、招商局[12) 蛇口工業区および中国工商銀行[13) 深圳分行信託投資公司だった（馬・施、1996：228）。平安保険設立に先立つ1986年、後の同社総経理（社長）馬明哲は蛇口社会保険公司の副経理（副マネージャー）に昇進した。そのころ、馬はすでに民営保険について知識を持っていた。馬の述懐によれば、当時、国家の規定により、外資系企業は全て保険を付保しなければならなかった。しかし、中国の保険業は復活したばかりであり、外資系企業へ提供する保険種目は限られていた。保険料は高く、サービスは劣っていた。社会には保険の需要があると考えたので、馬は直ぐに保険会社を興そうと決心した（陳、2009：34）。

さらに、馬明哲は同公司設立の経緯を次のように語っている。1985年創立の蛇口社会保険公司が、業務範囲を労災保険まで広げようとしたところ、PICCから新たに営業許可を得るべきだとの反対にあった。そこで、馬らは1885年に香港招商局が上海で「仁済和」保険公司を設立した事を思い起こし、新しい保険会社を設立してはどうかと考えるようになった。その構想を香港招商局の副董事長袁庚へ報告したところ、袁は賛成し、国務院財経工作領導小組組長張勁夫[14)、中国人民銀行総裁陳慕華[15)、同副総裁劉鴻儒[16)らへ紹介状を書いてくれた（馬、1999：36）。その後、中国人民銀行と技術的な詰めを行った際、同行より保険業は複雑な業務なので、必ず金融業界から株主を募らねばならないとの条件が付いた。そのため、馬らは工商銀行深圳分行の行長劉鑑庭に支援を依頼し、快諾してもらった。これで認可取得のめどが立ち、蛇口工業区社会保険公司と中国工商銀行深圳分行信託投資公司の共同出資による「平安保険公司」が誕生した。馬らは、開業後、「幹部は（業績によって：筆者補足）昇進することもあれば降格することもあり、会社を辞めることもあれば入社することもある。給与は上がることもあれば、下がることもある」という人事制度を採用し、個人の報酬と企業業績が連動する仕組みを作り上げ、従業員の潜在能力を最大限に引き出した（馬、1999：36-37）。平安保険の例からわかるとおり、新保険会社の設立と運営には、有力官庁（本件では、招商局とその裏に控える中国交通部）のバックアップならびに国務院および監督官庁である中国人民銀行との人的なつながりが重要

であった[17]。加えて「個人の報酬と企業業績が連動する仕組み」という国有企業にはない新機軸導入が必要であった。

　平安の開業初期の営業地域は、経済特区と沿海開放都市であり、営業種目は、法定保険[18] と国際再保険[19] を除く一切の保険業務であった。その後、1989年8月には中国遠洋運輸総公司が、1991年6月には深圳市財政局が、同公司へ出資した。1992年6月、中国人民銀行は国務院の同意を得て、同公司が社名を「中国平安保険公司」とすることを認めるとともに、営業地域を全国とし、営業種目に関する制限も撤廃した。これは、平安保険が国有企業にはない人事考課制度を含む各種新機軸を導入したことを中国人民銀行に評価された結果である。

　「中国系保険会社の多様化」は極めて慎重に進められたことが窺われる。すなわち、新疆生産建設兵団農牧業保険公司も深圳の平安保険公司も、北京や上海といった政治経済の中心地からは最も遠い新疆ウイグル自治区や広東省で業務をスタートさせた。たとえ彼らが失敗したとしても、政治経済面での影響は限定的であると見込まれることから、「中国系保険会社の多様化」も実験の意味合いが濃かったと推定される。この点は、経済特区が福建省や広東省に設置されたことと類似する。これら2社とも徐々にスタートし、PICCへの影響が少なくなるよう配慮されていた。その後、上海において中国太平洋保険公司の設立が認可され、多様化が一歩進められた。

　全国レベルで営業をする保険会社として、「中国太平洋保険公司」と「中国平安保険公司」は、その後も収入保険料を増やすとともに業務収益を安定的に上げた。現在では、PICCとこの2社の市場占有率は、合計で60～70％近くを占めている。

　交通銀行保険業務部や平安保険公司の業務開始を見て、1980年代後半以降、全国の数十に及ぶ政府機関および事業単位が、中国人民銀行の認可を得ずに、勝手に保険業務を開始した（馬・施、1996：222）。

　彼らの特徴は、行政手段（つまり命令）を通じて保険募集を行うことであり、「会社定款なし、法定資本金なし、営業保証金なし、支払準備金なし、専門の人材なし、約款なし、営業許可書なし」のないもの尽くしであった。

1989年1月、国務院弁公庁は、「保険事業管理の強化に関する通知」を出し、保険業界の秩序回復を図った。

一方、1988年から1994年の間に、特定地域のみで営業する生命保険会社が17社設立された。設立地域は、遼寧・四川・湖南・福建・広東・天津・山西・黒龍江・江蘇・雲南の各省市に及んだ。これらの保険会社のほとんどは、PICCと地方政府部門による合弁会社であり、生命保険に加えて、労災・医療などの社会保険の引受けも行った。特定地域で営業する生命保険会社設立の動きは、将来の生損保分離に備えたテストであるとともに、生命保険の更なる普及を目指した措置であった（馬・施、1996：232）。しかしながら、これらの試みは成功したとは言えず、最終的に地方性の生保会社は全てPICCグループの中国人寿保険に吸収合併された。

80年代半ばから90年代前半においては、中国政府の政策的意図に基づき、保険の普及を促すため、中国国内の保険会社が増加し、PICCの市場独占が打破された。その過程で、「政府が保険を利用する体制」から「企業体や個人が保険を活用する体制」への転換が進み始めた。

第3節　「中国保険法」の制定による市場規範化

1985年に「保険企業管理暫定条例」が制定されると、中国の各種機関はPICCの保険市場独占が崩れることを見て取り、自ら保険会社設立に動いた。

その結果、無認可営業が横行し、保険市場が混乱した。中国政府（中国人民銀行）は、保険業界に対する監督方法が古く、基準が統一されていないことを実感していた。また、一部の保険会社は、不当に保険料を引き下げるなどの方法で、保険契約を他社から奪取し、保険会社経営の健全性に悪影響を及ぼした。当時の認識としては、保険に関わる基本法規がなく、「保険企業管理暫定条例」など現行の行政法規には、抜けや穴が多いと考えられていた（馬・施、1996：212）。

第 3 章　中国における保険業の改革

1.「中国保険法」の立法過程

　1991 年 10 月、中国人民銀行党組[20]は、保険法起草グループの設立を決定した。元 PICC 董事長兼総経理（会長兼社長）の秦道夫によれば、その経緯は次のとおりだった。1991 年に PICC の指導職務を退く際、国務委員（副首相相当の役職）兼中国人民銀行総裁の李貴鮮から「保険法」起草のリーダーシップを取るよう依頼された。秦はこれを承諾するとともに、起草グループの人選については任せてもらうことにした。PICC からは王恩韶・李嘉華・王建に参加してもらい、中国人民銀行や太平洋保険・平安保険からも人を出してもらった。秦自身がグループリーダーとなり、副リーダーには中国人民銀行の夏立平局長および王恩韶・李嘉華の 3 名になってもらった。まず、国内外の資料収集から着手し、秦自身は海外との関係を生かし、延べ 16 ヶ国から保険法関連の資料を集めた。当然、主要国を訪問し、直接教えを請う必要があったが、その前に入手した文献資料を十分に読み込み、理解したうえで問題点を浮き彫りにする作業が必要だった。この作業を終えて、青島にある PICC の保養所で「保険法」第一稿を書きあげた（王安他、2005：17-18）。

　その後、アメリカ・ドイツ・イギリス・日本・フィリピンなどを訪問し、具体的な問題について活発な議論をした。たとえば、アメリカのニューヨーク州保険庁では、保険法制定の目的について意見交換したが、米国側の観点は「保険契約者および被保険者の合法的な権利保護」ということであった。中国側ももとより異存はないが、多くの国において、「保険者（保険会社）の利益」が軽視されているのではないか。保険会社が事故発生後速やかに保険金支払いを行うためには、保険契約者が決められた時期までに保険料をきっちり支払う必要がある。この点からも、保険者の利益保護も重要なポイントであり、「中国保険法」第 35 条にはこの点を盛り込んだ。これは、中国独自の条文である（王安他、2005：18）。中国では保険の実務において、保険契約者が保険期間開始前に保険料を支払わず、保険事故発生後、保険会社が支払う保険金と本来保険契約者が期初に支払うべき保険料を相殺するという信じがたい慣行[21]が蔓延していた。したがって、中国では「保険者（保険会社）の利益保護」にも切実味があった。

1995年2月、保険法草案は第8期全国人民代表大会常務委員会12回会議で審議され、同委員会14回会議で修正された。同年6月、「中華人民共和国保険法」が成立し、同年10月1日より施行された。

同法の意義を考察すると、第1に、同法は保険業法（保険会社に対する監督官庁の諸規制を定めた法律）と保険契約法（保険会社と保険契約者の関係を定めた法律）を一体化したものであり、保険監督官庁・保険会社・保険契約者など広範な関係者に対して、利害関係調整の拠り所を与えた。民営保険の概念・性質・組織形態・営業範囲・経営原則を確定した。換言すれば、民営保険と社会保険および政策性保険（たとえば、輸出入にかかわる貿易保険など）の区分を明確化した。第2に、同法は被保険者の利益を守るという原則を明文化した。保険会社の支払い余力（ソルベンシー・マージン、引受けているリスクに対して保険会社が有している資産の割合）を確保するため、準備金などの積み立て原則を確立した。第3に、生命保険に関する詳細な規定を定めた。それ以前には、生命保険の契約関係を調整する法律は存在しなかった。第4に、同法は同一保険会社による生損保の兼営を禁止した。生損保業務における資金の混用や財務上の混乱を回避し、支払い余力への影響を排除した（馬・施、1996：214）。

中国においては、1995年以前には、保険に関わる断片的な規則が存在するのみで、体系的な法律は存在しなかった。その意味では、保険法の制定をもって、保険業界は初めてその拠り所を得たと言える。

特に、実務面では、同一保険会社による生損保兼営禁止が意義深い。保険法制定によって、生損保の経理が分離され、資金の混用が不可能となったことにより、保険契約者の利益が守られる枠組みが整えられた。また、保険会社の支払い余力（ソルベンシー・マージン）を確保することを中心に業界指導を行うという方向性は、近代的な保険業管理の潮流に合致し、諸外国の監督官庁と同一歩調をとるものであった。

2. PICCの体制改革

(1) 第1次改革 (1996年および1998年)

1995年10月、国務院は中国人民銀行が上程した「PICCの機構体制改革案に関する報告」を承認した。

同報告によれば、PICCを中国人民保険（集団）公司に改め、その下に中保財産保険有限公司（損害保険引受会社）・中保人寿保険有限公司（生命保険引受会社）・中保再保険有限公司（再保険引受会社）を設立することとなった。図3-1に示したように、1996年、中国人民保険（集団）公司を持ち株会社として、その下に上記3社が設立された（呉、2004：30）。

PICCの機構改革は、1993年11月の第14回党大会で採択された「現代企業制度確立のため社会主義市場経済体制の建設に関する若干の問題決定」を受けた保険業界の具体的なリアクションであった。

換言すれば、国の企業に対する所有権と企業の財産権を分離する原則に基づき、PICCを独立した組織と経営権を有する近代企業に改変する目論見の一環であった。つまり、政府は中国人民保険（集団）公司を所有するが、その傘下の3公司は、それぞれが固有の資産を持ち、独立して経営する枠組みを形成しようとした。

1995年に施行された「保険法」により生損保兼営が禁止されたことから、PICCを生保会社と損保会社に分離する必要がでてきたことも分社化の直接的な契機であった。

1996年、PICCは生損保分離を行うことになったが、上海分公司総経理の何静芝の回想によれば、多くの職員は損保会社に残ることを望んだという。

図3-1 PICCの組織改革 (1996年)

出所：呉（2004）および中国保険学会・中国保険報（2005）より筆者作成。

それは、当時、上海における生保の規模は損保の3分の1であり、人員や資産もその規模に比例して配分されたので、職員は規模が大きい損保に行くことを希望したためだった（陳、2009：61）。

その後の実態としては、資産や人員の分割が進まなかったことにより3社独立経営の実は挙げられず、PICCはあたかも1社であるような状況に変化はなかった。中国人民保険（集団）公司が持ち株会社として、傘下の3公司を指導・統括する機能を発揮することはできなかった。

1998年に、国務院の「中国人民保険（集団）公司実施案撤回に関する認可」に基づき、再度組織改革が行われた。図3-2に示したとおり、中保財産保険有限公司は、中国人民保険公司へ改名し、同社のブランドを引き継いだ。同様に、中保人寿保険有限公司は中国人寿保険公司へ改名し、中保再保険有限公司は中国再保険公司となった。持ち株会社が解消され、損保・生保・再保険の各社がそれぞれ個別に独立した形となった。加えて、中保財産保険有限公司の海外部門が、中国保険公司（香港）に改編され、独立した。

このような組織改革が行われたものの、監督官庁から見ると、PICCグループ各社は次のような問題点を抱えていた。第1に、引受けているリスク量合計に比較して、資本金不足が深刻である[22]。保険事故の発生状況により、保険会社が破綻する可能性がある。第2に、会社運営が不活発であり、競争力が弱い。いわゆる「待ち」の営業[23]から脱却できていない。第3に、保有資産の質が劣悪である。特に中国人寿は保有契約について、巨額の利差損（逆ザヤ）[24]を抱えていた。これらの問題のために、PICCグループは、健全かつ迅速な発展を阻害されていた（呉、2004：31）。

図3-2　PICCの組織改革（1998年）

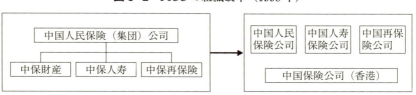

出所：呉（2004）および中国保険学会・中国保険報（2005）より筆者作成。

(2) 第2次改革（2002年以降）

1999年9月、中国共産党15期4中全会において、「国有企業改革および発展に関する若干の重要問題の決定」が採択された。

同決定によれば、「国有企業改革は、経済体制改革の中心ポイントである。社会主義市場経済体制を確立し、公有制と市場経済を有効に結合するために最も重要なのは、国有企業に市場経済に適合した管理体制と経営方式を作らせることである。国有大企業および中堅企業、特に優勢な企業は、株式制を実行するのに適している。規範化を通じて、上場し中外合弁し、または株式持合いをするなどして、株式会社となり混合経済を発展させる。重要な企業は、国家が株式を支配する」とされた。

上記決定に基づき、中国保険監督管理委員会（China Insurance Regulatory Commission, 略称：CIRC あるいは保監会）[25]と国有保険会社は、改革についてフィージビリティースタディーを行った結果、CIRCは2000年6月に株式改革の考え方を正式に提示した。

2001年、国務院の統一的な手配により、CIRC・国家発展計画委員会・財政部・中国人民銀行・中国証券監督管理委員会と3つの国有保険会社は、「保険業改革と発展調査グループ」を発足させ、国有保険会社の株式制改革について、専門的な研究を実施した。

2002年、全国金融工作会議は、国家が株式を支配する原則を堅持しつつ、国有独資保険会社の株式制改革の歩みを速めるように求めた。その結果、「外資および社会の資金を吸収することを通じて、株主構造の多元化を図り、コーポレートガバナンスを完成させ、経営方式を転換する。海外の先進的な技術と管理の経験を導入し、経営の活力と競争力を増強する」ことを目標に、中国人民保険公司・中国人寿保険公司・中国再保険公司はそれぞれ個別に株式制改革案を策定し、国務院の承認を得た（呉、2004：31）。

その後、**図3-3**に示したように、上記3社はそれぞれ個別に持ち株会社を設立し、その傘下に保険事業会社と資産管理会社を設立した。3社の中期計画によれば、それぞれが保険企業グループ化し、グループ内に損保・生保・資産管理会社を設立することを目指していた。

図3-3　PICCグループの株式会社化（2002年以降）

出所：呉（2004）および中国保険学会・中国保険報（2005）より筆者作成。

2003年には、中国人民損保が香港で上場し、中国人寿は香港およびニューヨークで上場した。ただし、ここで注意をしなければならないのは、上場された株式は全体の約30％に過ぎず、残りの株式はやはり政府が各持ち株会社を通じて所有し続けている点である。政府がこれらの保険会社の所有権を握り続けている状況に変化はない。確かに、中国人民損保の香港市場上場に際しては、戦略投資家としてAIG[26]が株式全体の9.9％を握った。しかしながら、同社は中国人民損保の経営に影響力を及ぼすには至っておらず、傷害保険分野における新商品の共同開発など部分的な提携関係構築に留まっている。

PICCの体制改革全般について現時点での評価を行うとすれば、損保および生保業界における競争促進による活性化という面では成功を収めたといえよう。損保・生保・再保険・海外の各部門がそれぞれ独自の持ち株会社を設立し、各持ち株会社の傘下に生損保事業会社と資産管理会社をもつという方式は、各事業会社の競争意識醸成には有効であり、生損保の市場拡大に寄与した。保険契約者の側から見ると、付保先の選択肢が増えたことになり、ここでも「政府が保険を利用する体制」から「企業体や個人が保険を活用する体制」への転換が図られたと考えられる。

一方、上場によるコーポレートガバナンス向上の面では、道まだ半ばであり、規定違反などの行為が続発している。やはり政府が株式の過半を握っている状況では、PICCグループ各社において、どの組織がどの機構に対して責任を負うのかがはっきりせず、無責任体制刷新が図られたとは言い難い。

第4節　WTO加盟による改革の集大成

　中国保険業の改革と開放は、一方がもう一方を促進するような形で進んできた。市場開放に備えて、中国系保険会社の多様化という改革が進められた。後に参入した外資系保険会社の営業的な成功が、中国系保険会社の業務改革を不可避なものとした。2001年の中国のWTO加盟は、保険業における改革の集大成となった。

　まず、保険業の全面的市場開放を加盟5年後に控え、国内保険会社の整備拡充を図るため、保険監督官庁によって様々な規制が導入された。国内の保険会社は、その規制に適応することで、業務の健全化を進め、自らの競争力を向上させようとした。PICCグループの組織改革も市場開放に対する準備の一環という側面があった。

　保険業の発展および銀行・証券・保険の分業経営の進展に伴い、国務院は1998年に保険業を専門に管理監督するため、中国保険監督管理委員会設立を認可した。保監会の構成メンバーは、中国人民銀行保険局、PICC、国家発展計画委員会から集められたが、主体はPICCから転籍した人々であった。保監会は、発足当初、いわゆる副部級（副大臣、次官レベル）の官庁であったが、2003年に正部級（大臣レベル）官庁へ昇格した（呉、2004：86）。

　ここで、保監会発足以降の主な改革に関する措置をみてみよう。

　まず、最も重要な措置は2002年に行われた「保険法」（1995年制定）の改正である。「保険法」の主な改正点とその効果を、**表3-1**にまとめた。

　「保険法」改正の効果を考察すると、第1に、保険会社にとっては保険商品や料率設計の自由度が増し、顧客の求める商品の開発が容易になった。第2に、顧客の側から見ると、保険会社の健全性が高まることにより、保険金受け取りの安全性が保証されるようになった。第3に、短期医療保険と傷害保険については、損保の参入が可能になったことにより、保険会社選定の選択肢が増えた。第4に、監督官庁が約款料率の細かな点まで規定することがなくなった代わりに、ソルベンシー・マージン（保険会社の支払い余力）規

表3-1 2002年の「保険法」改正

主な改正点	改正により期待される効果
保険約款および料率の管理について、監督官庁が約款および料率を制定するとの文言を撤廃した	各保険会社が顧客の要望に応じて、自社用の保険約款および料率を制定できるようになり、顧客の利便性が向上する
損害保険会社の業務範囲を拡大し、短期医療保険および傷害保険の両保険種目については、損害保険会社と生命保険会社の双方が引受けできることとした	損害保険会社の収益機会を増やした 顧客にとっては、付保先の選択肢が増えたことにより、利便性が向上する
保険会社の支払い余力（ソルベンシー・マージン）に関わる規定を強化し、監督官庁に具体的な規則を制定する権限を付与した	事故発生時における保険会社の保険金支払能力が強化されることにより、保険会社の健全性が高まる 顧客にとっては、保険金受け取りの安全性が増す
保険仲介、特に保険代理人の代理行為に関する規定を詳細に定めた	保険代理人による不当な保険料割引などの行為を予防することにより、保険会社と顧客双方の利益が保護される
法定再保険に関する規定を撤廃した	中国再保険公司に対する再保険上の優遇策が撤廃されたことにより、保険会社間の競争が公平になる 顧客も保険料の低下を期待できる

出所：呉（2004）：60-61より筆者作成。

表3-2 保監会制定の主な規定とその効果

主な規定	制定の効果
保険会社高級管理者資格管理規定	保険会社高級管理者の専門性向上
損害保険約款料率管理暫定弁法	損害保険会社間の過剰な競争防止
生命保険商品届け出管理暫定弁法	生命保険商品の開発および保監会への届け出方法規範化
保険会社の最低支払能力および監督指標管理規定	保険会社の経営健全化推進および保険契約者保護
保険会社の証券投資、投資基金管理暫定管理弁法	保険会社の株式投資における運用規範化推進

出所：呉（2004）：62-64より筆者作成。

定を強化するなど、事後チェックを働かせる仕組みを導入した。この点では、諸外国の監督方法により近づいたと言え、WTO加盟による市場開放を意識した措置であった。

上記の法令以外にも、保険市場の規範化と保険契約者の利便性向上を目的として、**表3-2**に掲げた各種規定が制定された。

表3-2の諸規定は、改正保険法を補完するものである。たとえば、「保険会社の最低支払い能力および監督指標管理規定」は、保険会社の財務体質健全化推進に寄与した。「保険会社の証券投資、投資基金管理暫定管理弁法」は、保険会社の資産運用手段を多様化し、収益向上をもたらすことが期待された。一方、「損害保険約款料率管理暫定弁法」によって、おもに自動車保険の料率引き下げ競争を阻止しようとしたが、その目的を達成することはできなかった。

おわりに

本章では、中国の保険における改革とは、「政府が保険を利用する体制」から「企業体や個人が保険を活用する体制」への転換であったことを述べた。転換を推進したのは、政府による立法措置だった。

PICCにとって、1979年はゼロからの再出発の年であり、政府のバックアップを受けながら、20年ぶりに組織を再建した。中国政府は1985年に暫定的な立法措置（「保険企業管理暫定条例」制定）を講じて、保険業界における競争体制の創出を図った。その結果、PICC・中国平安保険・中国太平洋保険の3社鼎立という保険業界の基本的な枠組みが形成され、保険契約者の選択肢が増えた。その後、保険会社の乱立のため市場が混乱すると、1995年に本格的な法律整備（「保険法」制定）を実施し、保険市場の規範化を目指した。1990年代後半、PICCは「保険法」の趣旨を実現するために組織改革を行い、損保・生保・再保・海外の各社がグループ経営に乗り出した。その結果、保険契約者の利便性が向上した。同時に、中国政府は、保険市場管理の方法を諸外国のそれに近づけることができた。これら一連の改革は、WTO

加盟による外資系保険会社との競争激化に備えるための措置でもあった。

注

1) 中国の中央銀行。1948年成立。1998年までは、銀行業・証券業・保険業の監督管理もその職責の一部だった。
2) たとえば、北京市檔案館蔵（1958）「関於逐歩収縮保険業務的問題」檔案番号134-1-298 に「（北京市副市長の）万里同志曰く、完全に中央の方針に基づいて行い、かつ大衆が反対しないのであれば、（北京市において）保険業務を徐々に縮小することに同意する」とある。また、1958年12月に河北省人民委員会は国内保険業務を停止する旨の通知（（1958）秘馬字第942号）を出した（天津市地方志編修委員会、1999：964-965）。詳細は、第1章参照。
3) たとえば、『浙江省保険志』に「特に最近、農村において基本的に人民公社化が実現した新しい状況の下、公社経済の全面的な発展により、災害に対する備えが増強され、経済的蓄積が拡大し、福利事業も完備されつつある。つまり、公社の優越性が国家保険を代替するようになった。会議は討論の結果、一致して次の認識に至った。すなわち、国家保険はすでにもとの作用が消失しており、栄光のうちにその歴史的使命を終えた」と記載されている（浙江省保険志編纂委員会、1999：63）。
4) おそらく、北京や上海にいた保険関係者が宋国華らを担ぎ、薄一波を動かして国内保険業務復活を働き掛けたのではなかろうか。宋国華はかつて人民解放軍に所属しており、PICC勤務となる前は洛陽市副市長を務めていたと言われていたので、軍および華北とつながりが深い薄一波とは人事面での接点があったのかもしれない。
5) ポケット論は、李先念が財政部長時代に最初に提唱した（王安他、2005：119）。
6) 政府機関から発行される指示文書。レターヘッドが赤字で印刷されているので、このように呼ばれる。
7) 中国の都市において、人々が所属する組織のこと。通常、共産党支部が置かれ、その指導下にある。かつては、「揺りかごから墓場まで」所属員の面倒を見ていた。
8) 約款の起草作業は、PICC上海分公司にかつて在籍していた趙済年や葉奕徳が本店に呼び戻され、それに呉越や江蘇分公司の李継明らが加わって行われた（王安他、2005：101）。

9) 保険対象物の価額に対する保険料の比率。通常、千分率（‰）で示される。
10) 保険会社が引受けたリスクの一部を他の保険会社へ売ること。保険会社は、自らが引受けたリスクの総量をコントロールするため、引受けリスクの一部を売り買いしている。これを再保険と呼ぶ。再保険を買うことを「受再」という。
11) 監督当局が、市場モニターのために、各元受保険会社から国有再保険会社等へ強制再保険を出すよう求めることは稀ではないが、出再比率は通常5-10％である。
12) 清朝政府によって1872年に設立された企業。近年においては、交通部（国土交通省に相当）の香港における代表機構であり、海運・倉庫・不動産・金融・観光などの分野へ進出している（天児他、1999）。
13) 中国最大の国有銀行。1984年に中国人民銀行の市中銀行業務を分離して設立された（天児他、1999）。
14) 1914年生まれ。財政部長、安徽省第一書記等を歴任後、1982年に国務委員（副総理級）兼国家経済委員会主任就任。
15) 1921年生まれ。対外経済連絡部長、国務院副総理、国務委員兼対外経済貿易部長等を歴任後、1985年に国務委員兼中国人民銀行総裁就任。
16) 1930年生まれ。中国人民銀行副総裁、国家経済体制改革委員副主任等を歴任後、1992年に中国証券監督委主席就任。
17) たとえば、平安保険は、劉鴻儒との関係が深い。劉は頻繁に平安を訪問した。訪問時期と肩書きを示すと次の通り。

　　1989年3月：中国人民銀行副行長；1989年11月：国家経済体制改革委副主任；1990年11月：国家経済体制改革委副主任；1991年3月：国家経済体制改革委副主任；1993年10月：国家証券監督管理委主任；1995年9月：元国家証券監督管理委主任；1996年8月：平安保険名誉董事長。また、平安は田紀雲とも関係がある。その訪問記録は次の通り。

　　1992年7月：国務院副総理；1993年4月：国務院副総理；1993年5月：全人代副委員長；1994年5月：全人代副委員長；1995年9月：全人代副委員長（中国保険年鑑編集委員会、2001）。
18) 「鉄道・道路・船による人の輸送に関わる保険」「自動車の第三者賠償責任保険」「強制自動車保険」の3種目を指す。
19) 国外の保険会社と再保険の取引をすること。
20) 中国共産党以外の組織の指導機関に設置される党の指導機構。党グループ

とも呼ばれる（天児他、1999）。

21) 日本では、保険料即収の原則（保険契約時に保険料全額を受け取る）が厳格に運用されており、保険料が支払われていない間に事故が発生しても、保険金は支払われない。しかし、中国の引受け実務においては、保険料即収の原則は全く不徹底であった。たとえば、保険契約開始後、1年間は保険料を全く徴収しないことも稀ではなかった。また、本文で述べたように、保険料が支払われていない間に事故が発生した場合、本来保険期間開始前に支払われているべき保険料と、事故の補償である保険金を相殺して、差額を保険契約者に支払うという業界慣行が行われていた。このような行為を保険会社が行った背景には、政府認可の保険料率が高めに設定されていた結果、保険会社側に超過利潤が発生していたという状況があった。

22) 資本金の充足率は、業界全社合計で、通常必要とされているレベルの半分程度しかなかった。

23) 「待ち」の営業とは、顧客訪問などの対外活動が不活発な消極的営業姿勢を指す。

24) 保険契約者に約束している利回りと実際の運用利回りとの差額。その差額を保険会社が保険契約者に対して補填する必要がある。中国では、銀行金利に連動する形で生保の予定利率が決められていたことから、一時期は予定利率が9％を超えていた。一方、1996年から1999年の間に、一年定期の利率は10.98％から2.25％まで引き下げられ、それに対する対応が遅れた生保は、業界全体で500億元（7,500億円）とも言われる利差損を抱えることとなった。生保の資産運用手段が、主に定期預金と国債に限定されていたことも利差損発生の原因である（李揚他、2008：194および周、2006：22）。

25) China Insurance Regulatory Commission。国務院直属の事業単位。1998年に中国人民銀行・PICC・国家発展計画委員会を母体として成立し、保険業を専門的に管理監督する機構。

26) 米国の保険グループであるThe American International Groupの略称。同グループは、生保はAIA、損保はAIUという社名で営業している。

第Ⅱ部
保険会社の経営に現れた
開放と改革の具体像

　第Ⅱ部では、中国の大手保険会社グループである PICC・中国平安・中国太平洋を取り上げ、グループごとに経営戦略と経営状況を探る。その際には、各社における「保険料の伸び」と「経営戦略の変遷」に基づき、対象期間を3～6年ごとに区切り、分析を進める。この分析を通じて、各保険会社において、「開放と改革」が具体的にどのように現れていたのかを見てゆきたい。

　第4章で経営分析の枠組みを提示した後、第5章から第7章までを各グループの個別分析に充てる。第8章でそれらを総合し、3グループの比較を試みる。さらに、改革開放期における中国保険業の特徴を描き出す。なお、第Ⅱ部で取り扱う期間の終期は、2006年である。

第4章　保険会社の経理と経営指標

　第5章以下で具体的な分析に入る前に、保険会社の経理上の特徴ならびに保険会社の経営状況を分析する際に用いる経営指標について、以下のとおり確認したい。

第1節　損害保険と生命保険の経理上の特徴

　本節では、損保と生保の仕組みを理解し、経営分析を行う上で、不可欠なポイントを考えてみよう。

①保険会社の決算の特徴

　通常、どの業種においても事業年度は1年間であり、その間の業績を損益計算書や貸借対照表などの財務諸表で表す。この点では、保険会社も例外ではない。日本の場合、事業年度は4月から翌年3月までであるから、製造業などであれば、その間の売り上げを計上し、そこから当該年度に支払った人件費・物件費および減価償却費などの費用を控除して、利益を計算すればよい。

　しかし、保険会社の決算では「売り上げ」の認識の仕方が、一般企業とは異なる。損保を例に挙げると、次のような仕組みになっている。なお、以下の説明では、保険約款上の細かい取り決めは捨象し、概略を述べることとする。

　通常、損保商品の保険期間は1年間である。4月1日に保険の引受けを開始したとすれば、保険期間が満了するのは翌年の3月31日である。この契約の保険料全額を、その年度の売り上げと認識しても問題はない。しかし、翌年の3月31日が始期である契約の保険料全額を当該年度の売り上げと認

識してもよいだろうか。実際に保険会社として危険負担をしているのは1日だけであり、残りの364日分の危険負担は翌年度に持ちこされているにも関わらず、保険料全額を当年度の売り上げと考えることは合理的ではないだろう。正しくは、危険負担をした期間（このケースでは1日）に対応して、年間保険料の365分の1を当年度の売り上げと認識すべきである。上記と同様の問題は、4月2日以降に引受けを開始した全契約に当てはまる。

一方、大手保険会社であれば、1年間の保険契約件数は数千万件に達するので、全ての契約について1件ごとにこの作業を行うのは、極めて煩雑である。そこで、便宜的に、たとえば4月1日から4月30日までの間に開始された契約については、それら全ての始期を4月30日とみなして、合計保険料の12分の11（つまり、5月1日から翌年3月31日までの11か月分の保険料）を売り上げとして認識するという作業が行われる。

このケースで売り上げと認識された12分の11に相当する保険料を、当年度末の時点で「既経過保険料」と呼び、残りの12分の1を「未経過保険料」と呼ぶ。当然、既経過保険料は月を経るごとに12分の1ずつ減り、未経過保険料は12分の1ずつ増えていく。年度末において、年間売り上げを計算する際には、当年度に顧客から収受した保険料の合計から、当年度の未経過保険料全額を控除し、前年度の未経過保険料全額を加えた合計額が当年度の売り上げ（既経過保険料）となる。上記の状況を図示すると**図4-1**のとおりである。

図4-1　損害保険会社における保険料の認識

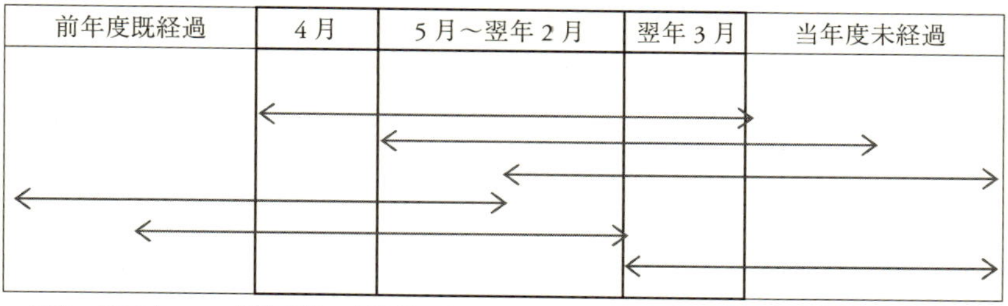

前年度既経過	4月	5月〜翌年2月	翌年3月	当年度未経過

（注）　矢印は1つの保険契約の保険期間を示す
出所：筆者作成。

損害保険会社の決算では、図4-1において、4月から翌年3月までの間にある横線部分の合計のみを、当年度の売り上げであると認識する。

次に、損害保険会社にとって「費用」である保険金の支払いを、どう認識するのかを考えてみよう。図4-1から予想されるように、保険事故の発生および保険金の支払いが、保険契約の締結年度内において、全て完了するとは限らない。前年度に契約した保険について、当年度に事故が発生することもあるし、当年度契約の保険で次年度に事故が発生することもあろう。

そこで、当年度に事故が発生したが、支払いは次年度になるケースでは、支払予定金額を「普通備金」という形で、費用として認識する。それに加えて、過去に蓄積したデータに基づき、当年度契約において、保険会社が事故の発生は確認していないものの、一定の確率によって起きているであろうと予想される事故全体の損害額を「既発生未報告損害備金」という形で、費用として認識する。「普通備金」と「既発生未報告損害備金」の合計を「支払備金」と呼ぶ。

その結果、当年度の発生保険金は、支出した保険金の合計から前年度の支払備金を控除し、当年度の支払備金を加えた金額となる。

②生命保険料についての考え方

一定の年齢層に属する人々のうち、何％が当年度に死亡するかは、過去のデータに基づき予想することができる。この予想によって、当該年齢層の生命保険料を決めるとすると、保険料は年齢とともに上昇するだろう。この保険料を「自然保険料」と呼ぶ。自然保険料は合理的に算出されたものではあるが、被保険者の年齢が上がるにつれて、保険に加入しにくくなるという欠点がある。

この欠点を克服するために考案されたのが「平準保険料」である。若年時の保険料と高齢時の保険料を平準化したものであり、若年時の平準保険料は自然保険料よりも高めとなる。高めの部分は、将来の保険金支払いのために、生保会社が積み立てる。これを「保険料積立金」と呼ぶ。「保険料積立金」は、保険加入者の持ち分ということになる。たとえば、20歳で生保に加入した場合の状況を図示すると次のとおりである。縦軸は保険料、横軸は年齢

図4-2 生保の平準保険料のイメージ（20歳で保険に加入するモデル）

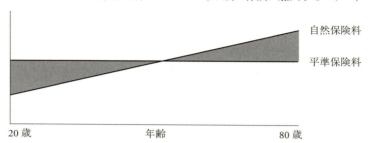

出所：筆者作成。

である。「平準保険料」そのものの水準は、生保に加入する時の年齢が高いか低いかによって、上下する。

図4-2から分かる通り、平準保険料を採用すると、生保会社には必ず資金が蓄積される。損保にはこの仕組みはないので、生保のような資金の蓄積は生じない。そのため、生保業界と損保業界の資金量を比較すると、生保の資金量は損保の6～10倍に達することになる。通常、生保会社の方が損保会社より資金量がはるかに大きいのは、平準保険料という仕組みを採用した結果である。

なお、生保会社の決算において、保険料積立金は未経過保険料および危険準備金とともに「責任準備金」として積み立てられる。仮に、創業後間もない生保会社が、若年層の引受けを中心に業績を伸ばしたとすると、責任準備金の積立額が膨大となり、営業損益は赤字になるだろう。その赤字を投資収益で補えるか否かによって、最終損益が左右される。

第2節　保険会社の経営指標

保険会社経営の良否を判断する際の経営指標には、次のものがある。

1. 損害保険会社の経営指標

損保の経営指標として一般的なのは、①正味[1]損害率　②正味事業費率

③コンバインド・レシオ　④運用資産利回り　⑤ソルベンシー・マージン比率である（玉村、2011：132-135）。それぞれに指標について、内容を見てみよう。

①正味損害率

　損害率とは、保険会社が1年間に支払った保険金の合計額を1年間の収入保険料で除した割合である。損害保険会社のアンダーライティング（引受物件に対する審査能力および引受条件・料率の設定）の良否を示す重要な指標である。リスクが良好な物件を多く引き受けている保険会社の損害率は低くなり、経営状況が優れていることを示す。計算式は、次のとおりである。

　正味損害率（W/P）＝（正味支払保険金＋損害調査費）／正味収入保険料

　この式で示される損害率は、支払保険金等を収入保険料で除したものであり、リトンペイドベーシス（written to paid basis, W/P）の損害率と呼ばれる。当該年度の収入保険料と支払保険金を対象とすることから、現金主義的な考え方による計算方法である（大谷、2009：90）。この方法は簡便ではあるが、保険料が伸長している時期には、損害率が実態よりも低く算出されることになるので、経営実態を正確に反映しているとは言いにくい[2]。

　一方、発生主義に基づく収支状況を把握するためには、アーンドインカードベーシス（earned to incurred basis, E/I）の損害率を計算する必要がある。計算式は次のとおりである。

　正味損害率（E/I）＝（正味発生保険金＋損害調査費）／正味既経過保険料

　このうち、正味既経過保険料は正味収入保険料＋前期末未経過保険料−当期末未経過保険料で計算され、当該事業年度の保険責任に相当する保険料を表す。具体的なイメージは、図4-1で示したとおりである。一方、正味発生保険金は、正味支払保険金−前期末支払備金＋当期末支払備金で計算され、当該事業年度の保険責任に相当する保険金を表す。正味損害率（E/I）は、正味損害率（W/P）に比べると、当該年度のアンダーライティング（引受物件に対する審査能力および引受条件・料率の設定）の結果をより正確に示している。

　さらに、会社全体の損害率に加えて、保険種目ごとの損害率および保険料

構成比も検討する必要がある。

本書では、会社全体の損害率をみる場合には、アーンドインカードベーシスの損害率を算出し、より正確にアンダーライティング（引受物件に対する審査能力および引受条件・料率の設定）の結果を検証する。種目ごとの損害率をみる場合には、入手できる資料の制約により、リトンペイドベーシスの損害率を算出する。いずれの場合も、損害調査費は財務諸表に記載されていないので、捨象する。

②正味事業費率

事業費率は、損害保険会社の経営効率を示す指標である。計算式は次のとおりである。

正味事業費率＝（正味事業費＋損害調査費）／正味収入保険料

このうち、正味事業費は、諸手数料・営業費・一般管理費の合計である。

③コンバインド・レシオ

コンバインド・レシオ（combined ratio、合算比率）とは、正味損害率と正味事業費率の合計である。100％を下回る部分が、損害保険会社の保険事業そのものの収益性を示す。もし、100％を超えていれば、保険本業では、赤字となっていることを表す。

④運用資産利回り

損害保険会社の資産運用力を示す指標である。計算式は次のとおりである。

運用資産利回り＝資産運用収益／月平均運用額

本書では、資料の制約により月平均運用額は算出できないので、近似値として貸借対照表の「資産の部」合計金額を用いることとする。その結果、算出される利回りは、総資産利回りとなる。

⑤ソルベンシー・マージン比率

ソルベンシー（solvency）とは、損害保険会社の担保力・支払能力を示す。通常、損害保険会社は支払備金や責任準備金などの保険契約準備金を積み立てているが、それを超える種々のリスクに備えるため、自己資本や含み益などを有している必要がある。こうした保険契約準備金を超えた支払余力をソルベンシー・マージン（solvency margin）という。計算式は次のとおりである。

ソルベンシー・マージン比率＝ソルベンシー・マージン／リスクの合計額

　分子の「ソルベンシー・マージン」は、自己資本・価格変動準備金・異常危険準備金・有価証券や土地の含み益の一定割合を合計した金額である。分母の「リスクの合計額」は、巨大損害リスクを含む保険リスクや資産運用リスクなど損害保険会社が抱えるリスクを数値化し、合計したものである。

　本書では、資料の制約により、ソルベンシー・マージン比率の算出は困難なので使用しない。

　それでは、以下で実際の財務諸表から上記の経営指標を導き出してみよう。例示するのは、2001年から2006年のPICC（中国人民財産保険）の財務諸表（**表4-1**）である。

　表4-1を基にして、各種経営指標を算出してみよう。

　まず、正味収入保険料を算出すると、その式は次のとおりである。

正味収入保険料＝A＋B－C

　次に、既経過保険料を算出すると、その式は次のとおりである。

既経過保険料＝A＋B－C＋E－O＋G－P

　正味保険金を算出すると、その式は次のとおりである。

正味保険金＝H＋I－J

　ここから、発生保険金を算出すると、その式は次のとおりである。

発生保険金＝H＋I－J－F＋Q

　正味事業費を算出すると、その式は次のとおりである。

正味事業費＝K＋L＋M－N＋R＋S

　総資産利回りを計算すると、その式は次のとおりである。

総資産利回り＝T／各年次の貸借対照表の総資産額

　上記の各式を用いて、経営指標を計算した結果は**表4-2**のとおりである。

　第5章以下で、損保の経営指標を算出する際には、上記の計算プロセスを踏襲することとする。

第Ⅱ部　保険会社の経営に現れた開放と改革の具体像

表 4-1　2001年～2006年の中国人民財産保険　損益計算書

(単位：百万元)

		2001 年	2002 年	2003 年	2004 年	2005 年	2006 年
	(収益)						
A	収入保険料	50,735	54,080	58,074	65,578	65,898	71,299
B	受再保険料	9	13	11	6	16	48
C	出再保険料	11,447			9,283	12,474	10,311
D	その他業務収益	732				418	391
E	未経過責準戻入	-1,480	18,842	19,348	21,884	23,382	23,101
F	支払備金戻入	25	8,473	10,278	11,673	15,750	17,021
G	長期責準戻入		1,358	1,601	2,508	3,102	3,439
	(費用)						
H	支払保険金	25,959	24,819	27,663	41,820	42,127	44,754
I	受再保険金	7	13,453	11,125	3	1	5
J	出再保険金回収	5,608			6,994	7,072	6,991
K	手数料	3,692	4,350	4,614	5,316	5,930	6,929
L	業務費用等	12,220	4,060	4,888	9,079	9,062	9,121
M	出再保険費用	2			1	4	10
N	出再保険費回収	3,374			2,809	3,419	2,657
O	未経過責準繰入		19,365	21,884	23,382	23,101	28,329
P	長期責準繰入		1,607	2,508	3,102	3,439	3,632
Q	支払備金繰入		10,278	11,623	15,750	17,021	18,233
R	保険保障基金	390	407	468	563	537	610
S	営業税・付加税	3,784	3,523	3,117	3,580	3,582	3,907
	営業利益		904	1,374	-492	1,318	-894
T	投資収益	25	-68	677	249	1,069	2,492
	営業外収益		44	107	124	-132	-213
	営業外費用		267	154	489	102	133
	前年度損益調整						
	税前当期純利益		613	2,003	-543	1,808	1,252
	所得税		592	745	-48	960	877
	少数株主収益						
	当期純利益	1,527	22	1,258	-495	848	376

(注)　責準は責任準備金をさす。
出所：各年次の『中国保険年鑑』から筆者作成。

表 4-2　2001年～2006年の中国人民財産保険経営指標

(単位：百万元)

	2001 年	2002 年	2003 年	2004 年	2005 年	2006 年
既経過保険料	37,817	53,321	54,642	54,209	53,384	55,615
発生保険金	20,358	40,077	40,133	38,906	36,327	38,980
正味損害率	**53.8 %**	**75.2 %**	**73.4 %**	**71.8 %**	**68.0 %**	**70.1 %**
正味事業費	16,714	12,340	13,087	15,730	15,696	17,920
正味収入保険料	39,297	54,093	58,085	56,301	53,440	61,036
正味事業費率	**42.5 %**	**22.8 %**	**22.5 %**	**27.9 %**	**29.4 %**	**29.4 %**
コンバインド・レシオ	**96.3 %**	**98.0 %**	**95.9 %**	**99.7 %**	**97.4 %**	**99.5 %**
投資収益	25	-68	677	249	1,069	2,492
資産の部合計	52,593	64,877	76,217	77,365	79,627	88,230
総資産利回り	**0.05 %**	**-0.10 %**	**0.89 %**	**0.32 %**	**1.34 %**	**2.82 %**

出所：筆者作成。

2. 生命保険会社の経営指標

生保の経営指標として一般的なのは、①基礎利益　②3利源損益　③含み損益　④エンベディッド・バリューである（ニッセイ基礎研究所、2011：260-262）。以下でその内容を確認する。

① 基礎利益

生命保険会社の本業（保険引受けおよび資産運用）の年間収益動向を示す指標である。計算式は次のとおりである。

　　基礎利益＝経常利益－キャピタル損益－臨時損益

このうち、キャピタル損益は運用関係の損益であり、主な関係項目は、有価証券売却損益および為替差損益である。臨時損益の主な関係項目は、危険準備金・貸倒引当金である。

② 3利源損益

生保の保険料計算の基礎となる予定死亡率・予定利率・予定事業費率は、一定の安全率を見込んで設定されている。そのため、実際の発生率がそれぞれの予定率よりも小さくなり、予定と実際の差による剰余金が発生する。

生命保険会社は、発生した剰余金をいずれの基礎率に起因するものである

かによって、危険差（死差）益・利差益・費差益という3つの利源に分解して、経営管理を行っている。これを3利源損益と呼ぶ。最近、先進国では、基礎利益の内訳として、3利源損益を開示する生保会社が増加している。

③含み損益

生保会社が保有する有価証券等の簿価と時価との差額をさす。含み益が大きければ、その会社の財務的安定性が高いと言える。

④エンベディッド・バリュー

エンベディッド・バリュー（Embeded Value：EV、潜在企業価値）は、「会社の純資産価値（資産総額−負債総額）」に「保有保険契約の価値」を加えたものである。保有保険契約の価値は、保有契約から生じる将来の利益をベースとして、一定のソルベンシー・マージン比率を維持するために必要な内部留保等を控除したのちに、一定の割引率で割り引いて計算される。

本書では、資料の制約により、「基礎利益」にキャピタル損益と臨時損益を加えた「経常利益」を比較のための経営指標として用いることとする。

それでは、以下で実際の財務諸表から「経常利益」を算出してみよう。例示するのは、中国人寿保険公司の1996年から2000年までの財務諸表（**表4-3**）である。

表4-3を基にして「経常利益」を算定してみよう。

計算式は、経常利益＝①経常収益−②経常費用である。

そこで、まず経常収益を算出してみる。

計算式は、①経常収益＝保険料収入＋資産運用収益＋その他経常収益である。

上記のうち、保険料収入の計算式はつぎのとおりである。

保険料収入＝A＋B−C＋E−P

資産運用収益はVであり、その他収益はDなので、経常収益は次のとおり計算される。

①経常収益＝A＋B−C＋E−P＋V＋D

次に、②経常費用を算出してみよう。

計算式は、②経常費用＝保険金支払い＋責任準備金繰入−責任準備金戻入＋

表4-3　1996年～2000年の中国人寿保険公司　損益計算書

(単位：百万元)

		1996年	1997年	1998年	1999年	2000年
	（収益）					
A	収入保険料	19,227	39,438	53,992	60,747	65,164
B	受再保険料			2		1
C	減）出再保険料	715	987			
D	その他業務収益	3,073	3,638	3,135	2,753	2,724
E	未経過責任準備金戻入			2,032	2,358	2,701
F	生保責任準備金戻入			62,672	82,864	111,792
G	未払保険金準備金戻入			522	669	643
	（費用）					
H	支払保険金	1,931	2,416	2,895	3,168	3,537
I	解約返戻金および給付	9,237	15,133	18,771	16,659	17,783
J	受再保険金			391	393	264
K	減）出再保険金回収	386	483			
L	手数料	765	927	8,398	7,718	7,248
M	受再手数料					
N	減）出再手数料	175	272			
O	業務費用等	3,187	9,366	5,248	6,589	6,457
P	未経過責任準備金繰入			2,358	2,701	2,965
Q	生保責任準備金繰入			82,795	111,796	143,894
R	未払保険金準備金繰入	257	93	669	643	621
S	保険保障基金繰入	31	385	335	54	59
T	営業税および付加税	130	265	527	394	464
U	営業利益			-32	-724	-266
V	投資収益	165	368	702	1,338	1,473
	営業外収益			12	13	66
	減）営業外費用			189	122	354
	前年度損益調整			-33	-4	11
	税前当期純利益			460	501	931
	減）所得税			8	21	11
	少数株主収益					-4
	当期純利益	184	82	452	480	923

出所：各年次の『中国保険年鑑』から筆者作成。

事業費である。

　上記のうち、保険金支払いの計算式は次のとおりである。
保険金支払い＝H＋I＋J－K
　責任準備金の繰入と戻入の計算式は、次のとおりである。
責任準備金繰入－責任準備金戻入＝Q＋R－（F＋G）＝Q＋R－F－G
　事業費の計算式は、次のとおりである。
事業費＝L＋M－N＋O＋S＋T
　したがって、②経常費用の計算式は次のとおりとなる。
②経常費用＝H＋I＋J－K＋Q＋R－F－G＋L＋M－N＋O＋S＋T

　上記の結果、経常利益＝①経常収益－②経常費用の計算式は次のとおりである。
経常利益＝A＋B－C＋E－P＋V＋D－（H＋I＋J－K＋Q＋R－F－G＋L＋M－N＋O＋S＋T）
　　　　＝A＋B－C＋E－P＋V＋D－H－I－J＋K－Q－R＋F＋G－L－M＋N－O－S－T

　上記計算式によって、各年次の経常利益を計算すると、**表4-4**のとおりである。なお、下記表4-4には異常値が含まれているが、それについては、第5章で解説する。

　第5章以下で、生保の経常利益を算定する際には、上記の計算プロセスを踏襲することとする。

　ところで、中国の保険会社は、1995年に保険法が制定されるまでは、生損保兼営であった。保険法制定後も各保険会社は、生損保事業の分離に1年

表4-4　1996年～2000年の中国人寿保険公司　経常利益

（単位：百万元）

	1996年	1997年	1998年	1999年	2000年
経常利益	6,562	14,416	669	614	1,207

出所：筆者作成。

~8年の歳月を要した。生損保分離以前の太平洋保険は、損害保険を主たる業務としていたので、その期間においては、主に損保の経営指標を用いて分析することとする。一方、平安保険は生命保険を主体としていたので、生保の経営指標によって分析することとする。生損保分離後には、生損保それぞれの経営指標を用いて経営状況を判断する。

3. 日本の保険会社の経営指標

中国の保険会社の経営状況を判断するための1つのベンチマークとして、日本の保険会社の経営指標を見てみよう。第5章以下では、これらを適宜参照する。

日本の大手損害保険会社は、いずれも創業後100年近く経過しており、経営状況がほぼ安定しているので、保険会社の典型例として比較の対象になりうると考える。

まず、アンダーライティングの良否を示す正味損害率を見てみると、**表4-5**のとおりである。

表4-5から、日本の大手損保の損害率は、ほぼ60～70％程度のレンジにあることが分かる。損害率から見ると、このレベルが損益分岐点に相当すると推定される。

次に、経営効率を示す正味事業費率を見てみると、**表4-6**のとおりである。

表4-6から、日本の大手損保の事業費率のレベルは、ほぼ30～35％であることが分かる。これを1つのベンチマークとして、第5章以降において、

表4-5　日本大手3社の正味損害率

(単位：％)

	2006年度	2007年度	2008年度	2009年度	2010年度
東京海上日動	62.5	61.6	67.4	67.9	67.5
損保ジャパン	64.3	65.1	70.3	73.9	72.5
三井住友海上	63.1	65.1	69.5	70.3	68.4
3社平均	63.3	63.9	69.1	70.7	69.5

出所：上記各社のHPから筆者作成。

中国の保険会社の経営効率を測ってみよう。

続いて、コンバインド・レシオは**表4-7**のとおりである。

日本の大手3社は、2008年度以降の3年間、コンバインド・レシオが100％を超えており、保険本業では利益を出すことができていない。リーマン・ショックによる保険料の伸び悩みと自然災害等により事故が多発したことが、その原因である。

最後に、運用資産利回りを見てみよう（**表4-8**）。

昨今の低金利状態を反映して、日本の大手3社の運用利回りは、3％程度である。そもそも中国と日本では、法規による資産運用手段の制限・金利水準・物価上昇率・海外での運用比率など基礎的な条件が異なるので、運用結果を単純に比較することはできない。この点を踏まえて、中国の保険会社の運用状況を見てゆきたい。

なお、最近の日本の大手生保3社の基礎利益は**表4-9**のとおりであり、安定的に期間収益を上げていることが分かる。ただし、2008年度以降、基礎利益が減少傾向にあり、リーマン・ショックによる影響を生保会社も受けていたことが読み取れる。

4. 中国保険業界の全体像

最後に、中国保険業界の直近の全体像を確認したうえで、第5章以下の議論に入りたい。

まず、損保業界から見てみよう。2011年12月末現在で、営業している保険会社は内資（中国系）38社・外資21社の合計59社である。同年の収入保険料は4,779億元だった。これは、全世界の損保収保の約4％に相当すると推定される。

上位5社の収入保険料とマーケット・シェアを示すと**表4-10**のとおりである。

これを図示すると**図4-3**のとおりである。

上位5社の合計マーケット・シェアが約75％となっており、上位への集中度が高い。人保財産（旧PICC）・平安・太平洋の上位3社の合計マーケッ

第4章　保険会社の経理と経営指標

表4-6　日本大手3社の正味事業費率

(単位：%)

	2006年度	2007年度	2008年度	2009年度	2010年度
東京海上日動	30.7	31.5	34.6	34.0	33.5
損保ジャパン	30.9	32.9	34.5	34.1	33.7
三井住友海上	30.8	31.8	34.0	34.5	33.9
3社平均	30.8	32.1	34.4	34.2	33.7

出所：上記各社のHPから筆者作成。

表4-7　日本大手3社のコンバインド・レシオ

(単位：%)

	2006年度	2007年度	2008年度	2009年度	2010年度
東京海上日動	93.2	93.1	102.0	101.9	101.0
損保ジャパン	95.2	98.0	104.8	108.0	106.2
三井住友海上	93.9	96.9	103.5	104.8	102.3
3社平均	94.1	96.0	103.4	104.9	103.2

出所：上記各社のHPから筆者作成。

表4-8　日本大手3社の運用資産利回り

(単位：%)

	2006年度	2007年度	2008年度	2009年度	2010年度
東京海上日動	3.69	3.43	1.39	2.37	3.93
損保ジャパン	3.36	4.15	△0.29	2.68	2.07
三井住友海上	3.50	2.75	1.13	2.43	3.05
3社平均	3.52	3.44	0.74	2.49	3.02

(注)　△はマイナスを示す。
出所：上記各社のHPから筆者作成。

表4-9　日本大手生保3社基礎利益

(単位：億円)

	2006年度	2007年度	2008年度	2009年度	2010年度
日本生命	7,300	6,375	5,398	5,050	5,163
第一生命	4,978	4,549	3,606	3,301	2,759
明治安田生命	4,583	4,159	3,293	2,915	3,105

出所：上記各社のHPより筆者作成。

表4-10　2011年損保収保上位5社

(単位：億元)

	人保財産	平安財産	太平洋財	中華聯合	国寿財産	その他	合計
損保収保	1,740	833	617	210	164	1,215	4,779
MS	36.4%	17.4%	12.9%	4.4%	3.4%	25.5%	100.0%

(注)　MSはマーケット・シェアをさす。中華聯合は、新疆生産建設兵団牧業保険公司の後身である。国寿財産は、中国人寿グループ所属の損保会社である。
出所：中国保険監督管理委員会HPから筆者作成。

第Ⅱ部　保険会社の経営に現れた開放と改革の具体像

図4-3　2011年損保収保上位5社

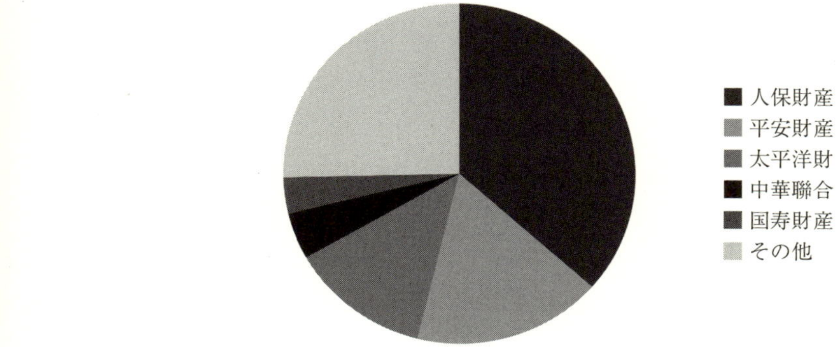

■ 人保財産
■ 平安財産
■ 太平洋財
■ 中華聯合
■ 国寿財産
■ その他

出所：筆者作成。

ト・シェアは66.7％であり、この3社で市場の3分の2を占めている。外資系損保は21社も営業しているにもかかわらず、合計の収保は52億元で、マーケット・シェアは、わずかに1.1％に過ぎない。これは、第2章で述べたとおり、外資系損保に対して、歴史的に様々な制約が課されていた結果である。なお、外資系損保に対しては、合弁保険会社設立に加えて、外資による100％出資（現地法人設立）が認められている。

次に生保市場を見てみよう。2011年12月末現在で営業している内資（中国系）保険会社は36社であり、外資は25社の合計61社である。外資系生保会社については、WTO加盟後も、外資の出資割合は最高で50％に制限されており、損保のような100％出資は認められていない。

同年の全社合計収入保険料は9,560億元だった。これは、全世界の生保収保の約6％に相当すると推定される。

上位5社の収入保険料とマーケット・シェアを示すと**表4-11**のとおりである。

これを図示すると**図4-4**のとおりである。

生保市場においても、上位5社合計のマーケット・シェアは72.8％であり、損保と同様に上位への集中度が高い。損保では大手3社の一角を占めている太平洋が生保では、わずかの差ながら4位に止まっている。外資系は25社

第4章　保険会社の経理と経営指標

表4-11　2011年生保収保上位5社

(単位：億元)

	中国人寿	平安人寿	新華人寿	太平洋人	人保人寿	その他	合計
生保収保	3,183	1,241	948	879	704	2,630	9,560
MS	33.3%	13.0%	9.9%	9.2%	7.4%	27.2%	100.0%

（注）　MSはマーケット・シェアをさす。人保人寿は、中国人民保険グループの生保会社である。
出所：中国保険監督管理委員会HPから筆者作成。

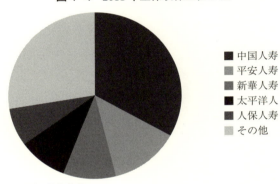

図4-4　2011年生保収保上位5社

出所：筆者作成。

が営業しているが、合計の収保は386億元であり、マーケット・シェアはわずかに4％である。外資系生保のシェアが低い理由も、損保と同様に各種制限が加えられていたためである。

注
1）　ここでいう「正味」とは、元受に受再の数字を加え、出再の数字を減じた結果をさす。
2）　通常、保険期間が1年である損害保険では、保険料収受の時期と、事故が起きた後の保険金支払いの時期に隔たりがあることが多い。そのため、収入保険料が伸びている時期には、保険料規模が小さかった時の保険契約について保険金を支払うことになる。その結果、分母である保険料がより大きくなり、損害率が低くなる傾向にある。

第5章　中国人民保険グループの発展戦略と経営状況

はじめに

　本章では、主に中国人民保険グループ（以下、PICC と略称）の発展戦略と経営状況を分析する。その過程で、「開放と改革」の具体像がどのように現れたのかを見てゆきたい。

　PICC は唯一の国有保険会社であったがゆえに、強制保険の独占的引受けなど業務上の優遇措置を享受した。その一方で、国内保険業務の引受け停止により、組織がほぼ壊滅するという甚大な被害も被った。同社は、1980年に国内業務の引受けを復活し、その後は、国内外の保険会社との競争に備えて自己革新を行い、巨大な保険コングロマリットへ成長した。

　本章では、かつての PICC そのものに加えて、PICC の損害保険部門を引き継いだ中保財産保険公司およびその後身である中国人民財産保険股份有限公司、ならびに PICC の生命保険部門を引き継いだ中国人寿保険公司およびその後身である中国人寿保険股份有限公司を分析の対象とする。これらのグループ構成会社のうち、中国人民財産保険股份有限公司および中国人寿保険股份有限公司の概要（2011年12月末現在）は**表 5-1**、**表 5-2** のとおりである。

　PICC は1980年に組織の再建を図り、1980年代後半以降保険会社の多様化が進んだ後も、圧倒的な市場占有率を誇った。同社は、保険法の趣旨に沿い、1996年に生損保分離を実施し、持ち株会社である中国人民保険（集団）公司の下、中保財産保険有限公司（損保会社）・中保人寿保険有限公司（生保会社）・中保再保険有限公司（再保険会社）に分かれた。1998年には、持ち株会社が解消され、中国人民財産保険グループ・中国人寿保険グループ・中

第Ⅱ部　保険会社の経営に現れた開放と改革の具体像

表5-1　中国人民財産保険股份有限公司概要

社名	中国人民財産保険股份有限公司
沿革	1949年創立のPICC損保部門の後身。1996年の生損保分離に伴い「中国人民保険公司（PICC）」の社名を引き継いだ。中国人保控股（持株会社）傘下の損害保険会社。2003年に香港で株式上場。
営業網	本店：北京市。営業拠点：約1万カ所
資本金	129.56億元。中国人保控股の持株比率：69％、AIGの持株比率：9.9％。持株会社である中国人保控股の株式は、中国政府（財政部）が100％保有している。
総資産	2,656億元
収入保険料	1,740億元、マーケット・シェア：36.4％

出所：同社HPより筆者作成。

表5-2　中国人寿保険股份有限公司概要

社名	中国人寿保険股份有限公司
沿革	1949年創立のPICC生保部門の後身。2003年以降、ニューヨーク・香港・上海で株式上場。中国人寿（集団）（持株会社）傘下の生命保険会社。
営業網	本店：北京市。営業職員数：約68万5,000人
資本金	182.65億元。中国人寿（集団）の持株比率：68.37％。持株会社である中国人寿（集団）の株式は、中国政府（財政部）が100％保有している。
総資産	1兆5,839億元
収入保険料	3,283億元、マーケット・シェア：33.3％

出所：同社HPより筆者作成。

国再保険グループ・中国保険（香港）グループが独立した。その後、それぞれがグループ内部に損保会社・生保会社・医療保険会社・年金保険会社・資産管理会社などを抱える保険コングロマリットを形成した。

　本章では、まず「国内業務復活期（1980年～1985年）」の状況を振り返り、PICCが如何にして業務基盤を固めたのかを見てゆく。「業務発展期（1986年～1991年）」において、保険会社の多様化に備えて、PICCがどのような社内改革を実施したのかを確認する。次に、「競争激化期（1992年～1995年）」において、安定していた会社業績を額面通りに受け取ってよいのかを検討する。「生損保分離期（1996年～2000年）」において、保険法に従い生損保分

離を実施したPICCグループの業績を分析する。さらに、「グループ会社化推進期（2001年〜2006年）」において、株式上場の過程で中国人寿グループがどのように利差損（逆ざや）を切り離したのかを見てゆく。

第1節　国内業務復活期（1980年〜1985年）の経営戦略と経営状況

1. 国内業務復活期（1980年〜1985年）の経営戦略

第3章で述べたとおり、PICCは20年のブランクを経て、1979年から組織の再建に取り組み、1980年に保険引受けを再開した。

この時期の戦略は、第1に、損害保険を発展させることであり、その中でも企業財産保険引受けに力を入れた（中国保険年鑑編輯委員会、2001：99）。その際、PICCが拠り所としたのは、政府の支援策だった。1979年10月、中国人民銀行・財政部・中国農業銀行は連名で「企業財産保険引受け復活に関する連合通知」を出した。その中で「全民所有制企業と集団所有制企業の財産（含む固定資産と流動資産）については、自主的に保険手配をしてよい。付保した財産が、保険責任の範囲に属する損害を被った場合、保険公司は保険契約の規定に則り、保険金支払いの責めを負う。国家財政からの補填はない」旨規定した。本通知により、企業は財産保険を手配せざるを得なくなった。財産保険付保を促すため、PICCは保険約款を改定し、保険責任の範囲を拡大した。1981年10月には、保険料率を従来の2‰から1.6‰へ引き下げた。家庭財産保険については、宣伝を通じて、村あるいは県全体で付保するという基層政府の動きを後押しした。

第2に、PICCは、生命保険引受けを試行することとした。具体的には、1982年に簡易生保の引受けをいくつかの省市で試行した。同年、団体生保と団体傷害および旅行傷害の引受けも始めた。生保の引受け開始は、損保に比べて2年ほど遅れたが、その発展は比較的順調だった。

一方、国内業務復活期におけるPICCの問題点は、①総公司による統収統支（収支統一）・統一決算・統一納税の結果、分公司に対する管理が強過ぎた　②分公司において、責任・権限・利益が相互に結び付いておらず、分公

司は収益責任を負っていなかった　③個人の働きとその成果に応じた給与配分が行われていなかったということだった。そのため、PICC は活力を失い、保険業務発展も思うに任せない状況となった。これらの弊害を除去するため、1985 年から次の改革を実施した（中国保険学会、1998：437-440）。

第 1 に、国内業務について、分級決算を行い、独立採算とした。具体的には、総公司と分公司の間で、共同引受け（共同保険）を実施することとし、その引受け割合は、総公司 30％に対して分公司 70％とした。その結果、分公司の引受け責任が増した。

第 2 に、分公司における利潤留保の方法を改善した。具体的には、損害率を 30％に固定し、仮に実際の損害率が 30％を超えたとしても、それは捨象することとした。その結果、自然災害などが多発した年でも、分公司に利潤が留保されることとなった。さらに、分公司の利潤留保率を年間利益の 5％から 7％へ引き上げた。

第 3 に、様々な自主権を分公司へ付与した。たとえば、約款や料率の制定権を分公司に与えた。また、幹部の人事権について、総公司は省レベル分公司の幹部のみを管理することとし、それ以下の幹部は省分公司に管理させることとした。資産運用の権限も分公司に与えた。

1980 年代前半において、中国経済全体の動きを表すキーワードの 1 つは「地方分権」であろう。何かのプロジェクトを行おうとしても、中央政府には資金がなかったので、地方の自発性発揮を促すしか手立てがなかった。それは、PICC の戦略にも現れており、業務発展の切り札とされたのは、総公司（本店）と分公司（支店）による共同保険だった。通常、共同保険は独立法人間で行われるものであり、それを本支店間で実施するのは異例である。ここには、本店と支店を独立法人とみなす発想があったと思われる。

このような現象が起きる原因の 1 つは、中国共産党の人事管理制度にあったと考えられる。支店内における幹部の人事管理権は、当該支店の PICC 党支部と地方党組織が掌握していたので、支店職員はその地方の出身者が主力を占めていた。彼らから見れば PICC 本店は別の組織であり、あたかも別法人であるかのように扱うことに違和感は少なかったであろう。逆に PICC 本

店から支店を見ても、同じ感覚であったと思われる。つまり、PICCの人事管理においては、「横の管理ライン」の作用が強かった。

この時期において、保険会社の損益管理上問題と思われるのは、利潤留保の方法であった。特に、「損害率を30％に固定して、利益を計算する」という措置は、表面的に損益を平準化するのには便利ではあるが、保険会社のアンダーライティング（引受物件に対する審査能力および引受条件・料率の設定）を弱体化したであろう。リスク的に問題がある物件を引受けたり、料率を不当に割り引いて引受けたとしても、損益計算上の損害率は30％で頭打ちになるので、保険会社としての引受け審査や条件設定が甘くなったと思われる。もし、保険会社間の競争があれば、PICCの損益悪化が表面化したであろう。しかしながら、高めに設定されていた公定料率とPICCによる保険市場の独占が、それを覆い隠していたと推定される。

ところで、PICCは国有保険会社であったがゆえに、勝手に戦略を立案・実行することはできなかった。常に、国家財政との関係を考慮しなければならない立場にあった。

PICCと国家財政との関係を分析する場合、次の3段階に区分して検討すると分かりやすい。

①第1段階（1980年～1982年）において、保険公司は事故発生に備えて、優先的に総準備金を積む必要があると政府内部で認識されたため、中央財政への利潤上納は免除された。

②第2段階（1983年～1986年）においては、1983年に「利改税（利潤上納を税金納付に変える）」という財政体制改革が実施された結果、PICCは国有企業として、利益に対して55％の所得税と20％（1985年からは15％）の調節税を納付することになった。さらに、収入保険料の5％を営業税として、納付することとなった。地方政府は、この措置について、地方収入を中央へ移転させるものだと認識した。その結果、地方政府は中央政府に対して、地方性保険会社設立を認可するよう強く働き掛けた。

③第3段階（1987年以降）においては、地方政府が保険業をバックアップしようとするモチベーションを引き上げるため、保険会社の所得税と

調節税を、中央政府と地方政府が折半することとした。さらに、営業税については、地方政府の収入とした。これらの地方収入は、その全額を地方建設に用いてよいこととなった。その結果、地方政府は保険業の発展を強く支持するようになった（中国保険学会、1998：440-441）。

保険会社を巡る税務処理については、地方政府のモチベーションアップとは別に、以下のように極めて重大な弊害が生じた。

1980年から82年にかけて、保険業に関する課税問題について議論が行われた。国務院の組織の下で、財政部・中国人民銀行・PICCが次の合意に達した。すなわち、PICCが利益を上納するのは、保険基金（保険準備金）が一定金額まで積み立てられた後とするとされた。この結論は記録に残された。当時、積み立て限度額は決定されていなかったが、この案に基づいて、まず保険準備金の積み立てが行われるべきだった。

しかし、この結論は実行されず、上述のとおり、所得税他が課されることになった。所得税率は、当該年度の利益に対して、70％（含む調節税15％）であり、これに加えて、営業税として当該年度の収入保険料に対して、5.35％（含む都市維持建築税0.35％）が課された。

その結果、たとえば、1980年から86年の6年間において、PICC上海分公司の累計保険料収入は85億元だったが、所得税として19億元を上納した。各種保険準備金残高は28億元となった。28億元の内訳としては、未経過責任準備金が17億元、将来支給が確実な生命保険責任準備金が5億元強であった。その結果、大災害に備えるべき総準備金はわずかに5億元余りであった。それを総引き受け責任額の8,400億元と比較すると、あまりの積み立て不足に対して、PICC幹部は慄然としたという。もし、1982年の合意どおり、先に積み立てを行っていれば、各種準備金は47億元となり、総準備金も24億元に達していたはずである。これは、1986年の現状に比べれば遥かによいといえた（周、1987：2-3）。上記は、上海市の例だが、PICC本店を含む全ての分公司で、同様の準備金積み立て不足が発生していたと推測される。

この時期を通じて、PICCは組織の再建に取り組んだが、改革に向けての動きは顕著ではなかった。

2. 国内業務復活期（1980年～1985年）の経営状況

まず、国内業務復活期の業績概要を示すと**表5-3**のとおりである。

国内業務復活期においては、政府の政策的下支え（国有企業に対して、災害によって損害が生じても、財政的な支援を行わない旨通知した）を背景として、PICCは順調に収入保険料を伸ばした。この時期の料率は、1950年代のものを基準に制定されていたため割高であり、それがPICCの利益を押し上げた。

次に、国内業務復活期の財務諸表を以下に掲げる（**表5-4、表5-5**）。なお、特に断らない限り、資料の出所は各年次の『中国保険年鑑』である（国内業務復活期以降についても同様）。

上記の財務諸表を活用して、第4章で示した各種経営指標を計算すると**表5-6**のとおりである。

まず、アンダーライティングの良否を示す損害率について、ベンチマークである日本の大手3社（60～70％のレンジ）と比較してみよう。PICCの損害率は、日本の大手3社に比べるとやや高めであった。その中で1982年から1984年までは良績を保っていた。この期間においては、概ね適正なアンダーライティングがなされていたと考えられる。

次に、経営効率を示す事業費率を見てみると、PICCはほぼ20％以下であり、日本の大手3社平均（30～35％）を大きく下回っていた。PICCの経営効率は日本の大手3社よりも高く、この部分では強い競争力を持っていた。

表5-3 国内業務復活期の業績概要

(単位：百万元)

年次	収入保険料	収保伸び率	当期純利益
1980年	642		70
1981年	943	147％	117
1982年	1,139	121％	289
1983年	1,447	127％	392
1984年	2,002	138％	561
1985年	3,201	160％	709

（注）収入保険料は生損保合計の数値。以下、生損保分離期まで同様。
出所：中国保険年鑑編輯部（2001）『1981-1997 中国保険年鑑』より筆者作成。

表5-4　国内業務復活期（1980年～1985年）の貸借対照表

(単位：百万元)

	1980年	1981年	1982年	1983年	1984年	1985年
（資産の部）						
固定資産	17	25	42	95	193	373
現金および銀行預金	792	1,091	1,826	2,287	2,664	3,381
投資	58	84	86	98	246	505
未収保険料	59	91	95	92	105	147
未収同業者貸付金	29	23	27	37	39	86
再保険準備金戻入	88	121	137	145	153	139
その他貸付金	6	16	30	53	67	115
未収利息						
合計	1,048	1,452	2,244	2,807	3,467	4,746
（負債の部）						
保険責任準備金	649	839	988	1,401	1,789	2,882
未払い保険金準備金	207	343	362	380	437	484
実収資本金（政府資金）	50	50	500	500	500	500
未払い同業者負債	18	34	19	29	34	39
再保険準備金繰入	39	53	65	77	105	88
その他未払い金	14	14	19	24	40	43
当期純利益	71	119	290	395	562	709
合計	1,048	1,452	2,244	2,807	3,467	4,746

出所：中国保険年鑑編輯部（2001）『1981-1997　中国保険年鑑』より筆者作成。

　それを支えていたのは、国有企業を中心とするPICCの顧客構造であった。すなわち、国有企業の財産保険や貨物保険を引受けている限り、営業要員を多く抱える必要はなく、契約募集代理店も不要だった。生保についても、町や村ぐるみの団体契約が主体であったので、募集経費はあまりかからなかったと推定される。つまり、人件費と代理店手数料という保険会社にとって比重の大きい経費項目の支出を、低く抑えることができた。

　続いて、コンバインド・レシオを見てみると、PICCは事業費率の低さに支えられた結果、一貫して、保険本業で潤沢な利益を出していた。

　最後に、総資産利回りを見てみると、PICCは銀行金利の高さによって、比較的高い利回りを確保していた。

第 5 章　中国人民保険グループの発展戦略と経営状況

表 5-5　国内業務復活期（1980 年～1985 年）の損益計算書

(単位：百万元)

	1980 年	1981 年	1982 年	1983 年	1984 年	1985 年
（収益）						
損保正味収入保険料	642	943	1,139	1,440	1,933	2,808
生保収入保険料				7	69	393
投資及びその他収入	36	56	62	93	271	432
責任準備金調整	121	257	377	455	582	832
合計	799	1,256	1,578	1,995	2,854	4,464
（費用）						
責任準備金	257	377	455	582	832	1,756
損保支払保険金	360	613	598	753	1,050	1,408
生命保険給付金					3	27
生命保険解約返戻金						3
損保支払手数料	74	91	114	128	163	188
生保支払手数料					1	13
税金						
営業費用等	38	57	122	139	243	359
未払保険準備金調整						
当期純利益	70	117	289	392	561	709
合計	799	1,256	1,578	1,995	2,854	4,464

出所：中国保険年鑑編輯部（2001）『1981-1997　中国保険年鑑』より筆者作成。

表 5-6　国内業務復活期（1980 年～1985 年）の経営指標

(単位：百万元)

	1980 年	1981 年	1982 年	1983 年	1984 年	1985 年
正味収入保険料	642	943	1,139	1,447	2,002	3,201
発生保険金	496	733	676	880	1,303	2,362
正味損害率	77.3 %	77.7 %	59.4 %	60.8 %	65.1 %	73.8 %
正味事業費	112	148	236	267	407	560
正味収入保険料	642	943	1,139	1,447	2,002	3,201
正味事業費率	17.4 %	15.7 %	20.7 %	18.5 %	20.3 %	17.5 %
コンバインド・レシオ	94.7 %	93.4 %	80.1 %	79.3 %	85.4 %	91.3 %
投資収益	36	56	62	93	271	432
資産の部合計	1,048	1,452	2,244	2,807	3,467	4,746
総資産利回り	3.44 %	3.86 %	2.76 %	3.31 %	7.82 %	9.10 %

（注）　資料の制約により、既経過保険料は算出できない。そのため、正味損害率は、リトンインカードベイシス（written to incurred basis, W/I）となっている。
出所：筆者作成。

第2節　業務発展期（1986年～1991年）の経営戦略と経営状況

1. 業務発展期（1986年～1991年）の経営戦略

　国内業務復活期に続いて、業務発展期の経営戦略を、各年次の『中国保険年鑑』を手がかりに振り返ってみよう。

　第1に、PICCは会社を挙げて、人材育成に注力し始めた。たとえば、1986年3月には国家教育委員会の認可を得て、湖南省長沙市に中国保険管理幹部学院を設立し、幹部養成に着手した。同年7月には、中央テレビ大学と共同で、PICC在職幹部向けに保険学科を開設することになった。さらに、同年9月には中国保険学会と英国保険学会による協議の結果、北京にACII[1]テストセンターを設立することとなり、翌年4月には第1回目の試験が実施された。

　第2に、この時期には保険業界の枠組みに変化があり、PICCはそれに対応することを求められた。すなわち、1985年に「保険企業管理暫定条例」が施行されたのを受けて、1986年以降、新疆生産兵団農牧業保険公司・平安保険・交通銀行保険業務部が営業を開始した。その結果、国内における再保険手配の必要性が生じ、1988年にはPICCと平安保険および交通銀行保険業務部との間で再保険交換が実現した。

　1988年、国務院の委託を受けて、PICC内部に貿易保険[2]部が開設され、輸出を後押しする態勢が整えられた。中国政府はこの動きを推進するため、中央財政から貿易保険部用に1億ドルの資本金を支出した。

　1990年になると自動車保険の重要性がはっきりしてきた。同年の収保は41億元に達し、種目別構成比は約40％となった。自動車事故の増加に伴い、第3者賠償責任保険の義務化が議論され始めた。賠償責任保険付保と自動車検査（車検）との連動も図られるようになり、賠償責任保険が付保されていない車両は車検が通らないようになった。

2. 業務発展期（1986年～1991年）に実施された諸改革

この時期は、保険会社の多様化が実施されたため、PICCはそれに対応する諸改革を進めた。保険業における改革が本格化したと言えよう。その状況を以下で分析する。

まず、天津市分公司で行われた人事給与制度改革を振り返ってみよう。以下の資料の出所は、天津市地方志編修委員会（1999）『天津通志・保険志』である。

前段階とも言うべき1985年の給与制度改革では、各人の行政等級[3]に給与がリンクしていた「級別給与制」を廃止し、職務給を主体とする「構成給与制」を採用することとなった。その構成要素は、基本給・職務給・年功手当・奨励給の4つであった。

1986年の給与制度改革においては、専門技術員の給与を改定することとなり、276名がその対象となった。1人当たりの平均昇給月額は、6.57元だった。同年から、特別昇格枠は職員数の1‰に制限された。

奨励給（ボーナス）については、1983年から制度が導入され、年間ボーナスは月給与2か月分以下とされた。1985年には、「構成給与（基本給・職務給・年功手当・奨励給）」の1.5か月分とされた。1986年には、1.5か月分に加えて、さらに1.5か月分を支給してよいとされ、増加分については、分公司が統一的に配分してよいことになった。そこで、天津ではいくつかの指標（1人当たり実収保険料の対前年伸び率、1人当たり平均費用、自動車保険損害率）を用いて、増加分（1.5か月分）をどの組織に配分するかを決定した。

具体的な手順は次のとおりだった。すなわち、1人当たり実収保険料のトップに50ポイントを与え、順位が1位下がる毎にそこから3.5ポイントを引いていく。1人当たり平均費用のトップに30ポイントを与え、順位が1位下がる毎にそこから2ポイント引いていく。自動車損害率が最も低いものに20ポイントを与え、順位が1位下がる毎にそこから1.5ポイント引いていく。このようにして、合計ポイントが高い組織にボーナスが多く渡され、結果として個人間の支給額にも差が出るようになった。

第Ⅱ部　保険会社の経営に現れた開放と改革の具体像

　1987年には、ボーナスの平均支給額は給与の3か月分となった。やはり、考課ポイント制が採用され、収入保険料（40ポイント）、自動車保険損害率（20ポイント）、支出費用（20ポイント）、利益率（20ポイント）によって、各組織のランク付けが実施された。これらのボーナス以外にも「経営管理ボーナス」や「外貨獲得ボーナス」などの制度が導入され、天津市分公司内の各組織による競争が促進された。

　天津のボーナスに関する競争制度導入において、具体的な指標を3つ定め、それを組み合わせたところが画期的であった。日本の損害保険会社においても、同種の取り組みが行われたが、それは1998年の保険料自由化前後のことだった。PICCは、同業他社との競争を見越して、1986年から個人へのインセンティブ供与によって、競争力強化を図ろうとしたものと思われる。

　続いて、河北省分公司の例を見てみよう。以下の資料の出所は、河北省保険志編纂委員会（1990）『河北省保険志』である。

　1987年、政治体制改革の深化にともない、河北省では石家庄と衡水を除く9つの中心支公司において、幹部職務任命制を幹部職務聘任制へ変更するテストを実施した。聘任期間は、1〜3年であり、任期中の目標を定めた。期間満了後、人事考課を行い、有能なものは残り、劣ったものはその任を解かれた。同年、全省で処級幹部4名、科級幹部23名、股長（係長）51名を聘任した。

　1988年3月、PICC総公司の意見に基づき、河北省分公司は石家庄中心支公司を経理（マネージャー）責任制試行の対象部署とし、一定の自主権を与えた。石家庄中心支公司は、当該公司の科級以上の幹部・県支公司経理（マネージャー）および一般幹部全員について、聘任制を実施するとともに、幹部選抜の公開化に踏み切った。同年末までに、工会（労働組合）および党総支部・党支部で選挙あるいは任命制を継続する以外、その他の全部門において、公開・平等・民主・優秀者選抜の原則に基づき、聘任制を実行した。同年4月5日、河北省分公司は当該機関22名の処級幹部について、聘任制を実施したが、それは処級幹部全体の90％に達した。聘任期間は3年間だった。

河北省の幹部聘任制導入は、幹部選抜の公開化という点で意義があった。聘任契約書の中で到達すべき組織目標が明示され、その達成度合いを聘任期間満了後に測るという方法は、目標管理の手法としては、オーソドックスなものであった。

　最後に、上海分公司の状況を見てみよう。以下の資料の出所は、上海市保険学会・上海保険研究所『上海保険』1985年第5期である。

　1985年、PICC上海分公司は、「職位責任制」を導入した。同責任制は、「経理（マネージャー）責任制」「弁公室主任責任制」「科長責任制」「グループ長責任制」の4つに分かれていた。たとえば、「経理責任制」の具体的な内容は次のとおりだった。

第1項：上級の要求に基づき、当地の実態に合わせ、各科（係）室の意見を聴取した上で、年度業務計画を立案し、実施する。各種業務が、時間・量・質の面で計画通りに完成するよう積極的に仕事を進める。半期終了後、速やかに業務小括を行い、年度終了後には業務総括をする。

第2項：各方針や政策を真面目に貫徹し、関係規則を運用する。業務の推進状況を検査し、仕事の進み具合を把握する。業務上の困難や問題点の解決を援助する。業務全体に関する事柄については、直接的に関与し、処理する必要がある。営業推進モデルを作り上げ、経験交流の場を設営し、好業績の人物や優れた仕事の進め方を表彰する。

第3項：担当者の業務分担を合理的に行い、担当者の業務の質を考課する。仕事の質に関して、要求レベルに達していない場合や規則・制度・方針に違反する行為を発見した場合は、即座にそれを正す。
　　　　（第4項以下第7項まで省略）

　上記内容は、基本的に日本の会社の職務権限規定と変わらない。しかし、PICCにおいて、組織目標の設定とその推進ならびに結果チェックが行われ

るようになったことは、重要な改革であった。従前のように、単に下達された数値目標をこなすという状況とは根本的に異なる。ここでも、PICC は他社との競争に備えるため、人事制度の改革に努めていたということが分かる。

3. 業務発展期（1986 年～1991 年）の経営状況

まず、業務発展期（1986 年～1991 年）の業績概要は**表 5-7** のとおりである。

この時期は、収入保険料および当期純利益ともほぼ順調に伸びていた。1986 年には、PICC の独占状態に終止符が打たれたが、競争相手の営業地域や営業種目が限定されていたため、その影響は軽微であった。とはいえ、1991 年には、それまで順調に増えていた当期純利益が減益に転じたことから、競争の影響が表れ始めたと思われる。

次に、業務発展期について、前期と同様に経営指標を算出した結果は**表 5-8** のとおりである。

まず、損害率をみると、1991 年を除いて、安定して 60％台を維持しており、ベンチマークである日本の大手損保と比較しても、適正なアンダーライティングがなされていたと思われる。1991 年に損害率が急激に悪化した原因は、平安保険と太平洋保険の本格稼働により競争が激化し、料率水準が下がったたことおよび江蘇省や安徽省における大水害（支払保険金は 26.35 億元）など自然災害の多発であった。

事業費率は、保険料の伸びに伴って低下傾向にあり、経営効率が一層向上した。この時期においても、事業費率を押さえることが可能な顧客構造は変わらなかったので、一貫して保険本業で収益を挙げていた。

一方、総資産利回りは、1988 年のインフレ抑制策導入により、貸付等が厳しく制限された結果、1990 年まで低迷した。

年次的には一部であるが、この時期の種目別損害率を算出すると**表 5-9** のとおりである。

種目別損害率では、自動車が相対的に悪績であるものの、企業財産・貨物・その他種目（生命保険が太宗を占める）は良績であった。特に貨物保険

第 5 章　中国人民保険グループの発展戦略と経営状況

表 5-7　業務発展期の業績概要

(単位：百万元)

年次	収入保険料	収保伸び率	当期純利益
1986 年	5,038	157 %	1,015
1987 年	7,411	147 %	1,457
1988 年	10,033	135 %	1,762
1989 年	12,243	122 %	2,265
1990 年	14,760	121 %	3,157
1991 年	18,195	123 %	2,086

出所：中国保険年鑑編輯部（2001）『1981-1997　中国保険年鑑』より筆者作成。

表 5-8　業務発展期（1986 年～1991 年）の経営指標

(単位：百万元)

	1986 年	1987 年	1988 年	1989 年	1990 年	1991 年
正味収入保険料	5,038	7,411	10,033	12,243	14,765	18,195
発生保険金	3,456	4,948	6,539	7,963	9,229	15,173
正味損害率	**68.6 %**	**66.8 %**	**65.2 %**	**65.0 %**	**62.5 %**	**83.4 %**
正味事業費	899	1,318	1,437	1,719	2,066	2,153
正味収入保険料	5,038	7,411	10,033	12,243	14,765	18,195
正味事業費率	**17.8 %**	**17.8 %**	**14.3 %**	**14.0 %**	**14.0 %**	**11.8 %**
コンバインド・レシオ	**86.4 %**	**84.5 %**	**79.5 %**	**79.1 %**	**76.5 %**	**95.2 %**
投資収益	542	628	111	233	332	1,979
資産の部合計	6,636	9,733	13,692	17,414	23,842	35,158
総資産利回り	**8.17 %**	**6.45 %**	**0.81 %**	**1.34 %**	**1.39 %**	**5.63 %**

（注）　資料の制約により、既経過保険料は算出できない。そのため、正味損害率は、リトンインカードベイシス（written to incurred basis, W/I）となっている。
出所：筆者作成。

表 5-9　業務発展期（1989 年～1991 年）の種目別損害率

(単位：百万元、損害率%)

	収入保険料					支払保険金				
	企財	自保	貨物	他種	合計	企財	自保	貨物	他種	合計
1989 年	2,382	3,285	861	5,763	12,291	936	2,090	169	1,656	4,851
損害率						39.3	63.6	19.6	28.7	39.5
1990 年	2,785	4,095	1,370	7,326	15,576	979	2,304	280	3,267	6,830
損害率						35.2	56.3	20.4	44.6	43.8
1991 年	3,245	5,067	1,456	11,203	20,971	2,527	3,140	405	5,357	11,429
損害率						77.9	62.0	27.8	47.8	54.5

（注）　企財は企業財産を、自保は自動車を、他種はその他種目をさす。
出所：中国保険年鑑編輯部（2001）『1981-1997　中国保険年鑑』より筆者作成。

は安定して収益を残していたが、逆に言うと料率水準が高めに設定されていた可能性が高い。

第3節　競争激化期（1992年～1995年）の経営戦略と経営状況

1. 競争激化期（1992年～1995年）の経営戦略

第1に、PICCは自ら海外に打って出る戦略を採った。1992年に、上海でAIGが生損保の営業認可を得たことにより、中国保険市場が試験的に対外開放された。その状況下で、PICCは積極的に海外進出を図った。まず、1992年10月に香港において、中国保険有限公司・太平保険有限公司・中国人寿保険有限公司と合弁で、香港中国保険（集団）有限公司を設立した。同社は、持ち株会社として香港におけるPICCグループの生損保事業を統括することになった。1993年2月には、中国保険ホールディングスを英国に設立し、同年7月には中国保険（ルクセンブルグ）社を設立した。1994年1月には、PICC総経理の李裕民が大陸保険代表団を率いて、台湾を初めて訪問し、「海峡両岸保険学術討論会」に参加した。同年11月には、ニュージーランドで中国保険（ニュージーランド）社を設立した。このように矢継ぎ早に海外進出を実施し、保険事業の国際化を図ろうとした（中国保険年鑑編輯委員会、2001：148-151）。

第2に、国内では1995年に「保険法」が施行されたことから、同法に則って、PICCは生損保分離を実行するよう迫られた。その結果、同年10月、PICCは中国人民保険（集団）公司を持ち株会社とし、その傘下に中保財産保険有限責任公司（以下、中保財産と略称）・中保人寿保険有限責任公司（以下、中保人寿と略称）・中保再保険有限責任公司（以下、中保再保と略称）を持つグループ会社へと組織を改編した（中国保険年鑑編輯委員会、2001：148-151）。しかし、生損保分離は緒に就いたばかりであり、翌1996年から各地で徐々に中保財産と中保人寿への資産および人員の分割が進められた。

表 5-10 競争激化期の業績概要

(単位：百万元)

年次	収入保険料	収保伸び率	当期純利益
1992 年	23,807	131％	2,107
1993 年	31,153	131％	1,520
1994 年	37,810	121％	1,527
1995 年	45,365	120％	1,607

出所：中国保険年鑑編輯部（2001）『1981-1997 中国保険年鑑』より筆者作成。

2. 競争激化期（1992年～1995年）の経営状況

まず、競争激化期（1992年～1995年）の業績概要は**表5-10**のとおりである。

「開放と改革」の観点から見ると、この時期には、中国保険市場が対外開放され、それに対抗するかのように、PICCは海外進出を図った。海外進出戦略の適否は、以下の経営分析で明らかになるだろう。

この時期において、収入保険料の伸び率は高い状況を維持しており、保険市場全体の成長に合わせて、業績を伸ばしたと考えられる。また、当期純利益も堅調に推移しているように見えたが、それがアンダーライティングの良さを示していたのかどうかも以下で検討したい。

次に、前期と同様に競争激化期についても、経営指標を算出してみよう（**表5-11**）。

この期間においては、損害率の悪化が顕著だった。特に、1994年は著しい悪績であり、種目別損害率を分析することにより、その原因を知りたいところである。また、同年はそれまでほぼ10％台で安定していた事業費率が、突如倍増するという異常事態に陥った。同年の損益計算書を見ると、営業費用が前年の約3倍に達していた。このような状況を受けて、コンバインド・レシオは1994年と1995年に100％を超え、保険本業で赤字となった。表5-10によれば、両年とも当期純利益は堅調であるかのように見えていたが、実際には保険引受けで大幅な赤字を計上していたことが明らかになった。この結果を見る限り、PICCの海外進出戦略は同社にとって大きな重荷になったと考えられる。

第Ⅱ部　保険会社の経営に現れた開放と改革の具体像

表5-11　競争激化期（1992年～1995年）の経営指標

(単位：百万元)

	1992年	1993年	1994年	1995年
正味収入保険料	23,807	31,152	37,810	45,365
発生保険金	18,428	25,631	36,495	39,173
正味損害率	**77.4%**	**82.3%**	**96.5%**	**86.4%**
正味事業費	3,635	4,462	11,420	9,117
正味収入保険料	23,807	31,152	37,810	45,365
正味事業費率	**15.3%**	**14.3%**	**30.2%**	**20.1%**
コンバインド・レシオ	**92.7%**	**96.6%**	**126.7%**	**106.4%**
投資収益	1,266	1,637	13,072	6,398
資産の部合計	48,008	58,518	66,144	78,070
総資産利回り	**2.64%**	**2.80%**	**19.76%**	**8.20%**

（注）　資料の制約により、既経過保険料は算出できない。そのため、正味損害率は、リトンインカードベイシス（written to incurred basis, W/I）となっている。
出所：筆者作成。

　さらに、1994年の総資産利回りは、19.76％という異常値を示しており、赤字補填のため大規模な資産売却があった可能性を示唆している。
　一方、1994年の貸借対照表を見ると、資本金（政府資金）が前年の20億元から97.58億元に増加した。保険引受けが悪績だったことおよび海外進出による事業費著増によって財務体質が悪化したため、大規模な資本注入が行われたと推測される。
　続いて、この時期の種目別損害率を算出してみよう。理由は不明ながら、1994年以降のデータが開示されていない。判明している限りの資料から作表した結果は**表5-12**のとおりである。
　1992年と1993年のトレンドから、1994年以降も自動車保険が極めて悪績であったことが推定される。上記損害率はリトンペイドベーシス（W/P）の数字なので、保険料が伸びている時には、実態より低く出る（成績がよく見える）ことになる。その点も考慮すると、アーンドインカードベーシス（E/I）の自動車保険損害率は、80％を超える悪績だったと思われる。そのため、1994年と1995年のデータを開示しなかったのではなかろうか。

第5章　中国人民保険グループの発展戦略と経営状況

表 5-12　競争激化期（1992年～1995年）の種目別損害率

(単位：百万元、損害率%)

	収入保険料					支払保険金				
	企財	自保	貨物	他種	合計	企財	自保	貨物	他種	合計
1992年	4,005	6,979	1,427	21,104	33,515	2,253	4,570	461	8,629	15,913
損害率						56.3	65.5	32.3	40.9	47.5
1993年	4,237	8,926	1,726	30,793	45,682	2,312	6,541	626	15,997	25,476
損害率						54.6	73.3	36.3	52.0	55.8

（注）　企財は企業財産を、自保は自動車保険を、他種はその他種目をさす。
出所：中国保険年鑑編輯部（2001）『1981-1997　中国保険年鑑』より筆者作成。

　自動車保険が大きな問題を含んでいたことは、『中国保険年鑑』の記述にも表れていた。すなわち、「1994年10月8日、中国人民銀行上海市分行は、中国人民保険公司上海市分公司と太平洋保険公司上海分公司が、本市における自動車保険の料率および特約を調整することを認可した」との記載があった。これは、PICCと太平洋保険が、自動車保険において、共同で料率を引き上げ、成績改善を図ろうとしたことを示していた。

　競争激化期において、PICCは海外へ進出する戦略を採るとともに自動車保険でも太平洋と激しい競争を展開した。その結果、コンバインド・レシオの大幅な悪化を招き、保険本業で赤字に陥った。この時期のPICCの経営戦略は失敗に終わったと判断される。

第4節　生損保分離期（1996年～2000年）の経営戦略と経営状況

1. 生損保分離期（1996年～2000年）における損保の経営戦略

　第1に、大手損保としての総合力を充実させることに重点が置かれた。1996年、中保財産は中国人民保険（集団）公司の傘下で、資本金20億元をもってスタートした。会社としてのスローガンは、「人材を基礎とし、効率を求め、信用を重んじ、安定した経営を行う」ということだった。主要な引受け種目は、自動車保険・企業財産保険・家庭財産保険・船舶保険・貨物運送保険・航空保険・石油掘削リグ保険・原子力発電所保険・工事保険・貿易保険・農業保険および各種賠償責任保険となり、社会で必要とされる保険を

網羅した。同時に、新たなリスクの出現を見越して、新しい保険種目の開発にも邁進した。

第2に、組織の再編成が目指された。すなわち、1998年、中国保険監督管理委員会の発足に伴い、中国人民保険（集団）公司が発展的に解消された。中国人民保険（集団）公司傘下にあった中保財産は、中国人民保険公司のブランドを引き継ぎ、自らが保険グループ化を目指すこととなった。前年に着手した保険料見積りの規範化および事故処理と保険金査定を集中する体制構築を全社的に進めた。

2000年には、21世紀を迎えるにあたり、機構および人事制度を全面的に改革することとした。各部門の職能を再編成し、新たな職位責任制を定めた。具体的には、省レベル分公司の内部部門の機構を13％削減し、職員を23％減員した。その結果、全社レベルでは8,000人の人員削減となった。

2. 生損保分離期（1996年～2000年）の損保経営指標

まず、生損保分離期（1996年～2000年）の損保業績概要を見ると**表5-13**のとおりである。

「開放と改革」の観点からみると、この時期には、生損保分離という大改革が実施された。北京の本店から、省級分公司・市級分公司に至るまで、全国のPICC組織が分割された。当然、資産や会計帳簿の分割も行われたので、そこに注がれたエネルギーは莫大なものだった。時間的にも、完全分離には数年を要した。

表5-13　生損保分離期損保業績概要

(単位：百万元)

年次	収入保険料	収保伸び率	当期純利益
1996年	35,087		483
1997年	38,014	108％	1,773
1998年	43,565	115％	854
1999年	44,281	101％	1,431
2000年	46,824	106％	764

出所：各年次の『中国保険年鑑』より筆者作成。

その結果、この時期の損保業績は伸び悩んだと言わざるを得ない。収入保険料は、ほぼ横ばいであり、マーケット・シェアは低下し続けた。もっとも、監督官庁（1998年までは中国人民銀行、その後は中国保険監督管理委員会）から、中保財産（1998年以降は中国人民保険）のマーケット・シェアは高すぎるとの指摘を受けていたことから、その行政指導に従ったという側面もあったと考えられる。

次に、前期と同様に生損保分離期における損保の経営指標を算出すると、**表5-14**のとおりである。

まず、損害率を見ると、年次を追って漸減傾向にあり、ほぼ適正なアンダーライティングがなされていた。種目構成比が60％前後を占める自動車保険における諸施策（保険料見積りを規範化し、事故処理と保険金査定を集中する体制の構築）が、効果を発揮したと思われる。事業費率も30％前後にコントロールされていた。その結果、コンバインド・レシオは100％以下であり、保険本業で収益を残していた。保険料規模はそれほど拡大しなかったが、収益を確保するという面では、抜かりがなかったと言えよう。保険引受けでは、前期の戦略の誤りを挽回しつつあった。

表5-14 生損保分離期（1996年～2000年）の損保経営指標

（単位：百万元）

	1996年	1997年	1998年	1999年	2000年
既経過保険料	29,896	29,773	34,830	35,243	36,143
発生保険金	21,366	17,936	21,340	19,953	20,477
正味損害率	**71.5％**	**60.2％**	**61.3％**	**56.6％**	**56.7％**
正味事業費	8,244	10,642	10,205	10,806	12,083
正味収入保険料	29,361	30,099	34,777	35,620	36,803
正味事業費率	**28.1％**	**35.4％**	**29.3％**	**30.3％**	**32.8％**
コンバインド・レシオ	**99.5％**	**95.6％**	**90.6％**	**87.0％**	**89.5％**
投資収益	189	157	74	-45	-69
資産の部合計	40,740	45,884	48,018	46,667	48,954
総資産利回り	**0.46％**	**0.34％**	**0.15％**	**-0.10％**	**-0.14％**

出所：筆者作成。

一方、総資産利回りは一貫して低調であり、1999 年と 2000 年はマイナスとなった。資産運用にはほとんど意を用いていなかったと考えられる。

3. 生損保分離期（1996 年～2000 年）における生保の経営戦略

　PICC の生保部門は、もともと募集経費がほとんどかからない団体契約に重点を置いていたので、代理人扱いの個人契約の比重は大変低かった。一方、1992 年に市場参入した AIG は、大量に代理人を育成し、個人の生保市場を新規開拓することによって、目覚ましい成果を上げていた。平安保険もそれに倣い、業績を伸ばしつつあった。

　上記状況を踏まえ、この時期の戦略は、第 1 に販売網の構築を図ることだった。1996 年に中保人寿が成立したのち、上海での実験を総括した結果、全社を挙げて代理人による募集を展開することとなった。まずは、全国の大都市において、代理人を養成し、併せて経済が発展している市町村への進出も図った。1996 年 12 月には、全国で 300 カ所に上る個人代理店の拠点を開設し、個人代理人の人数は 6 万人となった。個人代理人経由の収保は、11 億元を超えた。1997 年の年初、中保人寿は「緑色工程計画」の第 1 部である「霹靂行動」を始動した。これは、元旦から春節（旧正月）までの消費活動が盛り上がる 45 日間において、営業キャンペーンを実施するものだった。その間の収保は 8.8 億元に上り、計画を超過達成した。

　このように、中保人寿は、従来の企業単位および県や村単位の団体保険募集から、個人代理人による個人契約獲得へ大きく戦略を転換した。そこで用いられた営業手法は、個人代理店人の競争を促進するための「キャンペーン方式」だった。

　第 2 に、事業環境の変化に対応して、新商品を開発した。1998 年、銀行の預金金利引き下げに伴う生保予定利率引き下げによって、生保の金融商品としての魅力は薄れた。このような事業環境下で、中保人寿は新商品である「利差配当保険」を発売した。この商品は、運用成績が予定利率を上回った場合にのみ配当を支払うものであり、死差益と費差益は無配当となる。その分、保険料を低めに設定できるようになった。同時に、収益性が低い団体年

第 5 章　中国人民保険グループの発展戦略と経営状況

表 5-15　生損保分離期（1996 年～2000 年）の生保経営指標

(単位：百万元)

	1996 年	1997 年	1998 年	1999 年	2000 年
(収益)					
収入保険料	19,227	39,438	53,992	60,747	65,164
受再保険料			2		1
減）出再保険料	715	987			
その他業務収益	3,073	3,638	3,135	2,753	2,724
未経過責任準備金戻入			2,032	2,358	2,701
生保責任準備金戻入			62,672	82,864	111,792
未払保険金準備金戻入			522	669	643
(費用)					
支払保険金	1,931	2,416	2,895	3,168	3,537
解約返戻金および給付	9,237	15,133	18,771	16,659	17,783
受再保険金			391	393	264
減）出再保険金回収	386	483			
手数料	765	927	8,398	7,718	7,248
受再手数料					
減）出再手数料	175	272			
業務費用等	3,187	9,366	5,248	6,589	6,457
未経過責任準備金繰入			2,358	2,701	2,965
生保責任準備金繰入			82,795	111,796	143,894
未払保険金準備金繰入	257	93	669	643	621
保険保障基金繰入	31	385	335	54	59
営業税および付加税	130	265	527	394	464
営業利益			-32	-724	-266
投資収益	165	368	702	1,338	1,473
営業外収益			12	13	66
減）営業外費用			189	122	354
前年度損益調整			-33	-4	11
税前当期純利益			460	501	931
減）所得税			8	21	11
少数株主収益					-4
当期純利益	184	82	452	480	923
経常利益	6,562	14,416	669	614	1,207

出所：各年次の『中国保険年鑑』より筆者作成。

金業務や地方独自の業務を大幅に圧縮した。

第3に、組織改革と人事制度改革に着手した。1999年6月10日、利差損（逆ざや）の拡大を憂慮したCIRCは、高予定利率商品の売り止めを指示した。このような状況下、中国人寿は、地方支店の合併を推進し、内部の管理コスト削減を図った。

2000年には人事制度改革を試みた。たとえば、人事考課最下位の者は退職する制度を導入したり、非正規社員の中から優秀者を選抜して幹部社員に登用したり、早期退職制度を導入したりした。同年、国務院は大規模金融機関に対して、監事（監査役）を複数名派遣する制度を開始した。中国人寿にも李殿君主席監事他が派遣され、経営上の問題点把握とそれに対する有効な解決策具申が行われた。さらに、省レベル支店の総経理11名を入れ替えたことにより、支店トップの若年化と専門化が進んだ。

4. 生損保分離期（1996年～2000年）の生保経営指標

生損保分離期の生保経営指標を算出すると**表5-15**のとおりである。

経常利益を見ると、1996年と1997年は異常値を示していた。特に1997年は、収入保険料が倍増したため、経常利益が著増する形となった。その一方で、1996年と1997年は、「生保責任準備金」と「未経過責任準備金」を積んでいなかったため、経常利益が正しく算出できないような決算内容になっていた。

1998年以降は、正常な決算になったと思われる。中国人寿（1998年までは中保人寿）は、1998年以降、安定的に期間収益を挙げていた。

第5節　グループ会社化推進期（2001年～2006年）の経営戦略と経営状況

1. グループ会社化推進期（2001年～2006年）における損保の経営戦略

第1に、グループ会社化が図られた。2003年に持ち株会社であるPICCホールディングが設立され、その傘下に中国人民財産保険股份有限公司（以下、人保財産と略称）と中国人保資産管理有限公司（以下、人保資産と略称）が

設立された。2003年11月には、人保財産の株式を香港証券取引所に上場した。上場に際しては、AIG社が戦略的パートナーとして、株式の9.9％を保有し、商品開発で協力することになった。

その後、2005年までに、医療保険会社1社・保険ブローカー会社3社・生命保険会社1社が、PICCホールディング傘下に設立され、総合保険グループとしての組織編成が整った。医療保険会社設立に際しては、ドイツの医療保険専門会社DKV（Deutsche Krankenversicherung Aktiengesellschaft）社から、生命保険会社設立に際しては、住友生命保険から、それぞれ出資を仰ぐとともに、専門家90名（そのうち、高級管理者は15名）の派遣を受けて会社を立ち上げた。

上記組織編成のうち、医療保険会社設立は、中国政府の医療制度改革に沿った形で、都市の中下層住民および農民層に廉価な医療保険を提供するために行われた。保険ブローカー会社3社は、グループとしての販売力を強化するために設立された。華北・華中・華南を各自の主な担当地域として、営業を開始した。

第2に、自動車保険の収益性を向上するための措置が採られた。まず、2002年に自動車保険の料率自由化が試行されるのに伴い、保険契約者1人1人の要望に合わせたオーダーメイドの保険を提供できるように、約款と料率表を整備した。事故処理については、保険契約地以外の場所で事故が発生しても、その地で処理が完結できるように社内のITシステムを整備した。その結果、人保財産が香港で上場した際の公約である「上場後2年以内（2005年）に自動車保険の損害率を78％以下に抑える」という目標を達成した。また、2005年末までに、自動車保険の保険金支払いに要する期間を、従来に比べて29.8％短縮した。

第3に、人事制度を改革した。まず、2001年に「行政級別」によって給与額を決めていた制度を廃止し、「管理級別」に従って給与を決定することとした。同時に、収保規模が3億元以上かつ1人当たり収入保険料および利潤が、全国および省内平均を超えた基層分支公司の地位を高め、そこの管理職の待遇を引き上げた。人事考課制度について、利潤を中心に考課を行うこ

ととした。具体的には、ある組織の利潤・ポストの重要性・ポストの責任の重さに給与が連動するようにした。また、職位についても、考課結果によって上下する制度を導入し、解雇もありうることになった。

2. グループ会社化推進期（2001年〜2006年）の損保経営指標

まず、グループ会社化推進期（2001年〜2006年）の損保業績概要を示すと**表5-16**のとおりである。

この時期に関して、「開放と改革」の視点から損保事業を振り返ると、「グループ会社化」が大きな改革であった。しかも、その実行過程において、海外から各事業分野の有力な専門会社を合弁パートナーの形で招き入れた。「開放と改革」が全面的に展開されたと考えられる。

一方業績面では、全体として収入保険料の伸びが緩慢であり、PICC（2003年以降は人保財産）は、マーケット・シェアを落とし続けた。2004年は、収入保険料が相対的に高い伸びを示したように見えるが、当期純利益は大幅な赤字であった。その後も、当期純利益は10億元を下回る状況が続いており、損保の収益性は低迷した。その主たる原因は、2003年に全国レベルで進められた自動車保険料の自由化であった。

次に、この時期の損保経営指標を、財務諸表から算出すると**表5-17**のとおりである。

まず、損害率を見ると、決算数字の整合性が欠けている2001年を除くと、各年次とも70％前後とやや悪績となっている。恐らく、種目構成比が最大である自動車保険の料率自由化により成績が悪化したものと思われる。

事業費率については、2004年以降、これまた急速に悪化した。この間、手数料の伸びは大きくないので、主に物件費や人件費などの業務費用が増加したことが原因だった。

上記の結果、コンバインド・レシオは2004年以降ほぼ100％となり、保険本業で赤字すれすれの状況が続いていた。上述のとおり自動車保険を中心に様々な戦略が採られたが、それが引受け成績の根本的な改善にはつながらなかった。総資産利回りは、2004年以降回復傾向にあった。

第5章 中国人民保険グループの発展戦略と経営状況

表5-16 グループ会社化推進期損保業績概要

(単位:百万元)

年次	収入保険料	収保伸び率	当期純利益
2001年	50,735	108%	1,527
2002年	54,080	107%	22
2003年	58,074	107%	1,258
2004年	65,578	113%	-495
2005年	65,898	100%	848
2006年	71,299	108%	376

出所:各年次の『中国保険年鑑』より筆者作成。

表5-17 グループ会社化推進期(2001年~2006年)の損保経営指標

(単位:百万元)

	2001年	2002年	2003年	2004年	2005年	2006年
既経過保険料	37,817	53,321	54,642	54,209	53,384	55,615
発生保険金	20,358	40,077	40,133	38,906	36,327	38,980
正味損害率	**53.8%**	**75.2%**	**73.4%**	**71.8%**	**68.0%**	**70.1%**
正味事業費	16,714	12,340	13,087	15,730	15,696	17,920
正味収入保険料	39,297	54,093	58,085	56,301	53,440	61,036
正味事業費率	**42.5%**	**22.8%**	**22.5%**	**27.9%**	**29.4%**	**29.4%**
コンバインド・レシオ	**96.3%**	**98.0%**	**95.9%**	**99.7%**	**97.4%**	**99.5%**
投資収益	25	-68	677	249	1,069	2,492
資産の部合計	52,593	64,877	76,217	77,365	79,627	88,230
総資産利回り	**0.05%**	**-0.10%**	**0.89%**	**0.32%**	**1.34%**	**2.82%**

出所:筆者作成。

次に、この時期の種目別損害率を算出すると**表5-18**のとおりである。

表5-18に示されたように、公表された統計資料からは2003年と2004年のデータが欠落している。同様の現象は、競争激化期の1994年と1995年にも発生していた。いずれの年次も自動車保険が極めて悪績だったと推定される。上述のとおり、2003年のIPO(新規株式公開)の際に「2005年までに自動車保険の損害率を78%以下に抑える」という公約をしていたことから、2003年および2004年の損害率は78%を超えていたが、どの程度の悪績だったかは不明である。

表5-18　グループ会社化推進期（2001年～2006年）の種目別損害率

(単位：百万元、損害率%)

	収入保険料					支払保険金				
	企財	自保	貨物	他種	合計	企財	自保	貨物	他種	合計
2001年	9,709	31,472	3,137	6,417	50,735	4,827	17,000	1,245	2,887	25,959
損害率						49.7	54.0	39.7	45.0	51.2
2002年	9,685	33,516	3,153	8,587	54,941	4,885	19,977	1,227	3,532	29,622
損害率						50.4	59.6	38.9	41.1	53.9
2005年	8,628	44,505	2,802	10,028	65,963	5,403	28,243	1,209	4,663	39,518
損害率						62.6	63.5	43.1	46.5	59.9
2006年	8,147	49,861	2,774	10,612	71,394	5,554	30,442	1,136	5,334	42,476
損害率						68.3	61.1	41.0	50.3	59.5

(注)　企財は企業財産を、自保は自動車を、他種はその他種目をさす。
出所：各年次の『中国保険年鑑』より筆者作成。

3. グループ会社化推進期（2001年～2006年）における生保の経営戦略

　この時期の戦略は、第1に組織改革によるグループ化だった。2003年にグループ化を開始し、まずホールディングカンパニー（中国人寿保険（集団）公司、以下中国人寿集団と略称）とその傘下の生保事業会社（中国人寿保険股份有限公司、以下中国人寿と略称）を設立し、その後、資産管理会社・損保事業会社・年金事業会社を立ち上げた。

　前述のように、旧中国人寿は利差損（逆ざや）を抱えていたので、それを長期的に解決するため、1999年6月以前に引受けた予定利率の高い契約を、ホールディングカンパニーへ残すことによって、新中国人寿は利差損がない身軽な保険会社になった。グループ化直後の2003年12月に、新中国人寿はニューヨークと香港で株式を上場し、34.8億ドルを調達した。これは、同年における世界最大のIPO（新規株式公開）であった。同社のソルベンシー・マージン比率は、従来の280％から570％へ著増し、経営の安定性が向上した。

　ここで注意すべきなのは、調達金額の巨大さではなく、むしろ売り出された株式が全株式のわずか27.8％に過ぎなかったという点である。中国人寿集団の持ち株比率は100％から72.2％に低下したものの、上場後も圧倒的な支配力を保持したままであったことに留意する必要がある。中国人寿が、株式

上場によって巨額の資金調達をした後も、国有主体の企業であるということに根本的な変化はなかった。

ただし、上場企業となったことで、中国人寿は米国および香港の金融当局の指導・監督を受ける立場になった。同社は経営の透明性を向上させざるを得なくなり、海外における株式上場が、コーポレートガバナンス構築を進める契機にもなった。たとえば、2003年にニューヨーク市場に上場後、中国人寿の不正な資金操作が明らかになった際、米国で株主代表訴訟が提起された。その結果、同社は内部管理体制を強化するよう迫られた。

第2に、中国人寿の営業戦略は大都市をターゲットとする都市重視型であり、かつ保険料規模を追求する規模拡大型であった。具体的には、全国で75（2003年には80へ拡大）の大都市を選び、そこへ経営資源を集中的に投入した。たとえば、2002年の営業目標は、「収入保険料1,000億元を達成し、（Fortune誌の：筆者補足）世界500社の仲間入りをしよう」ということであり、規模拡大を目指し、利益向上を志向してはいなかった。これらの戦略に伴い、大都市分公司の給与総額と経費配分を連動させるといった制度が採られた。加えて、年功序列的な給与制度が崩され、職務給が導入された。

第3に、資産運用戦略については、従来の地方分散型運用が改められ、資金が本店へ集中された。具体的には、運用資産の本店への集中率は2000年には47％であったが、それが2001年には66％となり、2002年には88％まで高まった。自らの手元資金を引きはがされた支店幹部は不満を持ったと思われるが、それは「幹部の若返りと専門化推進」をスローガンとして進められた支店幹部の世代交代によって、抑え込まれたと推測される。

1980年代から90年代にかけては、資本市場が未発達であったため、資金を本店へ集中したとしても、運用手段がなかった。それゆえ、各地方の分公司が、地方で供給が不足していたサービスや財を生産するプロジェクトへ投融資を実施し、結果として地方の経済建設に保険資金が使用されることになった。2000年代になると株式市場も一定の規模となり、国債や社債などの発行量も増加したので、資金を本店に集中して、それを一括運用するメリットが出てきた。

機関投資家として本店で集中運用を行った結果、中国人寿は中国銀行・中国工商銀行・中国建設銀行・招商銀行・大秦鉄道・中信証券・広東発展銀行・南方電網といった国有を主体とする大企業の筆頭株主あるいは大株主となった。中国政府は中国人寿を活用して、国有を主体とする上記大企業に対する支配を維持した。

第4に商品戦略としては、分紅保険[4]を販売した。2001年には、分紅保険の収入保険料が164億元に達し、全収保における構成比は47％となった。分紅保険は、貯蓄性を高めた生保商品であり、株式市場の下降局面においても人気商品となった。

4. グループ会社化推進期（2001年～2006年）の生保経営指標

この時期の生保経営指標を示すと**表5-19**のとおりである。

中国人寿は2003年に海外でIPO（新規株式公開）を実施し、287億元という巨額の資金を手にした。その1部を資産運用に投入した結果、投資収益は2002年の22億元から2004年には106億元へ増加し、2006年には308億元となった。これは、運用資金を地方の支店から本店に集中するという投資戦略の転換の成果でもあった。

この間、生保市場全体の拡大に伴い、収入保険料も順調に伸びた結果、各種責任準備金を積み増すことになり、営業利益は赤字を計上し続けた。それを投資収益で補ったことにより、経常利益は安定的に拡大した。上記成果は、1999年6月以前の利差損が発生していた保険契約を切り離し、中国人寿集団へ集約したことにより達成できた。

それでは、中国人寿集団の成績はどうだったのだろうか。旧中国人寿と中国人寿集団の2002年と2003年の貸借対照表を比較すると、2003年には資産が1,559億元増加した。増加分の太宗は、現金預金（1,149億元増）と投資（292億元増）が占めた。このことから、中国人寿集団はおそらく中央政府から、1,000億元規模の資本注入を受けたと推定される。中国人寿がIPOによって調達した資金が、中国人寿集団へ流れたか否かは分からない。

その結果、中国人寿集団は2003年以降、毎年大幅な営業赤字（年間40億

表 5-19 グループ会社化推進期（2001年～2006年）の生保経営指標

(単位：百万元)

	2001年	2002年	2004年	2005年	2006年
（収益）					
収入保険料	81,313	128,781	149,983	160,949	183,843
受再保険料	1	2	4	4	4
減）出再保険料			1,182	1,327	1,167
その他業務収益	4,497	6,427	1,772	1,675	1,788
未経過責任準備金戻入	2,965	3,241	4,774	4,937	5,007
生保責任準備金戻入	143,978	185,964	225,658	329,255	428,621
長期責任準備金戻入			1,164	1,915	2,549
未払保険金準備金戻入	621	693	778	986	929
（費用）					
支払保険金	4,614	5,092	6,065	6,258	5,788
解約返戻金および給付	22,748	21,943	23,107	38,208	48,729
受再保険金	-236	135			6
手数料	8,773	10,165	12,077	12,666	14,648
受再手数料			2	1	2
業務費用等	8,007	11,033	9,558	10,347	12,236
未経過責任準備金繰入	3,241	3,650	4,937	5,007	5,483
生保責任準備金繰入	185,962	272,573	329,101	428,290	540,567
長期責任準備金繰入			1,915	2,549	3,617
未払保険金準備金繰入	693	703	986	929	1,676
保険保障基金繰入	64	73	96	327	360
営業税および付加税	509	316	237	212	495
営業利益	-1,101	-575	-6,901	-8,075	-13,821
投資収益	2,461	2,219	10,632	16,538	30,845
減）投資費用			21	145	436
減）契約者配当			2,291	4,200	8,361
営業外収益	126	95	19	13	27
減）営業外費用	815	845	52	46	118
前年度損益調整	74	-77			
税前当期純利益	746	817	3,157	5,760	9,924
減）所得税	3	12	186	246	231
減）少数株主収益	-12	-11	52	58	92
当期純利益	756	815	2,919	5,456	9,601
経常利益	1,461	1,644	6,253	10,772	19,880

（注）　2003年はグループ化のため半期決算となったので省略した。
出所：各年次の『中国保険年鑑』より筆者作成。

元から 300 億元レベル）を計上する一方、それを投資収益で補い、当期利益を確保するという決算構造となった。同社に集積された旧中国人寿の利差損を、毎年の投資収益で穴埋めしていることになる。

おわりに

本章では、PICC を題材として、中国保険業に現れた開放と改革の具体像を検討した。

「国内業務復活期（1980 年～1985 年）」においては、損保中心の発展が志向され、収保も順調に伸びた。この時期の PICC の強みは、事業費率の圧倒的な低さであった。ただし、戦略面および経営状況のいずれにも、改革の兆しはほとんど見られなかった。

「業務発展期（1986 年～1991 年）」においては、人材育成に注力し、保険会社の多様化に対応しようとした。支店において人事給与制度面での改革が行われ、業績にリンクした給与体系が導入された。「幹部聘任制」や「職位責任制」などの新しい仕組みが試行され、定着した。この時期には、改革が始動し、深化したことが分かる。また、自動車保険の種目構成比が高まりつつあったことを受けて、その引受けを巡り、保険会社間の競争が激化した。そのため、1991 年には事業成績が悪化する兆しが表れた。

「競争激化期（1992 年～1995 年）」においては、中国保険市場の対外開放に反発するかのように、PICC は海外進出を図った。しかし、この戦略は、PICC にとって会社収益上の重荷となった。この時期には、保険法の制定に促され、生損保分離に着手した。さらに、自動車保険の競争が一層激化し、1994 年には損害率と事業費率が大幅に悪化した。そのため、PICC は資産を売却するとともに、政府から資本注入を受けた可能性が高い。1994 年と 1995 年は、保険本業で赤字となった。「開放」に押される中で、生損保分離という大きな「改革」を進めざるを得なかった PICC は、自動車保険の競争激化により苦境に立たされた。

「生損保分離期（1996 年～2000 年）」においては、グループ化が推進された。

第 5 章　中国人民保険グループの発展戦略と経営状況

PICC は、中国人民保険グループ・中国人寿グループ・中国再保険グループ・中国保険（香港）グループに分かれた。中国人民保険では、損害率が改善し、事業費率もコントロールされたため、保険本業で黒字となった。中国人寿保険では、個人代理人を大量に育成することにより、団体保険から個人保険へ引受け対象の転換が図られた。この間、個人契約は大幅に伸長したが、銀行金利の低下に保険契約の予定利率引き下げが追いつかなかったため、生保契約における利差損（逆ざや）が拡大した。

「グループ会社化推進期（2001 年〜2006 年）」においては、中国人民保険グループと中国人寿グループ内に、関連会社が 5 社および 3 社設立され、それぞれがグループ内に損保と生保の事業会社およびブローカーなどを有する保険コングロマリットとなった。中国人民保険は、2003 年の自動車保険料自由化の影響を受け、2004 年に創業以来初めて、当期純利益が赤字となった。中国人寿は、利差損のある契約を中国人寿集団に集約した後、海外で IPO（新規株式公開）を実施し、巨額の資金を調達した。その資金に支店から引き揚げた運用資産を加えて、大型国有企業の株式購入に充てた。その結果、中国人寿は有力企業の大株主となり、安定的な配当収入を期待できるようになった。同時に、中国人寿は中央政府の機能の一部を代行する形で、これらの有力企業の経営を監視できる立場に立った。

PICC グループの戦略と経営状況を「開放と改革」の視点から通観すると、まず、1986 年頃から保険会社の多様化に備えるため、諸制度の改革が開始された。当時、支店の人事制度を競争的なものに変えるという方向性は、当を得たものだった。資産運用は地方主導で進められ、不良債権が残ったと推測されるものの、一定程度地方建設に寄与したことも確かだった。しかし、1992 年の市場開放に対して、逆に海外へ打って出るという戦略を採用した結果、コストが嵩んだ。それに加えて国内では、大きく成長しつつあった自動車保険の競争激化によって、さらに収益が悪化した。

1996 年以降、会社の収益は持ち直し、重要な改革である生損保分離に着手した。この段階で、PICC は損保・生保・再保険・海外の 4 グループに分かれ、各グループがそれぞれ内部に損保会社・生保会社・資産管理会社・医

療保険会社・年金保険会社などを抱える保険コングロマリットとなった。各事業領域を比較すると、生保（中国人寿）のパフォーマンスが優れた結果を残しており、特に海外における株式上場を通じた資金調達および資産運用を本社に一本化した戦略が功を奏した。

　PICCグループは、保険会社の多様化という「改革」に対しては、比較的周到に準備を行い、うまく切り抜けた。しかし、保険市場の「開放」については、対応を誤り、業績を悪化させた。その後、生損保分離という重大な「改革」に際しては、生保戦略を重視することによって、成長を果たした。その陰にあって、損保事業は振るわなかった。そこでPICCに立ちはだかったのは、中国平安保険グループであった。次章では、同グループの戦略と経営状況を見てゆく。

注
1）　英国における保険の職業資格の一つであるAssociateship Chartered Insurance Instituteの略。
2）　通常の海上リスクを担保する保険ではなく、プラント輸出などにおいて、輸入国の政情不安等による船積不可能リスクや代金回収不能リスクなどを担保する保険。
3）　1級から24級まである行政ランク。13級以上が高級幹部で、局長クラス以上の役職に就いた。14級から17級は中級幹部で、課長クラスの役職に就いた。18級以下は一般の公務員であった。この行政ランクに給与がリンクしていた（藤堂、1985：832-833）。
4）　配当付き保険。払い込み保険料の運用について、保険会社と保険契約者が責任を分担するもの。

第5章補論　PICCにおける縦横の管理ライン

　本補論では、現代中国に特有の「縦の管理ライン（国務院各部による系列下部組織への指導・管理）」と「横の管理ライン（地方党政機関による当該地域所在の各種組織に対する指導・管理）」が、保険会社の中でどのように作用していたのかを探りたい。

第1節　PICCと党および政府との領導関係

　本節では、国有保険会社であったPICCの特殊性に鑑み、同社が党および政府からどのような領導を受けていたのかを振り返ることによって、縦横の管理ライン（条々塊々）の基本状況を確認したい。

　まず、PICC成立初期の領導関係を財政部の通知（「財政部関於人民保険公司各地分支機構領導関係的通知　1952年6月13日」）から読み取ってみよう（中国社会科学院・中央檔案館、2000：521-522）。

　第1に、領導関係については、「PICC総公司（本店）は、財政部が直接領導する。大行政区区公司および省、市分公司は上級公司および当地の財政部門から二重の領導を受ける。専区（省と県の間に位置する行政区画）中心支公司と県支公司は上級公司と当地政府の二重の領導を受ける」とされた。

　第2に、具体的な業務分担に関しては、「①業務方針、計画任務の決定および各種制度（業務に関する規則・手順、保険料率、財務会計制度を含む）の制定および変更については、公司が垂直的に領導するとともに、各級財政部門あるいは政府が監督執行の責任を担い、併せて意見を述べる。②一切の行政管理、供給および給与の支払い基準、業務関連の具体的な手配りとその監督執行、職員の学習教育およびその他の政治生活については、各地の財政部門あるいは政府が領導する」とされた。

第Ⅱ部　保険会社の経営に現れた開放と改革の具体像

　第3に、幹部の異動と財務管理については、「①専門家を養成するため、各級分支機構の幹部は、できる限り異動させない。もし異動が必要な場合は、必ず上級公司の同意を得ること。②保険資金の集中運用および保険金支払い制度との特殊な関係に鑑み、財務管理は総公司が集中してこれを行い、分散的な管理は行わない」とされた。

　このように、設立初期において、PICC総公司は財政部の領導を受け、地方分公司は総公司および地方政府からの二重の領導を受けていた。業務方針等については、縦の業務系統（PICC総公司-省分公司-市分公司）による領導が主であり、横（地方党政組織-PICC分公司）からチェックが入る態勢だった。行政管理については、横からの領導を受けた。

　幹部の異動については、異動しないことが基本とされる特殊な状況だった。通常、保険会社において、資産運用部門やアクチュアリー部門など高度な専門知識と経験を必要とする部門では、専門性の維持向上のため人事異動が少ない。しかし、会社全体で人事異動がないというのは、組織の士気を維持する上で、大きな障害になったと思われる。

　続いて、この時期の地方における領導関係について、河北省を例として振り返ってみよう（河北省保険志編纂委員会、1990：250-252）。1950年、PICC河北省分公司はPICC総公司と河北省人民政府の二重の領導を受けるが、業務上は総公司の領導を主とすることになった。職員の育成・教育・選抜・任免・賞罰・異動・職位決定などは地方党政組織の領導を受けた。人事面において、河北省分公司と各級基層公司の関係は領導関係ではなく、省分公司は報告書の提出や記録を残す手続きを通じて、基層職員の状況を知っておくということだった。河北省分公司の股長（係長）級以下の幹部の異動についても、必ず地方党委員会の許可が必要だった。

　このように、1950年代の地方支店においても、業務管理に関しては縦系列（PICC総公司-省分公司-市分公司）の領導を受けたが、人事管理については横（地方党政組織-PICC分公司）の領導を受けていた。

　次に、国内保険業務引受けが復活した1980年以降のPICC総公司の領導関係を見てみよう。1981年4月に、中国人民銀行から「保険公司管理体制に

第 5 章補論　PICC における縦横の管理ライン

関する通知」が出された結果、PICC は中国人民銀行の領導を受けつつも、独立採算制を採ることとなった。1983 年には、PICC の会社定款が定められ、生損保兼営の国営専業公司とされた。資本金は 5 億元となった（馬・施、1996：148-151）。同年 9 月には、国務院の認可を受けて、国務院直属の中央官庁局レベルの経済実体へ昇格し、1984 年 1 月から独立して業務を執行できるようになった（呉、2004：81）。同年、PICC は国務院直属の副部級経済実体[1]に昇格した（中国保険年鑑編輯委員会、2001：99）。

　国内業務復活期の地方の領導関係について、河北省を例として見てみよう（河北省保険志編纂委員会、1990：250-252）。1980 年 2 月 28 日、河北省分公司が正式に再建され、中国人民銀行河北省分行内の処級機構[2]となった。職員は、各級銀行から異動するとともに、1950 年代に PICC に勤務していた人々が呼び戻された。その結果、同年末には全省職員数は 225 名となり、省分公司には 28 名が配置された。その後の職員募集については、大学入試不合格の高校卒業生からの選抜や一般公募を実施した。一般公募では、党政機関職員や全民所有制企業職員を優先し、35 歳未満で高校卒業程度の学力を持つものを採用した。会計・統計・外国語など専門能力を持つ者に対しては、年齢制限を適宜緩和した。また、大学や高等専門学校の卒業生を入社させるとともに、解放軍出身者も重点的に採用した。

　その後、各級の中国人民銀行は、保険公司職員の檔案（人事ファイル）を同級の保険公司へ移管した。中国人民銀行河北省分行は、PICC 河北省分公司の副処級（副部長・次長レベル）および正科級（課長レベル）ならびに一般幹部の檔案と PICC 中心支公司正副経理（マネージャー）および科級ならびに県支公司経理の檔案を PICC 河北省分公司へ移管した。

　1984 年以降、PICC 河北省分公司は、人事について分級管理を実施した。すなわち、河北省分公司の副処級幹部および中心支公司正副経理と正科級ならびに県支公司経理の任免については、当該地域党委員会の同意を得て、省分公司がそれを実施した。中心支公司の副科級幹部と県支公司副経理ならびに正副股長（係長）の任免については、中心支公司がこれを行い、省分公司へ報告した。職員の賞罰についても、上記の管理権限に基づいて実施した。

昇格や公職からの解職処分については、当該地域の党委員会の同意を得た後、省分公司の審議を経て、許可された。このように、1984年以降、地方の人事管理の権限は地方の人民銀行から PICC 分公司へ委譲された。

以上の状況から、PICC においては、業務上の領導は縦の系列（PICC 総公司 - PICC 省分公司 - PICC 市分公司）に従って行われ、人事上あるいは行政上の領導は横の系列（地方の党政機関 - PICC 分公司）によって行われたと言えよう。

何故、このような状況になったのかを考えてみると、その理由は次のとおりであろう。まず、業務上の領導（たとえば、保険約款の制定や保険料率の制定・改変など）は、総公司（本店）で集中的に審議し、決定された内容を、主に文書で下部組織に徹底させることが可能であろう。一方、人事上あるいは行政上の領導（たとえば、人事考課を行い、給与水準やその他の待遇を決定すること）は、一片の通達で行うことはできず、現場近くできめ細かく実情を観察し、決定する必要があるので、横の系列による領導が適していたためであろう。また、その前提として、中国共産党の人事システムそのものが、いわば「属地主義」的側面を色濃く持っており、その地域の重要な人事は当該地域の党組織部が行っているためである。

第2節　資産運用から見た PICC の領導関係

保険会社にとって資産運用業務は、保険引受け業務と並ぶ本来業務の2本柱の1つである。本節では、この重要業務を題材として、PICC における縦の系列と横の系列の関係を分析したい。

資産運用業務について、劉仁伍（2008）によれば、「1980年から1987年までは、保険市場は PICC の独占体制下にあり、業務量も限られていたことから、資産運用の必要性がなかった。また、中国人民銀行の規定により、保険会社は資金を銀行に預金することしか許されず、これ以外に資産運用の道はなかった（劉、2008：346）」とされたが、実態はそうではなかった。

1984年、国務院国発（1984）151号文件の精神に基づき、中国人民銀行の

同意を経て、保険公司の資産に関する自主運用の問題は、最終的に解決を見た（宋、1985：15）。同文件によって、保険資金（各種保険準備金の総称）は直接投資に用いてよいとされた。これは PICC の歴史上初めてのことであり、保険会社経営管理上の重大な改革の1つであった。具体的には、「保険資金は先進設備の輸入や技術改造に用いてもよいし、その地域に必要なサービス業に用いてもよい。若干の不動産投資を行ってもよい」とされた（宋、1985：14-16）。

上記国務院国発（1984）151号文件が出された前後の数年において、PICC の地方分公司は着々と資産運用を試行し、その後本格的に同業務を展開した。以下、江蘇省・安徽省・河北省および江蘇省淮陰市を例に挙げて、具体的な状況を検討する。

①江蘇省

1980年、江蘇省分公司は、総公司の同意を得て、保険資金の運用を試行した。当時は、専門の運用機関を設置しなかったので、経理室（支店長室）が直接運用を担当した。1982年、中国人民銀行総行からの「暫くは自主運用を行わない」という指示を受け入れ、省分公司は資金運用規模を拡大せず、そのままに据え置いた（江蘇省地方志編纂委員会、1998：251）。

1984年、PICC 総公司は、江蘇省が資産運用を試行することに同意した。1985年3月、国務院は「保険企業管理暫定条例」を公布し、保険企業が資産運用を行ってよい旨規定した。省分公司は、この規定により、すぐに江蘇省宏達投資有限公司（以下、宏達投資と略称）の設立に取り掛かった。同年5月、宏達投資は中国人民銀行の認可を得て、投資や貸付業務を始めた。宏達投資は、PICC 江蘇省分公司の直属企業であり、独立採算制を採ることとした。資本金は4,000万元であり、損害保険準備金から拠出した。その金額は同年の省総準備金と損害保険の未経過責任準備金[3]の総和の50％に相当した。同社は、中国保険史上、最初に設立された保険資金運用の専門会社であった（江蘇省地方志編纂委員会、1998：251）。

1985年、江蘇省人民銀行の同意を得て、生命保険業務を行う市レベルの

分支公司において、生保資金の運用を開始した。1986年6月および9月に、江蘇省人民銀行の認可を得て、PICC常州市分公司と無錫市分公司がそれぞれ出資して、常州市宏達投資公司と無錫市宏達投資公司を設立した（江蘇省地方志編纂委員会、1998：251）。

1987年2月、PICC江蘇省分公司は投資処を設立し、江蘇省宏達投資公司と合同で業務を行うこととした。投資処と宏達は2枚の看板だが、中味は1つだった。彼らが、江蘇省全省の保険資金運用の責任を負った。同年、南京・蘇州・揚州でも市レベルの宏達投資公司が設立された。

1989年10月、PICC総公司の通知により、常州・無錫・南京・蘇州・揚州・南通の宏達投資は業務を停止した。1990年2月、保険資金運用の管理を強化するため、江蘇省分公司は、投資処を投資部に改めた。投資部が全省の保険資金の資産運用に責任を負うと同時に、宏達投資公司の資金運用業務も引き継いだ。同年11月、江蘇省宏達投資公司は解散し、その業務を投資部へ移管した（江蘇省地方志編纂委員会、1998：252）。

ところで、江蘇省における資産運用規定の変遷は次の通りだった。

1980年の資産運用試行時においては、資産運用に関する専門家もいなかったので、資産の安全性を確保するため、銀行の信託部門に資金運用を委託する形を取った。投資するプロジェクトは、保険公司と銀行信託部門が協議の上選択し、投資リスクは銀行信託部門が負った。利息の受け取り方法は、次の2通りだった。第1は、保険公司が利息全額を受け取り、銀行信託部門に一定の手数料を支払う方式である。第2は、預金金利より高いが貸出金利より低い金利水準を合議の上で設定し、その設定金利相当分を保険公司が受け取り、残額を銀行信託部門が受領するという方式である。投資プロジェクトの選択においては、地方による先進設備導入案件、交通インフラ案件および有力な郷鎮企業案件を優先することとした（江蘇省地方志編纂委員会、1998：252）。「利息の受け取り方法」という表現から分かる通り、この方式は元本保証の運用であった。

1985年、江蘇省宏達投資有限公司設立後、銀行の信託部門に資産運用を委託する形式を改め、自ら運用を行うこととした。保険資金の特殊性に鑑み、

第5章補論　PICC における縦横の管理ライン

「安全、短期、小額、高効（効率がよいこと）、分散」という10文字の方針で臨んだ。具体的には、「大小のプロジェクトを対象とするが、小プロジェクトを主とする」「長期短期とも対象とするが、短期を主とする」「投資と貸付を対象とするが、貸付を主とする」ということにした。

投資期間が長く、投資金額が大きいプロジェクトについては、江蘇省宏達投資が直接担当者を派遣し、調査・商談に当たることになった。一般のプロジェクトについては、市県の保険分支公司が一次審査を経て、上級公司へ推薦し、最終的には江蘇省宏達投資が審査の上認可することにした（江蘇省地方志編纂委員会、1998：252）。

投資リスクを減らすため、固定資産プロジェクトについては、第1にプロジェクトそのものが認可されているか否か、第2にフィージビリティーと収益性はどうか、第3にプロジェクト実施に必要な外貨と人民元資金の調達状況はどうか、第4に貸付金の返済に関する保証状況はどうかという4点を審査した。

流動資金の貸付については、第1に企業の生産と販売状況および資金回転率ならびに製品の経済効果はどうか、第2に企業の銀行からの借り入れ状況および資金の回収ならびに支払い状況はどうか、第3に企業の返済能力と担保先の信用度はどうかの3点を審査した（江蘇省地方志編纂委員会、1998：253）。

1985年6月、PICC 江蘇省分公司は生命保険の資金運用について、次のように規定した。すなわち、養老保険・簡易生保など貯蓄性生保については、当該年度の実収保険料の70％を、団体生保および保険期間が1年以内の生保種目については、当該年度の実収保険料の25％を資産運用に充てることとした。しかしながら、同年第4四半期において、政府によるマクロ経済調整と通貨流通量のコントロールのため、各分支公司における生保資金の運用を停止した（江蘇省地方志編纂委員会、1998：253）。

1986年2月、省人民銀行の認可を得て、生保の運用資金については、各地の信貸計画に含めることによって、各地で認可された信貸計画指標の範囲内で運用を継続できるようになった。省分公司は、その後、貸付期間を半年

以内とし、利息収入は即時に保険基金口座へ入金することなどを指示した。さらに、保険資金の流用を禁止するとともに、貸付承認の権限については、1件について30万元以下の場合、市分公司が権限を有し、それ以上については、必ず省分公司の認可が必要である旨定めた。県級の分支公司は、貸付権限を有さないこととした。同年7月の会議で、省分公司は、短期生保の資産運用割合を実収保険料の25％から50％へ引き上げた（江蘇省地方志編纂委員会、1998：253）。

1987年4月、PICC江蘇省分公司は「保険資金運用暫定管理弁法」を制定し、投資処を設立した。投資処は、全省の保険資金管理に責任を負うことになった。各市には、投資科が設立され、市レベルの投資に責任を負った。県支公司では、特定の人を資産運用責任者に指定した。各市分公司では、条件が整ったところから、投資公司を設立し、独立採算制を実施した。投資公司の年間業務計画は、当該市の信貸計画に組み入れられた。資産運用額は、損害保険準備金の30～50％に加えて、長期生保責任準備金と当年度実収保険料の50～70％とされた。投資および貸付の方針は、「投資金額が小さく、早く収益が上がり、収益金額が大きいプロジェクトを選ぶ」ということだった（江蘇省地方志編纂委員会、1998：253-254）。

1990年3月、PICC総公司は「中国人民保険公司資金運用管理暫定弁法」を制定した。同弁法によれば、資産運用方針は、国の産業政策に沿ったものでなければならず、投資対象プロジェクトは、主にエネルギー・交通・原材料・輸出振興および生活必需品製造とされた。資産運用権限は、市級公司まで与えられ、県級公司には付与されなかった。同年6月には、再度、貸付の審査権限を市級公司へ集中し、県級公司には権限を与えない旨、江蘇省分公司から通知した（江蘇省地方志編纂委員会、1998：254-255）。

上記のように江蘇省においては、改革開放初期の1980年から資産運用が試行された。1984年に総公司から正式な運用認可を得たのちには、省内各地で保険資金運用会社が設立され、「安全、短期、小額、高効（効率がよいこと）、分散」をスローガンとして、積極的な運用がなされた。宏達投資設立など、新しいことを始める際には地方主導で進んだ。一方、資産運用停止

表5補-1　PICC江蘇省分公司資産運用状況

(単位：万元)

年次	資産運用合計額	大型個別投融資先	投融資金額	備考（利潤など）
1980	2,200	常州針織内衣廠	200	370
		無錫江南航運公司	120	70
1981	1,784	張家港市客車廠	600	
		南京電視機廠	700	
1982	運用停止			
1983	運用停止			
1984	2,157			
1985	5,037	徐州宏達賓館	200	徐州市招待所と合弁
		江蘇省展覧館	1,000	
		南通中華園飯店	200	名門ホテル改造資金
				同年、市県公司も生保資金936万元で投融資実施
1986	15,564	江蘇省租賃公司	200	省初のリース会社
		西郊賓館	100	省初農民投資ホテル
		3県発電所	400	沙州県、呉県、呉江
		常州電銲条廠	100	
		如東酒廠	150	780
		射陽静電植絨廠	40	200
		太倉宏達熱電廠	1,300	
1987	26,780	常熟第2・第4熱電廠	200	
		西郊賓館	200	
		太倉化肥廠	100	
		南京塑料廠	150	
		南京五金家電工業公司	200	
		華東電子管廠	200	
		常州電銲条廠	200	
		無錫電化廠	200	
		無錫第一棉織廠	190	
1988	36,415	南京太平路招待所	100	
		昆山宏達皮件廠	100	
		西郊賓館	200	
		張家港西張乳胶廠	154	
		呉県北橋第二毛紡廠	150	
		南京市木材公司	400	
		常州宏達大酒家	300	
		常州電銲条廠	140	
		無錫市食品公司	500	
1989	29,673			国のマクロ調整により、投資抑制
1990	28,010	常州圧縮機廠	500	総公司より2億8000万元の枠を指示された。収益率は12％だった
		南京東方化工有限公司	500	
		西郊賓館	600	
		無錫興鋼鉄聯合公司	500	

出所：江蘇省地方志編纂委員会（1998）：255-258 より筆者作成。

などの物事をやめる措置は、中央のマクロコントロールという形で、中央主導で行われた。具体的な運用状況を**表5補-1**として掲げる。

表5補-1によれば、本格運用開始後の1985年は、投資回収期間が短いと判断されたホテルプロジェクトに重点が置かれた。その後は、産業振興に必要な発電所プロジェクトや化学肥料・プラスチック・家電など供給不足が深刻だった分野へ投融資が行われた。全体として、投融資額は1件当たり1,000万元以下に抑えられていた。PICC総公司は、毎年、投融資の総枠を示すのみで、具体的な投融資先の選択は江蘇省分公司以下に任されていた。

②安徽省

次に安徽省の状況を見てみよう。

1985年6月、安徽省の観光開発政策に添う形で、PICC省公司は同省で最初の中外合弁によるホテル（花渓飯店）建設を計画した。このプロジェクトには、省分公司に加えて、PICC総公司、香港中保集団投資有限公司、PICC上海分公司も参画した。省分公司は、324万元投資したが、それは資本金額1,200万元の27％を占めた。その後も、1987年に400万元を長期融資した。花渓飯店は1990年6月に完成し、内外からの宿泊客が絶えなかったため、比較的良好な社会的な利益と経済的な利益を収めた（安徽省保険志編纂委員会、1998：212）。

花渓飯店のケースは、地方における資産運用の1つの典型例と考えられるので、その進展状況を少し詳しく見ていきたい。花渓飯店は、有名な景勝地である安徽省黄山の麓に建設された。PICCグループにとっては、最初の外国人向けホテルであった。

1984年10月、PICC総公司の元董事長であった宋国華が安徽省の視察に訪れた。その際、宋は同行した安徽省分公司副総経理の王逢慶と協議し、黄山にPICC社員向けの招待所を建設してはどうかという話になった。また、PICCの海外機構は、旅行や休暇の機会が多いことに鑑み、このプロジェクトに参画してもらうことになった。建設場所は黄山市屯渓区とし、具体化するに当たっての責任者には、PICC屯渓支公司経理の呉光海を任命した（安

第 5 章補論　PICC における縦横の管理ライン

徽省保険志編纂委員会、1998：214-215）。

　1985 年 3 月、PICC 総公司の宋国華、PICC 元董事で香港中保集団代表の朱元仁、上海分公司副総経理の何静芝、安徽省分公司の王逢慶が会談した結果、香港中保集団が投資することにより、花渓飯店を外資系企業とし、外資向け優遇策を活用することが決まった。その後、取締役の選任を経て、出資額も決まった。それぞれの出資額（出資割合）は、PICC 総公司 140 万元（28％）、安徽省分公司 135 万元（27％）、香港中保集団 125 万元（25％）、上海分公司 100 万元（20％）で、合計 500 万元となった（安徽省保険志編纂委員会、1998：215）。

　同年 10 月、安徽省外経委に花渓飯店設立を申請した。内外合弁によるホテル建設は省にとって初めてのケースだったため、審査に時間が掛かり、建設認可を取得したのは、1986 年 6 月のことだった。建設を始めてみて、中高級ホテルを建設するには、500 万元では絶対的に資金が不足することが分かってきた。各種資機材のグレードを検証した結果、総投資額を 1,200 万元とすることにした。各投資者は、それぞれの出資割合を維持した（安徽省保険志編纂委員会、1998：215-216）。

　1987 年 4 月、花渓飯店建設工事の任務が重いことに鑑み、王逢慶を常務副董事長に選任し、建設工事を直接担当させることにした。1988 年、王逢慶は総経理兼務となり、呉光海は副総経理に招かれた。

　1990 年 6 月、花渓飯店は正式に開業した。これを機に経営陣も交代し、安徽省分公司総経理の戴蔵忠が董事長に就任した。総経理には呉光海が選任された。最終的な投入資金は、2,100 万元に達した。資本金を超過した部分は、安徽省分公司および銀行からの借り入れで賄った。1990 年の営業収入は 274 万元であり、減価償却費を除いたベースで収支が均衡した（安徽省保険志編纂委員会、1998：216）。

　安徽省の花渓飯店建設プロジェクトにおいては、省の観光振興という施策に沿う中で、PICC がグループを挙げて投資に取り組んだことが分かった。本プロジェクトの開始は、PICC の組織的決定によるというよりも、本支店トップ間の個人的な関係で決まった。税や資機材調達の面で優遇措置を受け

るために、海外（香港）のグループ会社も巻き込んで、プロジェクトを進めた。安徽省分公司の出資割合は 27％だったが、最終的には投資金額の過半を地元が負担した。

③河北省

次に河北省の例を見てみよう。

1985 年、PICC 河北省分公司は「保険資金投資管理試行弁法」を制定し、資産運用を行う場合、「運用期間が短く、資金の回転が速く、収益性が高い」プロジェクトを選ぶこととした。資産運用原資は、総準備金と未経過責任準備金で構成された。河北省分公司は総準備金を用い、中心支公司は未経過責任準備金を用いて、資産運用を行った。運用権限について、投資期間が 2 年以上で投資金額が 10～30 万元の場合、河北省分公司が認可権を持った。投資期間が 2 年未満で投資金額が 10 万元未満の場合、中心支公司が認可権限を有し、河北省分公司に報告することが求められた。県支公司は、資産運用の申請権のみを有し、認可権は持たなかった（河北省保険志編纂委員会、1990：293）。

1985 年 7 月、河北省保険部門による初の投資案件が実施された。それは、新楽県食品公司 500 トン冷蔵倉庫拡張プロジェクト、新楽県飼料公司飼料加工廠 3 ライン新設プロジェクトおよび新楽県牧畜場優良養鶏廠建設プロジェクトであり、総投資額（貸付金額）は 299 万元だった。内訳は、PICC 総公司 141.5 万元、河北省分公司 91 万元、石家庄中心支公司 66.5 万元だった。貸出利率は年利 6.48％（月利 5.4‰）だったが、翌年 2 月に 6.96％（月利 5.8‰）へ引き上げられた（河北省保険志編纂委員会、1990：293）。

1986 年、石家庄ブラウン管廠が白黒ブラウン管チューブ生産ラインを増設する際、河北省の第 7 次 5 ヶ年計画の重点プロジェクトに入っていたにもかかわらず、資金不足となった。そのため、河北省人民政府の斡旋により、PICC 河北省分公司が貸付を行うことになった。PICC 総公司の許可を得て、河北省分公司は保険総準備金 1,000 万元を貸付けることとし、増設を支援した。貸付契約書には、資金の流用を禁止する旨が規定され、もし違反した場

合には、通常の金利に加えて、流用金額の 30％を資金占用費として徴収することとした。貸付期間は 1 年で、年利 6.6％（月利 5.5‰）だった。本件の保証機関は、河北省計画経済委員会だった。1986 年末、技術改造や先進技術設備導入などへの貸付件数は 20 件に達し、貸付残高は 1,657 万元となった。保険資金は、地方経済建設を積極的に支援したといえるだろう（河北省保険志編纂委員会、1990：293-294）。

1987 年、中国人民銀行総行の許可を得て、河北省保険投資公司が設立された。同社は、PICC 河北省分公司の 100％子会社であり、独立採算制を採った。業務上は、中国人民銀行河北省分行の領導を受けつつ、全省の保険系統の資産運用業務を管理することとなった。同年 9 月、同社の最初の業務として、張家口市宣化ビール廠向けに 200 万元の貸付を実施した。その資金は、同廠のビール発酵タンク建設に用いられた。同年末、全省保険系統が実施した資産運用案件は 462 件となり、残高は 6,120 万元に達した（河北省保険志編纂委員会、1990：294）。

1988 年 2 月、PICC 河北省分公司は「河北省保険分公司投資貸付管理暫定弁法」を制定した。同弁法によれば、河北省保険投資公司と中心支公司が共同で対象プロジェクトを選定・管理し、投資比率によって、リスクと収益を分担することになった。生命保険準備金については、各中心支公司が独自に資金を運用し、そのリスクも彼らが負った。貸付期間については、流動資金は 6 か月以内、技術改造や先進技術設備導入は 3 年未満とした。貸付利息については、中国人民銀行の基準金利に 20％上乗せしてよいことになった。同年 9 月、中国人民銀行の規定により、河北省保険投資公司の貸付金利上乗せ幅が 30％に拡大された（河北省保険志編纂委員会、1990：294）。

1988 年 9 月 12 日、河北省保険投資公司は広州河北大厦有限公司向けに 250 万元投資し、株式の 10％を取得した。同社の董事長には、河北省人民政府秘書長の毛志君が就任し、PICC 河北省分公司副総経理任明経が副董事長になった。同年 10 月、全国で整理整頓工作が開始された後、新規貸付業務を一時的に停止した（河北省保険志編纂委員会、1990：294）。

同年末、河北省保険投資公司の累計投融資件数は 54 件となり、残高は

6,713万元で、総収入は353万元だった。全省の保険関係投融資は260件となり、残高は1億3,000万元だった。技術改造向けが全体の52.3％を占めた。投融資先は、全民所有制企業が73.2％、集団所有制企業が18.5％、郷鎮企業が5％、外資系企業が3.3％だった（河北省保険志編纂委員会、1990：294-295）。

　上記のように河北省においても、短期間に収益が上がるプロジェクトを選んで投融資が行われた。金利水準は、基準金利の20～30％増しとすることが認められた。投融資先は、ほとんどが国有企業であり、PICCは地方政府と一体となって業務を進めた。投融資先は省内が大多数を占めたが、省外への投資も行われた。

④江蘇省淮陰市

　最後に、江蘇省淮陰市の状況を見てみよう。

　PICC淮陰市分公司では、1986年から資産運用を開始した。開始時点では、種々の原因により、貸付業務について、手続きに則って審査を行い、貸し出しを実施するというわけには行かなかった。特に、企業の経営効率および返済能力に対する見通しが不十分であり、さらに政府からの干渉が多かった（淮陰市金融志編纂委員会、2006：422）。

　1986年には、67社に対して、541万元の融資を実施した。しかし、期限どおり返済されたのは、わずか217.7万元であり、回収率は40.2％だった。収受すべき利息は32万元だったが、実収利息は11.6万元であり、回収率は36.3％だった。

　1987年は、事前調査と貸付時調査を強化したにもかかわらず、167社へ942.1万元を融資したのに対して、わずか59社が333.3万元を返済したに過ぎなかった。同年末の未返済残高は、642.5万元に達し、未回収率は68.9％だった。また、実収利息は57万元であり、回収率は46％だった（淮陰市金融志編纂委員会、2006：422）。

　1988年、淮陰分公司は投資科を設置し、資金運用に関する考課および賞罰制度を制定した。同年は、1,764.3万元の融資を実施し、1,178.2万元回収

した。同年の未回収貸付額はわずか172万元であり、未回収率は11.3％だった。実収利息は220万元となり、回収率は64.7％となった（淮陰市金融志編纂委員会、2006：422）。

1989年、金融系統では整理整頓を行い、貸出規模を抑制することになった。保険部門は、中国人民銀行の文件の精神に則り、貸出を停止した。同年は、貸付元本および利息の回収を業務の中心としたが、結果は芳しくなかった。元本の回収額は372.9万元にとどまった。未回収貸付額は764.9万元となり、未回収率は66.3％だった。実収利息は88.2万元であり、回収率はわずか28.5％だった（淮陰市金融志編纂委員会、2006：422）。

1990年、16社に対して66.5万元を貸し出すにとどまった。金融機関向けに417万元のコールローンを実施した。同年の貸付回収額は549.9万元であり、利息収入は93.5万元となった。未回収貸付額は、前年の764.9万元から670.9万元へ減少した（淮陰市金融志編纂委員会、2006：422）。

上記の経験を総括すると、資産運用開始時に、「短期・小額・分散」という指導思想の影響を受け、貸付は分散すればするほどよいという誤った認識を持ったことが問題だった。小額貸付の相手先は、郷鎮企業・個人請負企業・個人企業であり、これらの多くは生産停止・倒産・転業に追い込まれた。特に、貸付を保険業務拡大に利用し、企業向け貸付金によって当該企業の保険料を賄うという現象が蔓延した。その結果、貸付元本400万元および回収すべき利息150万元が回収不能となった（淮陰市金融志編纂委員会、2006：422）。

淮陰市の状況を一覧表にすると**表5補-2**のとおりである。

表5補-2から5年間の平均満期後未回収率を算出すると69％となった。金額ベースで約7割が貸出（投資）期間満了時に、元本の返済がなされていなかった。特に、1986年と1990年は、未回収率が100％となっており、満期契約の全額が回収できないという異常事態だった。利息収入についても、平均実収率はわずかに41％であり、利息の6割近くが未収だった。

淮陰市においては、投融資を受けた企業側に返済能力や返済の意思がほとんどなかったと考えられるが、これは同市に特有の現象だったのだろうか。

表5補-2　PICC 淮陰市分公司の資産運用状況

(単位：万元)

年次	投融資		回収		満期後未回収		利息収入		
	件数	金額	件数	金額	金額	割合	約定	実収	実収率
1986年	67	541	25	218	323	100%	32	12	36%
1987年	167	942	59	333	643	69%	124	57	46%
1988年	216	1,764	131	1,178	172	11%	340	220	65%
1989年	1	9	55	373	765	66%	309	88	29%
1990年	16	66	89	550	671	100%	349	94	27%
合計	467	3,323	359	2,652			1,154	470	41%

出所：淮陰市金融志編纂委員会（2006）：428 より筆者作成。

　他地域では、投融資後の資金回収状況を確認できる資料が公開されていないため、状況を判断することはできない。とはいえ、1990年前後において国有企業間の債務のつけ回し（三角債）が一般的であったことを考えると、淮陰市と同様に他地域でも PICC 関連貸付の不良債権化や金利の回収不能が多発していた可能性がある。

　本節では、主に1980年から1990年頃の PICC 分公司の資産運用状況を見てきた。その結果、運用の主体は分公司および地方政府であったことが分かった。地方で供給が不足していたサービスや財を生み出すために保険資金が用いられた。この分野では、縦の業務系列の領導はほとんどなく、横の系列（地方党政組織 – PICC 分公司）の領導が強力だった。

第3節　決算および利益配分から見た PICC の縦の業務関係

　本節では、PICC 天津支店を例に挙げて、決算および利益配分の観点から、PICC の本支店関係を分析したい。本節で使用する資料は、天津市地方志編修委員会編（1999）『天津通志・保険志』である。

　PICC 社内における財務会計管理は、次の変遷を経た。すなわち、1980年から82年までは、総公司（本店）および省級分公司（支店）がそれぞれ決算を行う両級管理を実施した。83年から85年までは、本店が統一的に経営管理を行いつつ、本店・支店がそれぞれ準備金を積み、決算もそれぞれが行

う体制だった。

　1986年にPICCは体制改革を行い、天津支店は傘下の区県公司（支社）と帳簿を分け、分級管理を行いつつも、決算は支店レベルで統一した。1987年には、天津支店本体および傘下の支社全体をそれぞれ決算単位とし、損益を計算する制度を導入した。その際、支社の利潤留保額と経営実績を連動させるようにした。1988年から90年にかけて、天津支店は全国に先駆けて、3級決算（天津支店および傘下の支社を個別に決算単位とする独立採算制）を採用し、傘下の支社に経営自主権を付与して業務の活発化を図った。この制度改革により、経済効率は比較的大幅に増加した。

　生命保険の財務会計管理は、1980年から85年までは、国内損害保険に繰り入れる形で実施された。1985年以降は、生命保険独自で帳簿が作成され、決算も損害保険とは別に行われた。その際、本店・支店・支社による3級決算が実施された。

　事故発生時の保険金支払いに備える準備金について、1980年にPICC本店は、損害率を固定して準備金を積み立てる旨決定した。すなわち、収入保険料の50％が支払い保険金になると仮定し、当該年の損害率が50％に達しない時には、その剰余部分を支払準備金として積み増すこととした。もし、当該年の損害率が50％を超えた場合には、支払準備金を取り崩して保険金支払いに充当した。支払準備金を取り崩しても不足する場合、支店の保険基金（資本金に相当する基金）を充当した。それでも不足が出る場合、本店の保険基金を取り崩すこととした。

　1983年、財政部（1983）財商字86号文件の規定により、未経過責任準備金として、当該年の収入保険料の50％を積むことになった。加えて、利益の20％を総準備金として積み、総準備金の累計金額がある年の収入保険料を超過した場合、超過した部分は利潤として財政に上納することになった。

　1986年、PICC本店は、人保総公司保発447号文件により、各支店の国内業務総準備金の30％を本店の調整基金に繰り入れるよう通知した。加えて、毎年の決算後、増加した総準備金の30％を本店の調整基金に繰り入れることとした。1987年、各支店は国内業務の未経過責任準備金の10％を本店に

積むことになった。その後、毎年、差額を積み増し、常に未経過責任準備金の 10％が本店に積まれているようにした。

ところで、PICC における本支店間の利益配分は次の通りだった。1980 年には、支店の利益額が 500 万元以下の場合、利益額の 5％を留保することとし、500 万元を超えた部分については、その 2％を留保することにした。1982 年には、本支店間で利益の分配割合を本店 35％に対して、支店 65％とすることになった。1984 年には、給与総額が利潤留保の基数となり、天津支店の場合、留保率は 4％とされ、3 年間不変となった。1986 年には再度制度が改革され、基準となる留保率を 7％とする変動制となった。すなわち、天津支店の場合、合算比率（コンバインド・レシオ、支払い保険金＋費用支出／収入保険料×100）を 50％に設定する。それを超える場合、超過幅が 0.1〜2.5％であれば、留保率を 0.1％引き下げ、もし超過幅が 2.5〜5％であれば、留保率を 0.2％引き下げ、以下同様とすることになった。その結果、天津支店の利潤留保率は、1988 年：7％、1989 年：5.4％、1990 年：5.48％となった。

支店における利益（利潤留保あるいは企業基金）は、業務発展基金・職員福利基金・職員奨励基金で構成されていた。以下、それぞれについて、状況を確認する。

①業務発展基金

1980 年、PICC 本店の規定により、業務発展基金は業務効率を上げるための設備購入および従業員宿舎の修繕・建設に用いられることになった。1981 年、企業基金の 70％を業務発展基金とすることになった。その比率は、年によって変化し、1986 年：55％、1988 年：70％、1990 年：62％となった。

②職員福利基金

1981 年、利潤留保の 15％を職員福利基金に充当することになった。その比率は、年によって変化し、1986 年：20％、1987 年：12％、1990 年：20％となった。この基金は、PICC の福利施設の管理運営費に充当された。

第5章補論　PICCにおける縦横の管理ライン

③職員奨励基金

1981年、利潤留保の15％を職員奨励基金とすることになった。その比率は、年によって変化し、1986年：20％、1987年：18％となった。この基金は、ボーナスの支給原資であった。

決算および利益配分から、1980年代のPICCの縦の業務関係を見ると、次のことが分かった。第1に、本店と支店は、厳格な独立採算制を採っていたわけではないが、決算はそれぞれ独立して行い、準備金も本店と支店が個別に積んでいた。諸外国の保険会社と比較すると、支店の独立性が強い組織だった。

第2に、支店における利潤留保割合は、当初は固定されていたが、1986年以降、合算比率（コンバインド・レシオ）の良否によって変動することとなった。つまり、支店におけるアンダーライティング（引受物件に対する審査能力および引受条件・料率の設定）の結果と経費削減努力が、利潤留保率に直結する体制となった。支店側から見ると、自らの経営努力が職員の福利厚生制度充実やボーナス増額につながるので、アンダーライティング強化と経費削減が強いインセンティブとなったと思われる。

本補論では、保険会社におけるいくつかの業務を例として、縦の管理ライン（条々）と横の管理ライン（塊々）の関係を見てきた。そこで観察された事象をまとめると、保険引受け業務（アンダーライティング）に関して、縦の管理ラインの領導が強かったことを除けば、人事管理・資産運用・利益配分の各分野では、横の管理ラインの領導が強力だった。特に、人事管理と資産運用については、縦の管理ラインはほとんど作用しておらず、横の管理ラインが当該業務を統括していた。

日本はもとより、諸外国においても、通常、保険会社の基幹業務である「保険引受け」・「人事」・「財務」は本店が集中して行う。つまり、縦の管理ラインが圧倒的に強力なのが一般的である。ところが、中国では、たとえば、資産運用業務については、2002年頃まで横の管理ラインによって、業務が主導されていた。その理由は、①地方において、インフラ整備や財・サービ

スを生み出す産業育成に関して、膨大な資金需要があり、地方の保険業もそれに対応することを求められた　②仮に、本店に資金を集中したとしても、それを有効に運用するための資本市場や金融商品などの受け皿がなかったためだった。また、人事管理について、横の管理ラインが強力な理由は、中国共産党の人事システムそのものが、いわば「属地主義」的側面を色濃く持っており、その地域の重要な人事は当該地域の党組織部が行っているためである。

注
1)　トップが副部長（副大臣）レベルの組織。
2)　局より下で科より上の組織。部レベルの組織。
3)　当期末未経過保険料をさす。そもそも、未経過保険料には、当期末と前期末の2種類がある。そのうち、前期末未経過保険料とは、たとえば、前年の3月15日に締結された保険契約に関する保険料のうち、新年度である前年4月1日から満期となる当年3月15日までの期間に該当する保険料をさす。この部分の保険料は、前期において収入保険料から控除されているので、当期においてはこれを収入保険料に加算する必要がある。逆に、このような契約が当期でも発生しているので、それを当期末未経過保険料と認識して、収入保険料から控除することにより、当期の保険責任に対応する正確な保険料が計算できる。

第6章　中国平安保険グループの
　　　　発展戦略と経営状況

はじめに

　本章では、中国平安保険グループ（Ping An Insurance Company of China　以下、平安保険あるいは平安と略称）の発展戦略と経営状況の分析を通じて、そこに現れた「開放と改革」のあり方を探る。

　第3章で述べたとおり、1988年に創業した平安保険は、総経理の馬明哲が招商局董事長袁庚の力を借りて業務を開始した。創業当初は、出資者である中国工商銀行が、取引先に平安保険起用を働きかけるなど、支援を惜しまなかったという。そのお陰もあって、平安は比較的順調に業績を伸ばした。

　創業地が深圳であったことも平安には幸いした。むしろ、当時、いろいろと新しい事柄を試すことが許された深圳だったからこそ、創業できたと言った方がよいかも知れない。平安は経済特区である深圳に立地していた故に、全国から優秀な人材を集めることができたし、後に詳しく述べるように、外資導入も早期に実現することが可能だった。さらに、平安は海外からの人材獲得にも大変熱心であった。それが比較的容易だったのも、深圳に立地していたことを生かして、隣接の香港および台湾から各分野の専門家をリクルートすることができたからだった。これらの専門家たちは、海外では一般的に販売されているが中国には存在しなかった商品（たとえば、投資連結保険と称する変額保険）を中国市場に導入することによって、平安に競争優位をもたらした。

　平安グループの主要保険会社の概要（2011年12月末現在）は**表6-1**、**表6-2**のとおりである。

表6-1　中国平安人寿保険股份有限公司概要

社名	中国平安人寿保険股份有限公司
沿革	1988年創立の平安保険公司生保部門の後身。中国平安保険（集団）股份有限公司傘下の生命保険会社。
営業網	本店：深圳市。営業職員数：約48万7,000人
資本金	338億元
総資産	8,480億元
収入保険料	1,241億元、マーケット・シェア：13.0％

出所：中国平安保険（集団）HPより筆者作成。

表6-2　中国平安財産保険股份有限公司概要

社名	中国平安財産保険股份有限公司
沿革	1988年創立の平安保険公司損保部門の後身。中国平安保険（集団）股份有限公司傘下の損害保険会社。
営業網	本店：深圳市。営業拠点：約1,800カ所
資本金	170億元
総資産	1,086億元
収入保険料	833億元、マーケット・シェア：17.4％

出所：中国平安保険（集団）HPより筆者作成。

　平安保険は、上記のとおり1988年に馬明哲の主導によって設立された生損保兼営の株式制保険会社であった。設立時の出資者は、招商局蛇口工業区社会保険公司および中国工商銀行深圳分行信託投資公司であり、資本金は4,500万元だった。創業時の従業員はわずか13名であり、深圳のみで営業する保険会社としてスタートした。当初は損害保険を中心に引受けを行ったが、1994年以降、急速に生命保険への傾斜を強めた。1996年からは生保主体の保険会社となった。この間、金融コングロマリット化も追求された。2003年に至り、ようやく生損保分離を実現した。

　本章では、まず創業期（1988年～1992年）の経営戦略と経営状況を分析する。次に、コングロマリット志向期（1993年～1996年）において、生保に注力した経緯を振り返る。生保伸長期（1997年～2002年）において、マッキンゼー社の提案に基づく業務改革が、平安の経営にどのような影響を及ぼしたのかを検討する。続いて、生損保分離期（2003年～2006年）の経営戦略と経営状況を分析し、コングロマリット化の結果とバンクアシュアランス（銀行経由の保険販売）の問題点を探る。

なお、本章における資料の出所は、特に断らない限り、各年次の『中国保険年鑑』および1997年から2000年の『中国平安保険股份有限公司年報』である。

第1節　創業期（1988年～1992年）の経営戦略と経営状況

1．創業期（1988年～1992年）の経営戦略

平安は、深圳市内のみで営業することを許可された「区域性保険会社」として創業した。同社のこの時期の戦略は、第1に迅速に営業網を拡大することだった。創業年には、早くも海南分公司の設立認可を取得し、その後も、北京代表処・大連分公司・深圳分公司・天津代理処・広州代表処・広州分公司を矢継ぎ早に開設した。1992年4月には、アメリカのデラウェア州に平安保険（美国）有限公司を設立するに至った。1992年6月には、社名に中国の二文字を冠することが認められ[1]、営業地域も中国全土となった。

第2の戦略は、上記の初期投資にともなう資金不足を改善するため、出資者を広く募ることだった。1989年当時は、未だ中国国内には証券取引所が設立されていなかった。遼寧省瀋陽市や上海市で株式や債券の店頭取引が行われている程度であり、株式会社が出資者を募ることは一般的ではなかった。そのような時代において、平安保険は、1989年の董事会（取締役会）で出資者を広く募ることを決定し、中国遠洋運輸（集団）総公司および深圳市政府との打ち合わせを開始した。1989年9月に中国人民銀行より前者からの出資が認可され、1991年8月には深圳市財政局が出資することも認可された。それと同時に、平安保険の従業員持ち株会（平安職工合股基金）設立も認められ、従業員が出資することも可能となった。従業員持ち株会設立は、当時においては、1つの先進的な実験であった。

第3の戦略は、企業文化の創設を通じて、職員の求心力を高めることであった。1990年11月には、日本企業の朝礼にならい、「平安朝会制度」を開始した。毎朝決まった時刻に、職員が職場や社屋の前に集まり、社歌を斉唱し、「企業精神」と「サービス理念」を暗唱することとした。このようにし

て、精神の集中度を高めて、1日の業務を開始するようにした。企業文化の創設は、一見すると日本の企業であれば、どこでもやっていそうなことだが、この時期の中国企業としては、独自の取り組みだった。

　加えて、平安社内では社員の行動規範が、詳細に決められていた。たとえば、「出勤時には必ずワイシャツを着用し、ネクタイを締める」こととされていた。この規範は、夏は半袖シャツに半ズボンが普通の服装であった当時としては異例だった。また、微笑による応接・握手やお辞儀の仕方・顧客に対する時の立ち方・電話対応・敬語を中心とする言葉遣いなど10数項目が完全に規範化されていた（熊・高、2008：120-140）。地方の支店に対しては、行動規範が遵守されているか否かについて、本部から不定期に点検が実施された[2]。

　行動規範に則った立ち居振る舞いは、単に礼儀正しさを示すという効果を生むにとどまらなかったと考えられる。1988年前後の中国社会では、現在を基準にすると「がさつ」な振る舞いをする人が多かった。バスの乗降の際のマナーや商店・食堂での接客態度など、礼儀正しいとはとても言えない状況だった。そこで平安の社員が、行動規範どおりに礼儀正しく振舞ったとすれば、それだけで深い印象を顧客に残したと思われる。これは、立派な「差別化戦略」の一環であった。

　ところで、上記のような経営戦略を立案した創業者であり、かつ総経理（社長）でもある馬明哲とはどんな人物だったのだろうか。馬の略歴は次のとおりである。1955年生まれ、吉林省出身。人民解放軍にいた父親の転勤に伴い、広東省へ転入した。中学卒業後、広東省湛江市八甲水力発電所の労働者となった。その後、中国共産党湛江地区委員会工業交通政治部で通信員となった。1983年に深圳市蛇口工業区へ転勤し、同区総経理袁庚の専属運転手を務めるとともに、同区労働人事処自動車隊の隊長となった[3]。

　その後、馬は袁庚の信頼を得、同区社会保険公司へ転勤の機会をつかんだ。1988年には、前述のとおり、平安保険設立に漕ぎつけた。現職は、中国平安保険（集団）股份有限公司董事長兼CEO、全国政治協商会議委員である。

　馬は、マスコミのインタビューに対して、繰り返し次のような話をした。

すなわち、「中国の保険業は歴史が浅く、低いレベルから出発した。そのため、足の裏で石のありかを確認しながら、用心深く、河を渡る時間がない。もし、そこに橋があり、いくらかの通行料を支払えばよいのであれば、敢えて水の中を渡る必要はない。橋を渡る方が、リスクも少ないし、時間も節約できる[4]」この発言から窺えるのは、目的達成の時間を短縮できるのであれば、コストをかけてでも、積極的に社外あるいは国外から支援を受けるべきだという開放的な発想である。馬のこの考え方は、後述のとおり、各種の新機軸導入の際に、いかんなく発揮された。

2. 創業期（1988年～1992年）の経営状況

まず、この時期の財務諸表を見ると表6-3、表6-4のとおりであった。

表6-3 創業期（1988年～1992年）の貸借対照表

(単位：百万元)

	1988年	1989年	1990年	1991年	1992年
(資産の部)					
固定資産	2	2	5	73	132
長期投資	8	0	0	23	157
現金および銀行預金	5	18	13	50	206
未収保険料	0	2	4	11	23
その他未収金	0	0	0	0	0
出資	0	74	0	0	18
短期投資	0	0	0	0	0
その他資産	40	29	119	293	526
合計	54	124	142	451	1,062
(負債の部)					
保証金	0	0	0	0	0
未経過責任準備金	3	4	13	43	48
未払保険金準備金	0	0	0	6	110
生保責任準備金	0	0	0	0	86
その他負債	3	22	29	214	370
合計	6	26	42	263	614
(所有者権益)					
実収資本	45	80	84	125	234
総準備金	3	0	8	11	50
当期純利益	-1	14	8	31	124
その他権益	0	3	1	21	41
合計	47	97	100	188	448

出所：中国保険年鑑編輯部（2001）『1981-1997 中国保険年鑑』より筆者作成。

表6-4 創業期(1988年〜1992年)の損益計算書

(単位:百万元)

	1988年	1989年	1990年	1991年	1992年
(収益)					
収入保険料	5	20	44	111	257
未経過責任準備金戻入	0	1	5	13	21
未払保険金準備金戻入	0	0	0	3	7
生保責任準備金戻入	0	0	0	0	25
生保給付準備金戻入	0	0	0	0	0
利息	1	11	7	13	33
手数料	0	0	0	0	25
営業外収益	0	0	0	0	0
その他収益	1	12	43	79	234
合計	7	44	99	219	601
(費用)	0	0	0	0	0
支払保険金	0	12	38	45	84
満期返戻金	0	0	0	0	0
解約返戻金	0	0	0	0	7
営業税および付加税	0	1	1	2	7
営業費用	1	2	5	16	35
未経過責任準備金繰入	3	4	13	43	48
未払保険金準備金繰入	0	0	0	6	108
生保責任準備金繰入	0	0	0	1	86
その他支出	3	11	34	76	101
合計	7	30	91	189	476
当期純利益	−1	14	8	31	124

出所:中国保険年鑑編輯部(2001)『1981-1997 中国保険年鑑』より筆者作成。

表6-5 創業期(1988年〜1992年)における経営指標

(単位:百万元)

	1988年	1989年	1990年	1991年	1992年
既経過保険料	2	17	36	81	230
発生保険金	0	12	38	49	253
正味損害率	0%	70.6%	105.6%	60.5%	110.0%
正味事業費	1	3	6	18	42
正味収入保険料	5	20	44	111	257
正味事業費率	20.0%	15.0%	13.6%	16.2%	16.3%
コンバインド・レシオ	20.0%	85.6%	119.2%	76.7%	126.3%
投資収益	1	11	7	13	33
資産の部合計	54	124	142	451	1,062
総資産利回り	1.85%	8.87%	4.93%	2.88%	3.11%

出所:筆者作成。

上記の財務諸表を基にして、経営指標を算出すると**表6-5**のとおりである。

平安保険は、全くゼロからのスタートであった。創業期は既経過保険料規模も小さく、正味損害率から、経営の良し悪しを云々できるような状況ではなかった。その中で、正味事業費率の低さが特徴的であった。従業員13名の零細企業として出発した同社にとって、経費節減が当然の社是だった。また、運用手段が限られていた状況下で、投資収益の絶対額は小さいものの、総資産利回りは年平均4％程度を確保しており、日系大手損保対比で優良なレベルを保っていた。

第2節　コングロマリット志向期（1993年～1996年）の経営戦略と経営状況

1. コングロマリット志向期（1993年～1996年）の経営戦略

この時期の戦略は、第1に金融コングロマリット化を進めることだった。1995年の保険法制定に伴い、監督官庁である中国人民銀行は、平安保険に対しても、生損保分離を実施するよう指導した。これに対して、総経理の馬明哲は、「欧米の大手金融グループの趨勢を見るに、金融機関の進むべき方向は、コングロマリット化である」と考えた（陳、2009：124-125）。そのため、平安保険内部の職能部門を、損保・生保・証券・投資の4つに分け、それぞれを独立して管理する仕組みを作り上げた。1995年10月には、平安証券有限公司の設立認可を取得し、証券業務を開始した。1996年4月には、中国工商銀行珠江三角州金融信託聯合公司を買収し、平安信託投資公司に改名した。

第2の戦略は、生保事業の強化であった。1994年7月、平安は台湾の経験を学び、中国系保険会社として初めて、個人代理人による生保販売を始めた。それに先立つ1992年7月、総経理の馬明哲は台湾を訪問し、ある現象に気付いたという。すなわち、台湾では30年前に国泰人寿（生保）と富邦保険（損保）がほぼ同時に設立されたが、今では業績に大きな差がでていた。国泰は、保険料収入と利益の両方において、富邦の約10倍の規模であった。

馬は、国泰になぜこうなったのか教えを請うたところ、それは生保と損保の仕組みの違いであり、生保の規模は損保より遥かに大きいのが通常であるとの回答を得た。国際的に見ても同様の現象が見て取れるとの話だった。馬はそこから啓示を得た。馬が帰国後、平安は直ぐに生保への傾斜を強めた。1993年は、平安にとって生命保険の年と称された（陳、2009：55-57）。

　1994年、平安保険は黄宜庚（台湾南山人寿首席アンダーライター、国華人寿副総経理歴任）など台湾生保業界の上級管理職員を招き、座談会を開いた。黄は当時「大胆に予測すれば、3年後には大陸の生保保険料は損保を凌駕し、2000年には生保保険料は1,000億元に達するだろう」と述べた。生保の収保規模が200億元程度であった当時において、1,000億元というのは天文学的数字であった。その場にいた人々の中で、馬を除いてはそれを信じる人はほとんどいなかったし、腹を抱えて笑った人もいた。黄は馬に請われて、1996年に平安へ入社し、平安人寿副総経理、同総経理を歴任した。1995年に平安は台湾の国華人寿と業務協定を締結し、国華を営業顧問として生命保険業務強化に活用した（陳、2009：55-57）。

　第3の戦略は、外資との関係強化と海外進出推進であった。1993年12月、中国人民銀行は、モルガン・スタンレー（Morgan Stanley、アメリカの大手投資銀行、以下MSと略称）とゴールドマン・サックス（Goldman Sachs、アメリカの大手投資銀行、以下GSと略称）が、それぞれ摩氏実業発展（深圳）有限公司および広東国際信託投資公司を通じて、平安保険に出資することを認可した。

　海外進出の面では、平安保険公司ロンドン代表処・同シンガポール代表処を開設するとともに、香港に中国平安保険海外（ホールディング）有限公司を設立し、海外の諸機構を管理させる体制を整えた。

　ところで、MSとGSが出資するに至った経緯は次のとおりだった。1993年ごろ、平安保険の国内株主たちは、創業まもない同社への追加投資について消極的だった（陳、2009：57）。そこで、平安は外資からの出資を模索することにした。これは、保険業の対外開放が始まったばかりの当時としては、画期的なことだった。

平安保険副総経理の孫建一によれば、出資交渉当初において、平安はMSとのみ話をしていた。交渉を開始して6か月後、話し合いは暗礁に乗り上げた。その理由は、MS側が次の条件を出したためだった。すなわち、第1に公認会計士を招聘し、財務内容を透明化すること、第2に従業員持ち株会に対して、新規株式発行の際に価格を極端に低くしないこと、第3に平安の中高級管理職の給与を明らかにすること、第4に出資してから5年経過後、MSは平安の株式を売却してよいが、その時に平安が上場していない場合、平安は一定の金額で株式を買い戻すことという4条件を提示した（余、2008）。

これらの条件は、国際的なプライベート・エクイティー（private equity、未公開株投資）の場合、通常の条件であった。しかし、そのようなことに不慣れであった平安は、この条件をのむことはできなかった。それゆえ、平安はMSのライバルであるGSを出資交渉に引き入れ、条件交渉を有利に進めようとした。最初、平安はMSおよびGSと個別に交渉していたが、形勢不利を悟った外資側は、3社が同じテーブルで話し合うことを求めた（余、2008）。結局、1年ほどの交渉を経て、1993年12月17日にMSとGSは、それぞれ3,500万ドルを出資し、平安の株式を5.56％ずつ持つことを認可された（陳、2009：57）。

外資の出資は、平安に多くの変化をもたらした。たとえば、外資側の要請に基づき、平安はアンダーセン会計事務所（Arthur Andersen、米国の大手会計事務所）を財務顧問に招聘した。アンダーセンは200あまりの業務改善アドバイスを出し、平安に国際的な会計レベルとの差を思い知らせた。平安は、このアドバイスに基づき改善を進め、コーポレート・ガバナンスの水準が上がり始めた（余、2008）。アンダーセンによる会計指導も平安の決算レベル向上には、大変有効であった。また、PICCや太平洋保険に比べると、財務規律が厳しくなり、この面でも他社との差別化が進んだ。

2. コングロマリット志向期（1993年～1996年）の経営状況

まず、この時期の業績概要は**表6-6**のとおりであった。

第Ⅱ部　保険会社の経営に現れた開放と改革の具体像

表6-6　コングロマリット志向期業績概要

(単位：百万元)

年次	収入保険料	収保伸び率	当期純利益
1993年	650	253％	203
1994年	1,680	258％	372
1995年	3,350	199％	393
1996年	9,983	298％	548

出所：中国保険年鑑編輯部（2001）『1981-1997　中国保険年鑑』より筆者作成。

表6-7　コングロマリット志向期（1993年～1996年）の経営指標

(単位：百万元)

	1993年	1994年	1995年	1996年
既経過保険料	469	1,342	2,574	4,479
発生保険金	269	659	1,121	2,370
正味損害率	**57.4％**	**49.1％**	**43.6％**	**52.9％**
正味事業費	121	314	714	1,811
正味収入保険料	650	1,680	3,350	9,983
正味事業費率	**18.6％**	**18.7％**	**21.3％**	**18.1％**
コンバインド・レシオ	**76.0％**	**67.8％**	**64.9％**	**71.1％**
投資収益	179	514	527	494
資産の部合計	3,415	6,376	7,613	15,420
総資産利回り	**5.24％**	**8.06％**	**6.92％**	**3.20％**

出所：筆者作成。

　この時期は、収保の伸びが著しかった。特に、1996年は対前年比約3倍増となったが、生保重視の経営戦略から見て、増収の主力は生保だったと推定される。当期純利益も順調に伸びており、保険会社として安定し始めたように見えた。

　次に、平安保険の財務諸表から、この時期の経営指標を算出すると**表6-7**のとおりであった。

　この時期は、損害率が極めて好調に推移した。損害保険各種目において、厳格なアンダーライティングを堅持した結果であったと思われるが、この点は種目別損害率を見ることで検証したい。それ以外に損害率が低かった理由

第6章 中国平安保険グループの発展戦略と経営状況

表6-8 コングロマリット志向期（1993年～1996年）の種目別損害率

(単位：百万元)

	収入保険料					支払保険金				
	企財	自保	生保	他種	合計	企財	自保	生保	他種	合計
1993年		135	134	394	663		34	8	123	165
損害率							25.2%	6.0%	31.2%	24.9%
1994年	391	424	306	499	1,619	159	191	24	102	475
損害率						40.7%	45.0%	7.8%	20.4%	29.3%
1995年	524	1,059	1,153	596	3,332	143	436	104	333	1,016
損害率						27.3%	41.2%	9.0%	55.9%	30.5%
1996年	694	1,724	6,898	903	10,219	262	757	377	231	1,628
損害率						37.8%	43.9%	5.5%	25.6%	15.9%

（注）　企財は企業財産を、自保は自動車を、他種はその他を表す。
出所：中国保険年鑑編輯部（2001）『1981-1997　中国保険年鑑』より筆者作成。

としては、生保の責任準備金が全く積まれていなかった[5]ことが挙げられる。この点から見ると、良績とは言うものの、それは表面的なものかもしれず、実態がどうであったかは不明である。

　事業費率は概ね20%以下を維持しており、物件費および人件費のコントロールが効いていた。その結果、コンバインド・レシオは約70%程度に収まっており、保険本業で大きな収益を挙げているように見えた。

　総資産利回りは、年を追って低下傾向にあるものの、日本の大手損保対比で優れた結果を残していた。もっとも、当時の資産運用手段は、銀行の定期預金にほぼ限定されていたため、預金金利の高低が運用結果に直接的に反映されていた。

　表6-8よりこの時期の種目別損害率を見てみよう。

　この時期は、各種目とも損害率が極めて低かった。W/Pベースとはいえ、異常な好成績だったと言える。特に、生保において保険金給付がほとんど発生していなかったことが好成績につながった。前述のように責任準備金を積まず、しかも保険金給付がほとんど発生していなかったとすれば、業績が良くなるのは当然の結果だった。

　保険料の種目別構成比を見ると、生保の比率が急激に高まったことが分かる。1993年における生保の構成比は20%だったが、1996年には68%まで高

まった。今後、経営状況を判断する場合は、生保の経営指標を見ていくこととしたい。

第3節　生保伸長期（1997年～2002年）の経営戦略と経営状況

1. 生保伸長期（1997年～2002年）の経営戦略

　この時期の経営戦略は、第1に生保事業を徹底的に強化することだった。そのために、外資との協力関係が構築された。具体的には、ドイツのDKV社（Deutsche Krankenversicherung Aktiengesellschaft）との提携により、医療保険を開発し、引受けを開始した。さらに、アメリカのリンカーン・ナショナル社（Lincoln National Corporation）や日本の第一生命、台湾の国華人寿とも提携した。2000年には、台湾で生保業務経験者500名を募集し、営業の第一線へ投入した（陳、2009：56）。彼らは、中間管理職として生保代理人のリクルートと育成を行うことが担当業務だった。

　台湾生保業界から平安への人の流入を支えたのは、高収入への期待感だった。もし、1,000人程度の個人代理人をリクルートできれば、彼らを統括する中間管理職の年収は150万元（610万台湾ドル）前後になると推定された。5年かけて1,000人をリクルートすることは、当時の中国の都市であれば可能だった。結果として、平安の個人代理人は、15万人から25万人へ増加した（陳、2009：110）。

　平安のこの動きは、他社を大いに刺激した。太平洋保険も高給を条件に、台湾から144名の中間管理職を呼び寄せた。2000年11月には、中国人寿の王憲章総経理自らが台湾に乗り込み、人材獲得に乗り出した[6]。ただし、中国本土の人材育成が進むことを考慮すると、この状況が続くのは5年程度と予想されていた（陳、2009：110）。

　平安は、生保の新商品開発にも注力した。1998年に利差[7]配当付保険を、1999年に投資連結保険を同業他社に先駆けて開発し、販売した。利差配当付保険とは、利差のみを契約者に配当し、死差（危険差）[8]と費差[9]については配当しない商品である。死差と費差に相当する部分の保険料を引き下げ

た商品であり、価格競争力があった。

　投資連結保険とは、貯蓄保険料の運用を保険契約者の指図に基づいて行い、その損益が保険契約者に帰属する商品である。株式の運用割合が高いなど、ハイリスク・ハイリターン型の変額保険であった。投資連結保険は、株高の局面では、保険契約者に高い利回りをもたらすので、顧客から見て魅力的な商品だった。

　一方、平安の側から見ると、投資連結保険には、保険料の運用リスクを契約者にほぼ100％転嫁できるという大きなメリットがあった。利差損の発生を心配する必要がなくなるということである。双方の利害が一致した結果、2001年における平安の生保収保400億元のうち、投資連結保険の収保は95億元に達した。生保の商品別構成比では23.8％を占めた。

　平安は、商品力の強さを生かし、1999年には上海における生保のマーケット・シェアが50％を超えるという快挙を成し遂げた。生保の巨大市場である上海を押さえたことにより、平安の生保事業は太平洋保険を大きく凌駕し、PICCグループに迫ることとなった。

　この間の中国生保市場の伸びと平安の全国マーケット・シェアの推移を見ると**表6-9**のとおりだった。

　表6-9をグラフで示すと**図6-1**のとおりである。

　図6-1、表6-9から明らかなとおり、平安が利差配当付き保険や投資連結保険といった新商品を開発し、市場へ投入した1998年以降2001年まで、同社のマーケット・シェアはほぼ右肩上がりであった。新商品投入効果があったと推測される。特に、2001年には対前年比で収保が倍増し、マーケッ

表6-9　中国生保市場と平安

（単位：億元）

	1998年	1999年	2000年	2001年	2002年	2003年
生保市場	750	872	997	1,424	2,275	3,011
平安収保	129	180	194	400	533	590
平安MS	17.2％	20.6％	19.5％	28.1％	23.4％	19.6％

（注）　平安MSは、平安の全国マーケット・シェアをさす。
出所：各年次の『中国保険年鑑』より筆者作成。

第Ⅱ部　保険会社の経営に現れた開放と改革の具体像

図6-1　中国生保市場と平安

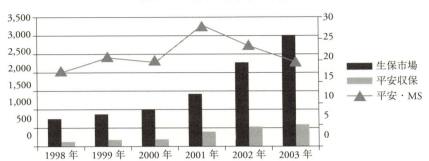

（注）左縦軸の単位は億元であり、生保市場と平安収保が対象。右縦軸の単位は％であり、平安のマーケット・シェアが対象。
出所：筆者作成。

ト・シェアが8.6％上昇するという驚異的な業績を収めた。その後も収保は着実に増加したが、他社も同様の商品を投入したため、マーケット・シェアは下降した。ちなみに、生保市場で圧倒的な存在感を示していたPICCグループは、1998年において、収保は540億元でマーケット・シェアは72％だった。それが、2002年には収保は約2.4倍の1,288億元に増加したものの、マーケット・シェアは56.6％へ低下した。

平安が開発した投資連結保険の売り上げは極めて順調だった。それを支えたのは、株式市場の盛況だった。上海株式市場総合指数（1990年12月19日の上海株式市場時価総額を100とする指数、以下上海指数と略称）の動きを見ると図6-2のとおりだった。

図6-2から分かる通り、1995年から2000年までの間に上海指数は約4倍となった。もし、この間に投資連結保険によって運用をしていたとすれば、顧客は多大な収益をあげることができたであろう。逆に、2001年以降2005年までの指数下降局面では、大きな損害を被ったと推定される。

平安は、生保の販売方法にも革新をもたらした。2000年8月、平安は新機軸としてバンクアシュアランス（銀行保険）を導入した。バンクアシュアランスとは、銀行の窓口で保険商品を販売する方法を指す。欧米では一般的な販売手法であるが、中国では平安が先頭を切った。平安は、1996年にバ

第6章　中国平安保険グループの発展戦略と経営状況

図6-2　上海指数の推移

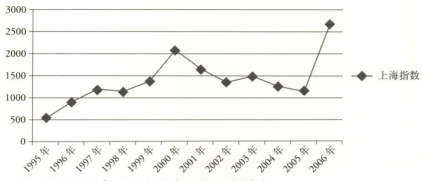

出所：国家統計局編『中国統計年鑑』各年次版より筆者作成。

ンクアシュアランスの研究を始め、上海分公司の中に銀行保険部を設立した。1998年には深圳の本店に代理店部を設け、2000年にバンクアシュアランスを開始した。2002年には、4大商業銀行および10行余りの株式制銀行と代理店契約を締結した。その結果、全国で銀行の営業店舗約1万カ所を、自らの代理店として組織化することができた（陳、2009：101-102）。

　この時期の第2の戦略は、経営改革を実行することであった。ここで登場したのが、国際的なコンサルティング会社マッキンゼー社（McKinsey & Company Inc.）[10]であった。1996年頃から、平安保険の上層部は会社の急速な発展に対して、管理面が追いついていないと感じていた。台湾の同業者からの推薦により、総経理の馬明哲の念頭に、マッキンゼーにコンサルティングを依頼してはどうかという考えが浮かんだ。しかし、周囲の人々の多くは、マッキンゼーのコンサルタント料は大変高額だし、アドバイスを実施するにも大きな困難を伴うとして、その起用に反対した（陳、2009：81-82）。

　一方、馬は費用対効果を次のように考えていた。すなわち、マッキンゼーのアドバイスを実行することにより、管理面が強化され、たとえば、保険契約の継続率が1％上昇するか、あるいは全国700カ所の機構全てが1年間にコストを3万元節約できれば、またあるいは1つの機構で重大なミスが発生しないようにできれば、マッキンゼーに支払うコンサルタント料は1年で回

収できる（陳、2009：81-82）。

1996年年末、張子欣と呉岳翰をトップとするマッキンゼーのチームは、平安の投資体制を診断した後、次のアドバイスを行った。第1に、組織の枠組みを変更し、投資部門を戦略投資担当、戦術投資担当および投資リスクコントロール担当に分ける。第2に、資金管理の度合いを強め、決済センターを設立して、統一管理を実施する。第3に、貸付と実業投資を停止し、全ての資金を国債購入に振り向ける。この3カ条を実施しただけで、平安は莫大な利益を蒙った。特に、第3のポイントに関して、当時、国債の利回りは10.98％であり、収益は非課税であったことから、国債購入は実業投資の利回り20％に相当した。それゆえ、平安は満期となった貸付金と分公司が保有していた保険料の合計100億元を国債購入に充て、利差損の衝撃を一定程度和らげる[11]ことができた（陳、2009：81-82）。

その後、マッキンゼーのアドバイスに従い、「戦略立案」「平安生保の業務の流れ改革」「マンパワー資源プロジェクト」などを推進したが、それを担当したのは、王利平が責任者を務める発展改革センターだった。

馬は、「マッキンゼーと共同作業を行ったことの最大の意義は、平安の社員の考え方を根本から変えることができた点にある。平安社員の視野を大きく広げる結果をもたらし、その思惟レベルを一段高めた。1997年以前は粗放式管理であったが、1998年以降は専門化・精密化・規範化の道を歩むことになった（陳、2009：81-82）」と述べた。

マッキンゼーとの協力で重要だったのは、上記のような改革の立案・実行だけではない。それはマッキンゼーとの協働を通じて、現代的な管理意識を持った幹部を何人も養成できたことだった。その代表的人物が、任匯川である。任は、平安入社6年目の1998年にマッキンゼーとの業務改革プロジェクトに参加した。彼はその中で、損保事業全体の組織の枠組み設計・業務の流れの再定義・顧客群分類など一連の改革案の制定と実行に参画した。任は、その後発展改革センター副主任を歴任し、会社発展のために、しっかりとした基礎を築いた（陳、2009：81-82）という。

マッキンゼーによる経営改革において、地方にも影響が及んだのは「フラ

ット化改革」だった。2000年8月、会社組織のフラット化を目標とする管理モデルの変更が実施された。それまでの会社組織は、1級機構（総公司）・2級機構（分公司）・3級機構（末端組織）のピラミッド型であり、それぞれが収益責任を負っていた。フラット化改革においては、2級機構をプロフィットセンター[12]とすることを明確化する一方、3級機構は営業組織に特化することが目標とされた。つまり、3級機構（末端組織）は、保険商品の販売に特化することにより、収益責任は負わないことになった。3級機構の人事考課項目は、顧客満足度・労働規律・職業道徳とされた（鎮江保険志編纂委員会、2005：270）。

　平安は上記の戦略を実行したが、問題も発生した。第1に、中核的な人材がヘッドハンティングなどにより社外へ流出した。市場化が最も進んでいた平安は、中国保険業界の「黄埔軍官学校[13]」となり、業界に人材を供給することになった。人材流出は、監督官庁が保険会社に対して営業認可を多く与えた年に起きた。

　その第1波は1996年であり、新しい保険会社として泰康・新華・華泰・永安・華安の各社が誕生した。新華人寿には、当時、平安の常務副総経理（席次第2位）だった孫兵が転職し、同社総経理に就任した。北京分公司総経理の孫偉光もそれに続いた。平安保険生保部副総経理兼北京分公司総経理の劉経綸は、泰康人寿総裁となった。平安南京分公司総経理陳剖建は、天安保険総経理に就任した（陳、2009：98-101）。

　第2波は2000年前後であり、生命・民生・東方・恒安の生保各社が認可された。香港や東南アジア各地で営業していた太平人寿と太平保険も、中国国内における営業を復活した。平安副総経理（生保および投資管掌）李鋼は、1999年に生命人寿の董事長に就任した。平安人寿副総経理の何志光は、太平人寿へ移籍した。平安財産副総経理の蔡生は、華泰から華安へと渡り歩いた。平安副総経理（財務管掌）趙衛星は、PICC副総経理兼財務部総経理に就任した。平安財産副総経理の袁力は、監督官庁である中国保険監督管理委員会へ転じ、部門の責任者を経て、主席補佐兼スポークスマンへ昇格した。平安自動車部総監の蔵家瑞は華泰へ投じ、平安財産上海分公司総経理の許躍

寧は中国初のアジャスター[14]会社である上海大洋保険アジャスター社董事長に就任した（陳、2009：98-101）。上記のうち、趙衛星と袁力のケースは特筆に値する。平安という民営保険会社の色彩が濃い組織から、国有保険会社や監督官庁へ転身するのは異例であった。

　上記のような人材流出に対応して、平安は外部、特に海外からの人材調達に邁進し、1996年以降、約50名を招聘した。まずは、台湾から生保の訓練をするための人材（前述の黄宜庚ら）を求め、つづいてマッキンゼーから内部管理のための人材（張子欣ら）をスカウトした。アンダーセン会計事務所からは、最年少パートナーであった湯美娟を迎え入れ、首席財務官に据えた。さらに、平安財産には陳強（元アメリカ環球保険台湾分公司総経理）が加わり、平安証券総経理葉黎成（元高達証券行政総裁）・平安信託董事長童愷（元高盛亜州執行董事）・平安銀行頭取陳昆徳（元中国信託金融控股公司（台湾）副総経理）らが平安グループに加入した。なお、平安は外国籍の人材を招聘する際、雇用契約書の中に「必ず中国本土の人材を4～5人育成すること」という1項を入れて、人材育成も彼らの本来業務と位置付けた（陳、2009：100-101）。

　平安では、こういった人材をスカウトする際の仕組みも整えられていた。平安副董事長の孫健一によれば、平安が海外から主要な人材を招く時には、単に受入体制を整えるといった表面的な準備ではなく、その人が平安着任後、すぐにでも力を発揮できるように、組織・人員・資源配置などの枠組みをきっちり整備したという。その一方で、責任体制も構築し、目標を決め、それに対して考課を行った。このように「しっかりした受入体制を整える一方で、緊張感を持たせることこそが必要である」と孫は述べた[15]。

　第2の問題点は、生損保分離を巡る監督官庁との対立だった。1995年に「保険法」が制定され、生損保分離が法定事項となった。前述のとおり、まずPICCが対応し、1996年に同社は中保財産・中保人寿・中保再保険の3社に分離した。

　平安が描いていた事業モデルは、持ち株会社によるグループ経営だった。つまり、持ち株会社が傘下の損保会社・生保会社・投資会社の株式を100％

所有し、持ち株会社が業務・財務・投資・人事・計画立案・リスク管理など重要な施策を統一的に管理するモデルである。平安の発想と中国当局の管理の方向性は全く一致していなかった。

　平安は、生損保分離案を1996年から準備し始めた。その案は1998年と1999年の2度にわたり、中国保険監督管理委員会（CIRC）から差し戻された。平安の副董事長孫建一の回想によれば、当時、CIRCが開催した会議で、平安は生損保分離の遅れについて批判され、馬明哲は周りから刺すような視線を浴びたという。しかし、馬は「総合金融化は国際的な趨勢である」と信じていたので、悠然としていた。その後、平安は言を左右して、生損保分離を遅らせた。その対価は大きく、43の分公司や支公司の開業認可がたなざらしにされた（陳、2009：124-126）。

　2001年12月、中国のWTO加盟を目前に控え、中国当局の関心は生損保分離から保険市場の発展促進へ移った。その流れを受けて、平安の持ち株会社によるグループ経営方式は、CIRCの認可を得た。

　第3の問題点として、資産運用の低迷が認識されていた。前述のとおり、1996年には生保保険料の構成比が68％に達したことから、顧客から預かった保険料を如何に運用するかが大きな課題となっていた。生保会社として、資産と負債をマッチングさせようとするならば、運用期間が20年～30年程度の超長期債券などを資産に組み入れる必要があるが、当時の中国にはこのような運用手段はほとんど存在しなかった。

　資産運用の低迷は、利差損を生んだ。利差損とは、保険契約者に約束した予定利率による予想収益と実際の運用結果との差額を指す。1996年から1999年の間に7回利下げが実施されたが、平安を含む中国系生保会社は機動的に予定利率の引き下げを行わなかった。当時の資産運用は、主に定期預金に依存していたため、利下げは利差損発生の契機となった。その結果、中国の生保業界全体では、約570億元の利差損を抱えることになった（中国人民銀行研究局・中国人民銀行金融研究所、2004：5）。

　銀行金利と生保予定金利の関係を示すと**表6-10**のとおりである。

　表6-10のとおり、1997年10月以降は生保予定利率が銀行金利を常に上

第Ⅱ部　保険会社の経営に現れた開放と改革の具体像

表6-10　銀行金利と生保予定利率

(単位：%)

年／月	96／8	97／10	98／3	98／6	98／12	99／6	02／2
銀行金利	10.98	7.74	5.67	5.22	4.77	3.78	2.25
生保予定利率	8.8	8.8	7.5	6	6	5	2.5

出所：中国人民銀行研究局・中国人民銀行金融研究所（2004）：5より筆者作成。

回る状態となっており、機動的に予定利率を下げなければ、利差損が発生することは不可避だった。平安は、マッキンゼーのアドバイスにより国債を購入することで、利差損を減少させることができた。ただし、引受けリスク量と比較するとその効果は限定的だった。

　第4の問題点としては、共産党による人事への介入があった。1999年に党中央金融工作委員会からの指示により、平安の党組織は深圳党委員会の管理下に入った。その結果、平安社内の人事を司る人事管理委員会は、会社人事部門と党委員会および党規律委員会による合同組織となった。

2. 生保伸長期（1997年～2002年）の経営状況

　この時期の財務諸表から、生保の経営指標を算出すると**表6-11**のとおりである。

　経常利益を見ると、1997年から1999年までは不安定な経営状態であった。2000年から2002年までは、経営状況が安定してきたように思われる。総資産利回りは3％以上を確保しており、日本の保険会社と同レベルの水準を保っていた。ただし、1999年6月以前の生保契約では、予定利率が5％以上となっていたので、利差損が生じていた。

　営業利益は一貫して赤字であり、創業まもない生保主体の保険会社として、責任準備金の積み立て負担が重い状況だった。

　この時期の損保の種目別損害率を見てみよう（**表6-12**）。

　この時期の損保種目別損害率は、一部年次の貨物保険を除いて、おしなべて良績だった。競争が厳しかった自動車保険についても、40～50％の水準を維持しており、しっかりしたアンダーライティングが堅持されていたと思われる。

第6章　中国平安保険グループの発展戦略と経営状況

表6-11　生保伸長期（1997年～2002年）の生保経営指標

(単位：百万元)

	1997年	1998年	1999年	2000年	2001年	2002年
（収益）						
収入保険料	15,064	17,041	22,175	27,322	46,457	61,971
受再保険料	4	1,117	41	42	43	38
出再保険金回収	1,069					
減）出再保険料	1,226		1,441			
その他業務収益	1,185	93	8	11	26	18
未経過責任準備金戻入	7,098	1,467	1,572	1,905	2,304	2,800
生保責任準備金戻入	14	13,460	22,386	32,335	47,395	74,744
長期責任準備金戻入						786
未払保険金準備金戻入	647	1,144	1,165	1,298	1,424	1,912
（費用）						
支払保険金	1,944	2,369	2,427	2,759	3,621	4,812
解約返戻金および給付	1,386	3,068	4,823	2,889	4,277	9,192
受再保険金		1,443	16	498	553	1,109
手数料	239	274	2,668	3,271	5,686	6,666
業務費用等	1,853	4,098	2,822	3,372	4,284	5,356
その他業務支出	2,241					
未経過責任準備金繰入	14,914	1,572	1,905	2,304	2,800	3,681
生保責任準備金繰入	57	21,957	32,335	47,395	74,744	108,053
長期責任準備金繰入		429			786	1,574
未払保険金準備金繰入	1,062	1,165	1,298	1,424	1,912	2,390
保険保障基金繰入	139	157	36	44	65	80
営業税および付加税	351	391	431	591	643	666
営業利益	−332	−2,600	−1,769	−1,634	−1,722	−1,310
投資収益		3,136	2,360	2,336	3,968	4,001
その他収入				1,381	212	333
減）その他支出				252	168	341
営業外収益		5	6	11	26	25
減）営業外費用	−524	61	31	63	51	88
前年度損益調整	−53					
税前当期純利益	192	480	566	1,779	2,265	2,620
減）所得税		53	29	171	502	807
減）少数株主収益		1	1	2	−2	12
当期純利益	139	426	536	1,606	1,761	1,825
経常利益	**−331**	**535**	**−495**	**702**	**2,246**	**2,691**
総資産		32,559	45,036	64,290	94,831	114,756
総資産利回り		**9.63%**	**5.24%**	**3.63%**	**4.18%**	**3.49%**

出所：各年次の『中国保険年鑑』より筆者作成。

第Ⅱ部　保険会社の経営に現れた開放と改革の具体像

表6-12　生保伸長期（1997年～2002年）の損保種目別損害率

（単位：百万元、損害率%）

	収入保険料					支払保険金				
	企財	自保	貨物	他種	合計	企財	自保	貨物	他種	合計
1997年	823	2,143	305	437	3,708	352	1,097	226	151	1,826
損害率						42.8	51.2	74.1	34.6	49.2
1998年	883	2,111	258	630	3,882	454	1,297	135	238	2,124
損害率						51.4	61.4	52.3	37.8	54.7
1999年	921	2,371	240	559	4,091	334	1,263	110	289	1,996
損害率						36.3	53.3	45.8	51.7	48.8
2000年	946	2,819	246	821	4,832	309	1,392	149	283	2,133
損害率						32.7	49.4	60.6	34.5	44.1
2001年	977	3,851	262	1,332	6,422	385	1,630	182	368	2,565
損害率						39.4	42.3	69.5	27.6	39.9
2002年	1,130	5,111	298	1,781	8,320	339	2,495	107	483	3,424
損害率						30.0	48.8	35.9	27.1	41.2

（注）　企財は企業財産を、自保は自動車を、他種はその他種目をさす。
出所：各年次の『中国保険年鑑』より筆者作成。

なお、この時期の損保保険料の構成比は、1997年：21％、1998年：24％、1999年：19％、2000年：18％、2001年：14％、2002年：14％であり、ほぼ一貫して減少した。その結果、平安は概ね生保に特化した保険会社になったと言えよう。

第4節　生損保分離期（2003年～2006年）の経営戦略と経営状況

1. 生損保分離期（2003年～2006年）の経営戦略

　この時期の戦略は、第1に、生損保分離を円滑に進めつつ、金融コングロマリット化をさらに推進することだった。2003年1月、平安はCIRCの認可を得て、生損保分離を核とする組織の再編成を完了した。その結果、中国平安保険（集団）股份有限公司（以下、平安集団と略称）の傘下に、中国平安人寿保険股份有限公司（以下、平安人寿と略称）・中国平安財産保険股份有限公司（以下、平安財産と略称）・中国平安保険海外（控股）公司・平安信託投資有限責任公司（以下、平安信託と略称）が設立された。

さらに、平安証券有限責任公司が平安信託の子会社として組み込まれた。2004年2月には、平安信託が福建亜洲銀行を買収し、同行を平安銀行有限責任公司に改名した。2006年に平安信託は深圳市商業銀行を買収し、同行と平安銀行の合併を通じて、銀行業務を強化する方向へ進もうとした。

平安は、前述のとおり1993年頃からコングロマリット化を推進した。しかし、その結果は芳しいものではなかった。たとえば、2004年における平安信託の当期純利益は、わずか300万元に過ぎなかった。同年、証券業務の当期純利益は600万元だった。信託事業および証券事業とも、グループ全体の収益に対する貢献度は、極めて低かったと言わざるを得ない。

第2の戦略は、生損保両事業における収益改善策の実施であった。まず、生保においては、一時払い契約を極力減らし、年払い契約へのシフトが図られた。損保においては、自動車保険の種目構成比を引き下げるべく、傷害保険の販売強化が行われた。さらに、損保の顧客を細分化し、顧客の属性にあった営業管理制度を作り上げた。人事考課面では、利潤への貢献度が考課項目に組み入れられ、利潤率の高い組織へ人件費や物件費が多く配分された。

ところで、平安の人事制度の特徴は、「競争、インセンティブ、淘汰」というキーワードで表現された。その人事考課は、「6・3・1制」と呼ばれていた。すなわち、平安の従業員のうち6割は、毎年、何らかの形で昇給する。3割の従業員の給与は据え置きとなり、残り1割は減給となる。給与据え置きが3年間連続すると、その2か月後に自動的に解雇となる。減給が2年連続すると、その2か月後に自動的に解雇となる[16]。この人事制度をどう評価するかについては、意見が分かれるところだと思う。毎年実際に解雇される人員は、全従業員の3-5％だった（熊・高、2008：153）という。解雇率がこのレベルであれば、中国産業界においては、平均的な厳しさだったのではなかろうか。

平安はこのような戦略を実施したが、問題も発生した。たとえば、それはバンクアシュアランスの面に現れた。中国全体でバンクアシュアランスは急激に発展し、2003年には生保収入保険料の26％を占め、765億元に達した。2003年1月1日から、「1つの銀行は1つの保険会社の代理をすることしか

できない」という規制が緩和され、1つの銀行がいくつもの保険会社を代理することができるようになった。

　この規制緩和によって、保険会社が銀行に支払う手数料率に関する競争が起きた。すなわち、保険会社は銀行に自社の保険商品を多く売ってもらうため、競って手数料率を引き上げた。保険会社は高額の手数料を銀行に支払うことになったため、バンクアシュアランスの収益は低下し、甚だしい場合は、赤字に陥った。また、銀行経由で販売された保険商品は、ほとんどが貯蓄代替を目的とするものであったため、保険期間は短く、保障部分が薄くなり、商品内容が単一化するという弊害が生まれた（陳、2009：101-102）。

　この状況を打破しようと動いたのも平安だった。銀行との代理契約期間は通常1～2年であり、単なる販売代理契約だった。この状況を、平安は中国銀行の間で、次のように改めようとした。すなわち、①代理契約期間を8年間とする　②中国銀行が平安の商品を単独販売する支店の割合を、全支店の40％から3年かけて70％まで引き上げる　③平安は中国銀行と共同出資し、銀行保険部を設立する　④中国銀行を将来的に平安のメインバンクとし、2003年末までに平安の決済は中国銀行に集中する。この契約はそのまま実行はされなかったが、バンクアシュアランスに一石を投じた（陳、2009：101-102）。

2. 生損保分離期（2003年～2006年）の生保経営指標

　この時期の平安人寿の財務諸表から、生保経営指標を算出すると**表6-13**のとおりである。

　この時期の生保事業は、概ね順調だった。収入保険料は2004年に停滞したものの、その後は増収に転じた。特に2006年は、対前年比17％増と大幅増収を果たした。増収の原因は、株高を背景として、変額保険タイプの商品がよく売れたことだった。変額保険タイプが、個人生保収入の約40％を占めた。営業利益は、準備金の積み増し負担のため、一貫して赤字であった。それを投資収益によって補った結果、経常利益はほぼ順調に増加した。総資産利回りは常に3％以上を保ったものの、1999年6月以前の契約については、

表6-13 生損保分離期の生保経営指標

(単位:百万元)

	2003年	2004年	2005年	2006年
(収益)				
収入保険料	58,959	54,877	58,849	68,989
受再保険料				
出再保険金回収				
減)出再保険料		813	810	631
その他業務収益				
未経過責任準備金戻入	1,177	1,433	1,619	1,978
生保責任準備金戻入	108,053	135,780	167,143	198,372
長期責任準備金戻入	404	13,337	18,626	24,569
未払保険金準備金戻入	575	1,354	1,841	2,338
(費用)				
支払保険金	1,633	1,206	1,494	1,826
解約返戻金および給付	9,135	10,286	13,648	15,384
受再保険金	42			
手数料	5,074	4,577	5,168	6,559
業務費用等	3,926	3,458	3,774	5,143
その他業務支出				
未経過責任準備金繰入	1,433	1,619	1,978	2,312
生保責任準備金繰入	147,347	167,143	198,372	243,534
長期責任準備金繰入	1,770	18,626	24,569	30,126
未払保険金準備金繰入	1,354	1,841	2,338	3,272
保険保障基金繰入	−28	32	116	138
営業税および付加税	110	157	188	596
営業利益	−2,684	−2,977	−4,377	−13,277
投資収益	5,733	6,136	8,617	19,979
その他収入	266	154	192	50
減)その他支出		16	461	560
減)利差益配当		843	1,064	1,487
営業外収益	22	19	14	21
減)営業外費用	34	86	79	−64
前年度損益調整				
税前当期純利益	2,036	2,385	2,840	4,785
減)所得税	311	285		
減)少数株主収益				
当期純利益	1,725	2,100	2,840	4,785
経常利益	3,105	2,316	3,176	5,217
総資産	162,861	202,420	250,819	313,585
総資産利回り	3.52%	3.03%	3.44%	6.37%

出所:各年次の『中国保険年鑑』より筆者作成。

第Ⅱ部　保険会社の経営に現れた開放と改革の具体像

利差損を生む状況に変化はなかった。

3. 生損保分離期（2003年～2006年）の損保経営指標

この時期の平安財産の財務諸表から、損保経営指標を算出すると**表6-14**のとおりである。

まず、損害率は非常に良好であった。同業他社の激しい競争を尻目に、自動車保険を中心として堅実なアンダーライティングが貫徹されていたと思われる。事業費率もほぼ30％前後にコントロールされおり、人件費および物件費の管理が厳しくなされていた。

その結果、コンバインド・レシオは常に100％を切っており、保険本業で利益を出していた。総資産利回りは、この期間を平均すると2.83％となり、まずまずのレベルを保っていた。

総じて、この時期の損保事業は、当期純利益の絶対額（平均3.3億元）は大きくないものの、確実に利益を生み出す仕組みが整っていた。

表6-14　生損保分離期（2003年～2006年）の損保経営指標

（単位：百万元）

	2003年	2004年	2005年	2006年
既経過保険料	7,862	6,098	7,763	11,170
発生保険金	5,215	3,715	4,807	6,739
正味損害率	**66.3％**	**60.9％**	**61.9％**	**60.3％**
正味事業費	2,543	2,118	2,756	4,465
正味収入保険料	8,061	7,377	9,293	13,288
正味事業費率	**31.5％**	**28.7％**	**29.7％**	**33.6％**
コンバインド・レシオ	**97.9％**	**89.6％**	**91.6％**	**93.9％**
投資収益	268	246	391	655
資産の部合計	9,617	11,420	14,112	18,239
総資産利回り	**2.79％**	**2.15％**	**2.77％**	**3.59％**

出所：筆者作成。

おわりに

　平安保険は、1988年に馬明哲という創業者精神に富んだ人物が、わずか13名の従業員とともにスタートした保険会社だった。全くのゼロから出発した同社は、2006年には総資産が4400億元を超える巨大な金融コングロマリットに成長した。

　平安にこのような成長をもたらした根底には、馬の開放的な考え方があった。平安社内には、当初ノウハウや人材などほとんど何もなかった故に、全てのものを外部から調達した。馬は1993年ころから「金融コングロマリット」を目指すと標榜したが、これは当時の欧米の金融事情を学んだ結果だった。また、初期の資本金不足は、MSとGSから出資を仰ぐことによって解決した。

　平安は生保に注力し、成長の原動力とした。馬が生保の成長性に気付いたのは、台湾生保業界との接触がきっかけだった。「代理人の大量投入による個人契約獲得戦略」はAIGおよび台湾生保から学んだものだった。平安に莫大な収保をもたらした「投資連結保険」などの変額保険も海外から学んだものであり、それを開発したのは外国籍の専門家を中心とするチームだった。生保収入の大幅増加をもたらした「バンクアシュアランス」は、欧米から導入したビジネスモデルだった。海外から導入した新商品や新しいビジネスモデルは、海外では一般的なものだったが、当時の中国には存在していなかった。それゆえ、平安は同業他社に対して、競争優位を獲得することができた。

　平安へ業務改革を進言したのは、世界的なコンサルティング会社であるマッキンゼー社だった。社内の主要部門をになった責任者も外国籍の人物が多かった。

　このように平安は、社外からの各種「借り物」をうまく手の内に入れ、それを順次活用することによって、事業の拡大に成功した。1つの「借り物」が数年後に陳腐化したとしても、その間に次の「借り物」を懐で温め、市場に投入し続けることで競争優位の状態を継続させた。ここに平安の最大の強

みがあった。

注

1) 中国では、勝手に社名に「中国」の2文字を入れることはできない。社名登記をする前に、監督官庁の審査を受け、「中国」の名を冠するに値すると認定される必要がある。
2) 通信百科　http://baike.580114.com、2012年2月9日閲覧。
3) 「馬明哲創業史及後台背景掲秘」、http://bangpai.taobao.com、2012年2月9日閲覧。なお、1980年代における職業自動車運転手は、主に中国人民解放軍で訓練を受けた特殊技能者であり、待遇も良かった。
4) 「馬明哲創業史及後台背景掲秘」、http://bangpai.taobao.com、2012年2月9日閲覧。
5) 生保の責任準備金（保険料積立金）の積み方には、「平準純保険料式（純保式）」と「チルメル式」の2種類がある。純保式の場合、契約締結直後から積み立てが開始される。一方、チルメル式の場合は、契約開始後数年経過してから積み立てが始まる。チルメル式では、初年度に費消される新契約費（代理人への手数料など）を貯蓄保険料から前借することになる。平安は、チルメル式によって責任準備金を積んでいたものと推測される。現在の日本では、純保式による積み立てが一般的である。
6) その頃のキャッチフレーズは「内地へ行って500万元稼ごう！」だったという（陳、2009：110）。
7) 予定利率と現実の運用利回りの差から生じた収益。
8) 予定死亡率とある年度に現実に生じた死亡率との差から生まれた収益。
9) 予定事業費と現実に費消した事業費の差から生じた収益。
10) アメリカの大手コンサルティング会社。1926年創立。44ヵ国に80以上の支社をもつ。
11) 1996年から銀行金利が8回にわたって引き下げられた結果、1年の定期預金金利は10.98％から1.98％へ下がった。平安が1997年以前に販売した生保商品の予定利率は、8.8％だったのに対して、実際の投資利回りは5年連続で5％を切っていた。この状況下で、利回りが10.98％の国債を大量に購入すれば、投資利回りを引き上げることができた。
12) 会社組織の中で、収益責任を負う部門をさす。収益責任を負わない部門は「コストセンター」と呼ばれる。

13) 中国国民党陸軍軍官学校の通称。学校総理は孫文、校長は蔣介石、政治部主任は周恩来だった。合計で約1万2,000人の学生が応募し、卒業生は北伐などで活躍した（天児他、1999：316）。
14) アジャスターとは、事故が発生したのち、損害金額の算定を行う人あるいは組織をさす。
15) 通信百科　http://baike.580114.com、2012年2月9日閲覧。
16) 通信百科　http://baike.580114.com、2012年2月9日閲覧。

第7章　中国太平洋保険グループの発展戦略と経営状況

はじめに

　本章では、中国太平洋保険グループ（China Pacific Insurance Co. Ltd.　以下、太平洋保険あるいは太平洋と略称）の発展戦略と経営状況を振り返り、そこに現れた「開放と改革」の具体像を分析する。

　同社は、現代中国において、PICC・平安保険に次いで3番目に設立された保険会社であり、マーケット・シェアもほぼ一貫して大手3社の一角を占めてきた。国有企業であったPICCと民営企業の色彩が濃い平安保険の中間にあって、国有企業のしがらみから抜け出そうと奮闘したのが、太平洋保険であった。同社が設立された当初の幹部職員は、PICCから移籍した人々だったが、彼らはPICCの業務手法を改革しようとした。

　太平洋保険グループの主要保険会社である中国太平洋人寿保険股份有限公司と中国太平洋財産保険股份有限公司の概要（2011年12月末日現在）は**表7-1、表7-2**のとおりである。

表7-1　中国太平洋人寿保険股份有限公司概要

社名	中国太平洋人寿保険股份有限公司
沿革	1991年創立の中国太平洋保険公司生保部門の後身。中国太平洋保険（集団）股份有限公司傘下の生命保険会社。
営業網	本店：上海市。営業職員数：約28万人
資本金	76億元
総資産	3,786億元
収入保険料	879億元、マーケット・シェア：9.2％

出所：同社HPより筆者作成。

表7-2　中国太平洋財産保険股份有限公司概要

社名	中国太平洋財産保険股份有限公司
沿革	1991年創立の中国太平洋保険公司損保部門の後身。中国太平洋保険（集団）股份有限公司傘下の損害保険会社。
営業網	本店：上海市。営業拠点：約2,100カ所
資本金	95億元
総資産	853億元
収入保険料	617億元、マーケット・シェア：12.9%

出所：同社HPより筆者作成。

　太平洋の前身は、交通銀行上海分行保険業務部であり、1987年に保険の引受けを開始した。1989年の六四事件の影響で、会社設立認可取得が遅れたため、太平洋保険は1991年創立となった。当初は、交通銀行の100％子会社であり、「堅実経営」を社是として掲げ、損保中心に営業を行った。創業期においては、交通銀行の各支店も太平洋の株主であり、かつ太平洋各支店は本店とは別に法人格を有していたため、支店の独立性が極めて強かった。同社は、会社設立直後から高配当を余儀なくされたため、業務拡大に向けての資金不足に悩んだ。平安とは対照的に、損保中心の営業戦略を採った結果、生保拡大という業界動向に後れをとり、業績は伸び悩んだ。本店の統制が行き届かなかったため、支店業務に混乱が見られ、その状況が1998年の王国良の総経理就任まで続いた。王国良は、自動車保険を中心に収益改善を図り、2001年と2002年には業績が著しく好転した。その後、中国政府主導による自動車保険の保険料率自由化の影響を受け、業績が大幅に悪化した。2000年に生損保分離を実現した後、生保事業は低迷したが、2005年には持ち直しの兆しが見えた。

　本章では、まず、親会社である交通銀行の再建経緯を踏まえた上で、太平洋保険の設立状況を振り返る。次に、創業期（1991年～1994年）の同社の配当性向に注目する。業務発展期（1995年～1997年）において、支店の独立性が高い状況をどのように改善しようとしたかを見てゆく。ついで、調整期（1998年～2000年）において、総経理に就任した王国良の綱紀粛正策を分析する。グループ会社化推進期（2001年～2006年）において、いかに生

損保分離が実施されたかを確認する。最後に、自動車保険の保険料自由化の動きを振り返り、その影響を見てゆく。

第1節　交通銀行再建から太平洋保険設立へ

太平洋保険は、1991年に交通銀行[1]の100％子会社として設立された。設立に至る状況は、交通銀行再建の経緯を踏襲していたので、まずは同行の再建を検討したい。

交通銀行の再建については、1984年秋に上海市南京路友誼会堂で開催された上海経済発展戦略検討会にその源があった。同会において、国務院経済研究中心総幹事であった徐雪寒が、上海を経済貿易センターにするとともに、金融センターにも育て上げるという将来計画の中で、上海市に専属し、上海の発展を支える銀行が必要だと主張したことに端を発する（呉、2009：60-61）。その後、1984年12月に趙紫陽総理が上海を視察した際、「中央銀行の下に新しく全国で営業する銀行を設立する。その銀行は、4つの専業銀行と同格とし、本店は上海に置く。その任務は、先行する銀行の業務の穴を埋め、欠点を補うこととし、国内外の長期および短期の預貸金業務を行うこととする。また、他の銀行の業務と重なっても構わず、国外に支店等を設置してもよい」と述べたことで、再建に向けた動きが加速した。1985年2月に国務院が出した国発［1985］17号文件によって「上海経済発展戦略に関する報告概要」が認可され、その通知の中で、上記銀行は全国性専門銀行の列に加わり、全国および上海にサービスを提供するとされた（交通銀行檔案：1986－永久－0005）。

さらに、銀行の下部組織設立に際して、上海分行（支店）については、上海市人民政府が各界から3億元調達し、上海分行の貸付基金とする方向が目指された。上海分行は、総管理処（本店）設立と同時に設立準備を開始し、その具体的な業務は、上海市人民政府財貿弁公室が責任を負うことが提案された。

上海以外の分行設立において、分行が必要とする資金は各地で解決し、総

管理処（本店）は、状況により、資金の一部を拠出することになった。各地の分行は、全て独立採算制とすることになった（交通銀行檔案：1986－永久－0005）。

ここで注目したいのは、交通銀行上海支店設立に際して、上海市人民政府が上海市各界から資金調達した点、ならびに上海以外の支店において、必要資金は各地で解決するとされた点である。支店設立に際して、その地の地方政府の協力を得るという交通銀行の方針は、子会社の太平洋保険設立時にも踏襲された。

1986年4月頃、中国人民銀行と交通銀行設立準備グループとの間で、次のような議論が交わされた。すなわち、人民銀行としては、「交通銀行は行政手段に頼ることなく設立すべきであり、その支店も自らが株式を発行し、資金調達してはどうかと考える。交通銀行本店（総管理処）と支店は、親会社と子会社の関係になってはどうか」と提案した。

それに対して、設立準備グループは、「本支店が親子関係となるという形式は、世界的にみてもまれであり、本店から支店への指導が貫徹できないと考える。たとえば、支店が集めた資金を本店の資本金に繰り入れ、本店がそれを運営資金の形で支店に提供するという形式を採りたい」と述べた。人民銀行はその案に同意した。

設立準備グループは、「交通銀行本店は、他の専業銀行のように、垂直管理の方式を採るべきではなく、支店等の経営独立性を認め、地方の色彩を濃くすべきだ。支店等は、本物の銀行とならねばならず、預金と貸付を均衡させ、独立採算とすべきだ」と考えた（交通銀行檔案：1986－永久－0010）。

1986年6月、支店等の運営資金（あるいは資本金）については、本店が支店所在地の経済建設の計画、貸付規模および本店の資金力を勘案して、一部を割り当てる以外、基本的には地方が自ら調達することとした（交通銀行檔案：1986－永久－0019）。

1986年8月、交通銀行設立準備グループは、中国人民銀行に対して、本支店関係に関する具体案を次の通り提案した。すなわち、「交通銀行の資本調達方式は株式制とする。各支店が調達する資本額は、経済発展状況に応じ

て、本支店間で協議の上決定する。支店の株式のうち、本店がその50％を購入し、残りを地方政府・企業・個人が購入する。各支店が調達した資金は、その全てを本店の資本金として納入する。その後、本店が各支店からの提供された金額を全額支店に戻し、その運営資金とする。支店には管理委員会を設置し、経営管理と株式関係の具体的事項を処理することとする。支店は、行政区域に基づき設置することはせず、経済発展の必要性に応じて設置する（交通銀行檔案：1986－永久－0019）」こととした。

交通銀行は、新旧経済体制が転換する時期に支店等を開設することになるので、経済区域と行政区域および省と市の間の矛盾を考慮する必要があった。それゆえ、省都に支店を開設する際には、省レベルの機関が支店に投資すること認め、それによって省の利益も勘案することとした（交通銀行檔案：1986－永久－0018）。

結局、1987年3月に中国人民銀行が認可した「交通銀行定款」第8章第21条において、「全ての内地の支店は、総管理処（本店）の領導の下で、自主経営・独立採算を行い、それぞれが法人格を有することとし、民事責任を負う」とされた。

地方政府と交通銀行支店の結びつきが強かったことは、交通銀行の業績に積極的な影響を及ぼした。しかし、それが負の作用をもたらすこともあった。たとえば、1988年の社内報告によれば、ある地方では本店の書面による許可を得る前に、支店用不動産の賃借を開始し、自ら支店開設準備グループを立ち上げ、甚だしきは幹部職員の募集まで行った。ある支店は、本店の同意を得ずに、地方政府に対して支店傘下の支所を設置することを約束し、あるいは地区を跨って事務所を設置することに同意し、文書まで出した（交通銀行檔案：1988－永久－0029）。

さらに、1995年の記録によれば、過去数年間に16カ所の支店等が本店の許可を得ずに、勝手に県レベルのあるいは管轄地区を越えた事務所を設置した。このように本店の規定を顧みず、自分勝手な振る舞いをすることは全くの誤りであるとされ、検討の結果、5つの機構を閉鎖することとした（交通銀行檔案：1995－長期－0246）という。

1987年当時、「交通銀行定款（草案）」において、資本金は20億元とされ、株式は中央財政株・地方財政株・企業法人株の3種類で構成されることになった。財政部が10億元出資し、その後は受け取った配当を追加投資した。地方政府と各部門は、交通銀行の地方支店が設立された時、財政庁や財政局が地方政府を代表し、株式を購入した。企業法人は、同様に支店から株式を購入したが、その資金の由来は自己資金に限定された。その結果、中央財政株50％・地方財政株40％・企業法人株10％という株主構成となった。株主数は、中央財政1・地方財政66・企業法人484の合計551となった（交通銀行総行、2006：198-204）。

地方の支店が開設される際、地方政府は5,000万元分の株式を支店から購入し、交通銀行本店も同様に5,000万元分の支店株式を中央財政資金（先に出資を受けた10億元）により買い付けた。この措置により、支店においても中央財政による株式支配が貫徹された。その後、支店の業務発展度合いに応じて、本店から承認を受けた金額に基づき、企業から出資を募った。

交通銀行における初期の利益配分方式は次の通りだった。すなわち、本店と支店は、それぞれの経営効率に応じて、その利潤から一定の比率で利益を社内に留保し、さらに一定の比率により公積金（法定積立金）を積んだ。利潤から社内留保および公積金を引いた残額を出資割合に応じて、配当として分配した。各株主は、自らが得た配当金について、当該企業の所得税率に基づき、各自が属する税務部門へ納税した。これが第1次分配である。本店（総管理処）は、自らが第1次分配を行った配当に、各支店から支払われる中央財政資金株式への配当を加え、その全体を中央財政株配当とし、第2次分配を行った。つまり、55％の所得税率により納税し（3年間の免税期間においては、所得税相当額を公積金として社内に留保した）、残りの45％の税引き後利益については、その60％を利潤の形で中央財政へ上納し、40％は中央財政の交通銀行への投資として、中央財政株を買い増した（交通銀行総行、2006：198-204）。

1994年、同行は法人制度改革を行い、各支店に分散していた株式を株式交換の形で本店に集中した。交換比率は、支店株1株に対して新株1.25株

の割合だった。その際、再建以来積んできた公積金（法定準備金）16.85億元を資本金に繰入れた（交通銀行総行、2006：198-204）。

さて、太平洋保険設立に先立って、交通銀行は保険業務の引受けを試行した。1987年11月、交通銀行上海支店は保険業務部を設置した。保険の引受けを始める際には、PICCとの直接的な競合を避けるため、まず国外業務（外国投資企業や大使館等の保険引受け）から着手しようとした（交通銀行檔案：1987－永久－0062）。

1988年になると「簡単な引受けから始め、難しいものに進み、小さいものから大きいものへ、国内からはじめ徐々に国外業務へ進む」方針に変更された（交通銀行檔案：1988－永久－0070）。

1989年当時、保険会社が乱立したため、その整理整頓が監督官庁である中国人民銀行の課題だった（交通銀行檔案：1989－長期－0126）。そのため、交通銀行の太平洋保険設立申請に対する認可は、1989年から1991年まで実質的に凍結された。

1990年12月に中国人民銀行から太平洋保険設立認可を受けた後、交通銀行内部で太平洋保険への出資方法および将来の利益配分について、次の議論がなされた。

まず、出資方法については、交通銀行総管理処（本店）と支店が共同で出資することとし、支店の出資額はそれぞれの資本金の10％以内とした。各支店は出資金を本店に集中し、本店は支店出資金総額の20％を中国太平洋保険の保証金として専用口座に預金した。残りの80％は、開業後の運営資金として各支店へ返戻した。

次に、利益配分については、交通銀行に倣い、利益総額の33％を総準備金および三項基金（発展基金、福利基金、奨励基金）として留保した。残りの67％分は、交通銀行本店へ上納した。交通銀行本店は、各支店の出資額および営業成績に基づき、支店毎の投資収益を計算することとした（交通銀行檔案：1991－永久－0033）。

このように太平洋保険設立に際しては、親会社である交通銀行本店が一括出資するのではなく、交通銀行支店も共同出資した。そもそも、交通銀行の

全国各地の支店は、支店所在地（多くは市）の地方政府に隷属しており、支店への出資金は地方政府財政から支出されていた。交通銀行としては、太平洋保険の収益を支店所在地の地方政府へ分配するため、各支店からの出資を仰いだ（交通銀行総行、2006：871-872）。この出資形態から、同社においては、「横の管理ライン」の力が強かった。

第2節　創業期（1991年〜1994年）の経営戦略と経営状況

1. 創業期（1991年〜1994年）の経営戦略

　この時期の状況を、年次毎に発行された『中国太平洋保険公司年報（Annual Report）』に基づいて振り返ってみよう。以下、特に注記しないデータの出所は、各年次の『中国太平洋保険公司年報』である。

　会社設立を1989年から2年間凍結されたためか、『1991年年報』に掲載された戴相龍[2]董事長（会長）の挨拶には、新会社を設立したという高揚感は余り感じられない。たとえば、冒頭ではこう述べられている。「交通銀行が保険業務を開始してから3年間の基礎の上に立って、中国人民銀行の認可を得て、1991年4月26日に交通銀行が出資し、全国で営業する保険会社――中国太平洋保険公司が成立しました。この1年、中国太平洋保険公司は、銀行業務と保険業務を分けて管理するという当局からの要請に照らして、統一的な管理体制と内部管理制度を作り上げました」。その後も、会長挨拶は淡々と述べられており、その中でもっとも目立つのは、「この1年、会社組織と代理店網の整備は、着実に進みました」という一文である。ここに当時の同社の戦略を象徴する言葉が現れていた。それは、同社の基本戦略を示すキーワード「着実に進む（原文では、穏歩発展）」であった。

　『1991年年報』によれば、同社の組織は、次の通りであった。まず、「董事会（取締役会）」の下に「総経理室（社長室）」が設置され、その下に弁公室・計画財務部・国内業務部・国外業務部・再保険部・人事教育部・監察および検査室・調査研究部・資金運用部・コンピュータ部が置かれた。この組織構造は、PICCとほぼ同じであった。なお、同社総経理（社長）に就任し

た潘其昌は、国務院から 1987 年に交通銀行副会長兼副社長に任命され、1993 年には同行会長（次官級）に任命された人物である（交通銀行檔案：1987－永久－0870 および交通銀行檔案：1993－永久－0053）。この経歴から類推して、太平洋保険社長に就任時の 1991 年には、局長クラスであったと思われる。

さらに、『1991 年年報』では、海外との交流も特筆されており、次の会談が写真付きで紹介された。すなわち、潘其昌総経理／三井住友海上社松方社長、徐家淵副総経理／米国コンチネンタル社シリング副社長、邵党娣副総経理／米国 AIG 社フリーマン副会長、施解栄副総経理／東京海上社花島部長の会見がそれである。それらの記載から、そこに現れた外国保険会社各社が太平洋保険に関心を示したこと、関心の度合いは会見した外国保険会社幹部の肩書きに現れていることが読み取れる。太平洋保険もこれらの保険会社との関係構築に意欲をもっていた。加えて、英国の有力保険ブローカーであるセジュウィック（Sedgwick）社および米国エトナ（Aetna）社から業務研修を受けたことも記されていた。

『1991 年年報』で保険引受けを見ると、上海のシェラトン華亭賓館・米中合弁のゼロックス上海複写機有限公司・広州流花賓館・広州万宝電器集団冷蔵庫製造ラインなどの火災保険引受けが注目される。これらは、当時の大型プロジェクトであり、太平洋保険は、PICC や平安保険との競争に打ち勝って、これらの保険契約を獲得したことが分かる。さらに、南極調査船「極地号」や四川航空の旅客機の引受けも行った。そこから、同社は、大規模物件を元受するために必要な再保険[3]手配の能力も備えたことが窺える。

生損保の構成比に注目すると、『1992 年年報』の「監事会（監査役）報告」に次の記載があった。すなわち、1992 年の総保険料は 6 億 6,185 万元であり、その内訳は損保国内業務 5 億 2,692 万元（構成比 79.6％）、損保国外業務 1 億 1,641 万元（同 17.6％）、生保 1,852 万元（同 2.8％）だった。同社の収入保険料のうち、生保の占める割合が極めて低いことが特徴であった。

続いて、利益配分に着目すると、『1993 年年報』に次の記載があった。すなわち、同年の太平洋保険の収入保険料は 15.4 億元であり、当期純利益は 2 億 836 万元だった。利益配分は株式配当 1 億 2,710 万元（構成比 61％）、総

準備金 6,251 万元（30％）、内部留保 1,875 万元（9％）だった。

ところで、保険会社の創業期において、当期純利益の60％以上を株式配当として外部に流失させるのは、尋常ではない。通常であれば、保険会社としては、内部留保を十分に確保し、財務基盤の確立に努めるべきである。もし、内部留保が確保できなければ、営業所の新設や従業員の新規雇用および事務処理に関わるIT投資などが実施できず、会社の発展に重大な悪影響を及ぼす。創業期においては、無配が継続してもおかしくはない。しかしながら、太平洋保険にはそのようにできない理由があったと推測される。それは、株主である交通銀行および地方政府から寄せられた強い配当支払い圧力であったと思われる。

そもそも、18世紀ころから、資金調達は中国企業にとって大きな課題だった。資金調達難は、後に利益配当の仕組みにも影響を及ぼし、中国独特の利益配分制度を生み出した。すなわち、企業は「官利」と呼ばれる固定利率部分と「紅利」と呼ばれる変動利率部分の両方を投資家に還元することが求められた。そのうち、前者については、当該企業の経営状況の良し悪しにかかわらず、たとえ赤字であろうとも、事前に約定した「官利（固定利率）」相当の配当を支払うことが必須だった。しかも「官利」のレベルは、年利6％から10％という高率だった（朱、2001：145-147）。

もし、経営が順調であれば、「官利」に加えて「紅利」も配当することが求められた。この商習慣は、1872年に近代中国最初の股份制企業（株式会社）である輪船招商局が設立された時から始まり、辛亥革命後も改められることはなかった。中華民国の「会社法」においてもその存続が認められ、条文上に明記された（朱、2001：152）。本制度は、1956年に行われた資本主義商工業に対する社会主義的改造にともなって、ようやく廃止された。なお、興味深いことに、改革開放初期の中国において、遼寧省や四川省で株式制度が試行された際、最初に現れた株式は元本および配当保証付であった。

「紅利」は通常の株式配当であるが、「官利」を求めるのは中国独特の商慣習である。経営の良し悪しに関わらず、創業期から高率の「官利」を支払うことは当該企業にとって重い負担であった。欧米や日本の資本主義経済では

一般的ではない利益配分制度が中国で行われた理由について、中国復旦大学の朱蔭貴教授は、「中国は一貫して資本不足の状態であり、出資者に手厚い配当を約束しない限り資金調達に応ずるものがいなかったからである」と説明している[4]。換言すれば、市場の金利水準に相当するのが「官利」であり、それに「紅利」という上乗せをしないと不安定な企業には誰も投資しなかったということである[5]。

このような中国社会の特性が、太平洋保険の高い配当性向[6]にも現れていた。判明している限り、同社の1991年から2000年までの平均配当性向は62％だった。一方、東京証券取引所1部上場企業の平均配当性向は、1990年代においては10％以下であり、直近の10年間（2001年～2010年）でも32％だった。保険会社では、たとえば、東京海上ホールディングスの2006年度から2010年度の平均配当性向は44％であり、損保ジャパンのそれは28％だった[7]。また、欧米企業の平均配当性向は30～40％なので、太平洋保険のそれがいかに高かったが分かる。株式配当優先によってもたらされた内部留保の著しい不足は、将来、同社の存続を危うくすることになった。その危機が、「ソルベンシー・マージン（支払余力）不足」として表面化するのは、1990年代末だった。

これらのことから、創業期における太平洋保険の戦略は、①徐々に業績を伸ばすという「堅実経営」を目指す ②損保を重点とする ③大規模物件の引受けに注力することだったと思われる。損保重視の戦略を採った理由は、当時において、中国保険業の主流は損保であり、生保の重要性が理解されていなかったこと、生保の営業推進に必要な販売網（代理人）整備の必要性が十分に認識されていなかったことなどが考えられる。

2．創業期（1991年～1994年）の経営状況
(1) 創業期における全社的な経営指標

まず、1991年から1994年の業績概要は**表7-3**の通りである。なお、特に断らない限り、資料の出所は各年次の『中国太平洋保険公司年報』および『中国保険年鑑』である（創業期以降についても同様）。

表 7-3　創業期（1991 年〜1994 年）の業績概要

(単位：億元)

年次	損保保険料	構成比	生保保険料	構成比	合計保険料	配当性向
1991 年					2.78	不明
1992 年	6.43	97.1 %	0.19	2.9 %	6.62	不明
1993 年	14.43	93.7 %	0.97	6.3 %	15.40	61 %
1994 年	27.70	90.1 %	3.03	9.9 %	30.73	55 %

出所：各年次の『中国太平洋保険公司年報』および『中国保険年鑑』より筆者作成。

表 7-4　創業期（1991 年〜1994 年）の貸借対照表

(単位：百万元)

	1991 年	1992 年	1993 年	1994 年
（資産の部）				
現金および銀行預金	744	905	1,078	1,487
貸付金	0	151	537	793
減）貸倒引当金	0	0	2	4
投資	31	397	153	563
減）投資引当金	0	0	0	0
保証金	149	170	166	201
未収保険料	25	88	109	170
未収金	8	31	208	527
減）未収引当金	0	0	0	1
保険契約者貸付	0	0	20	67
前払い保険金	0	0	32	106
固定資産	12	36	87	209
その他資産	31	0	117	83
合計	1,001	1,778	2,502	4,201
（負債の部）				
未経過責任準備金	93	269	497	962
生保責任準備金	0	0	103	320
未払い保険準備金	0	0	31	75
再保険準備金	30	74	151	284
保険契約者預金	0	0	277	543
未払い再保険料	0	0	63	61
その他未払い金	49	432	142	302
その他負債	15	0	131	249
合計	187	775	1,395	2,795
（所有者権益）				
実収資本	746	851	831	1,000
資本公積	0	0	67	136
剰余公積	0	0	1	27
当期純利益	68	153	208	241
合計	814	1,004	1,107	1,405

出所：各年次の『中国太平洋保険公司年報』および『中国保険年鑑』より筆者作成。

表7-5 創業期(1991年～1994年)の損益計算書

(単位:百万元)

	1991年	1992年	1993年	1994年
(収益)				
元受保険料	256	662	1,540	3,073
受再保険料	42	120	795	899
その他収入	0	0	177	295
未経過責任準備金戻入	39	90	226	497
生保責任準備金戻入	0	3	20	103
未払い保険金準備金戻入	0	0	0	31
利息およびその他収益	81	271	0	0
合計	418	1,145	2,758	4,898
(費用)				
支払い保険金	81	201	517	1,321
生保給付金および返戻金	1	1	11	78
出再保険料	76	190	989	1,155
手数料	8	26	66	133
業務費用およびその他費用	78	295	257	398
未経過責任準備金繰入	90	226	497	962
生保責任準備金繰入	2	20	103	320
未払い保険金準備金繰入	0	0	31	75
営業税および付加税	0	0	78	137
営業収益	0	0	0	320
投資収益	0	0	0	30
営業外収益	0	0	0	73
減)営業外費用	0	0	0	63
前年度損益調整	0	0	0	0
税引前当期純利益	0	0	0	359
減)所得税	13	33	0	118
当期純利益	68	153	208	241

出所:各年次の『中国太平洋保険公司年報』および『中国保険年鑑』より筆者作成。

　表7-3のとおり、太平洋は創業期において、配当性向が極めて高かった。また、損保重視の戦略を採ったため、結果として生保の種目別構成比が低かった。ライバルである平安保険は、当時、生保の重要性に気付き、人材育成や販売網整備を開始していたことに比べると、太平洋は出遅れた感がある。生損保合計保険料は、1992年以降順調に増大した。

　つぎに、創業期の財務諸表(**表7-4**、**表7-5**)は上記のとおりである。

　財務諸表を活用して、経営指標を計算すると**表7-6**のとおりである。

表7-6 創業期（1991年～1994年）の経営指標

(単位：百万元)

	1991年	1992年	1993年	1994年
既経過保険料	171	456	1,075	2,352
発生保険金	84	219	642	1,660
正味損害率	**49.1%**	**48.0%**	**59.7%**	**70.6%**
正味事業費	86	321	401	668
正味収入保険料	222	592	1,346	2,817
正味事業費率	**38.7%**	**54.2%**	**29.8%**	**23.7%**
コンバインド・レシオ	**87.9%**	**102.2%**	**89.5%**	**94.3%**
投資収益	0	0	0	30
資産の部合計	1,001	1,778	2,502	4,201
総資産利回り	**0**	**0**	**0**	**0.71%**

出所：筆者作成。

まず、アンダーライティングの良否を示す正味損害率を見てみると、太平洋保険の数値は、1994年を除けば日本の大手3社の平均値（60～70％）より優れていた。この期間においては、ほぼ適正なアンダーライティングがなされていたと考えられる。ただし、損害率が年を追って上昇傾向にあることには注意を要する。

次に、経営効率を示す正味事業費率を見てみると、太平洋保険の数値は、創業後2年間は日本大手3社平均（30～35％）を上回った。この時期は、分母の収入保険料が小さいため、事業費率が高くなるのはやむを得ない。3年目以降は、日本大手3社平均を下回っていた。創業直後としては、まずまずの経営効率となっていたと考えられる。

続いて、コンバインド・レシオを見てみると、太平洋保険は1992年を除くと100％を切っており、保険本業で利益を出していた。

最後に、運用資産利回りを見てみよう。太平洋保険は、創業後間もないため、十分な運用資産を有していなかった。この時期に、資産運用を行っていた形跡はほとんどない。

(2) 創業期における個別保険種目の損害率

保険会社の経営状況を判断する場合、保険種目合計の損害率を見るだけで

表7-7　創業期における個別保険種目の損害率

(単位:百万元、損害率%)

	収入保険料					支払保険金				
	企財	自保	生保	他種	合計	企財	自保	生保	他種	合計
1991年					256					82
損害率										32.0
1992年	200	167	18	277	662	33	79	3	89	203
損害率						16.5	47.3	16.7	32.1	30.7
1993年	338	529	202	472	1,540	89	301	31	107	527
損害率						26.3	56.9	15.3	22.7	34.2
1994年	672	1261	465	675	3,073	232	824	250	79	1,385
損害率						34.5	65.3	53.8	11.7	45.1

(注)　企財は企業財産保険を、自保は自動車保険を、他種はその他種目をさす。
出所:各年次の『中国太平洋保険公司年報』および『中国保険年鑑』より筆者作成。

はなく、個別種目の成績にも注目する必要がある。それによって、保険種目ごとのアンダーライティングの良否を判断できる。この時期の個別保険種目の損害率を算出すると**表7-7**のとおりである。

　種目別の損害率をみると、自動車保険の成績が悪化傾向にあることが注目される。自動車以外の各種目については良績が続いており、適正なアンダーライティングが行われたように見える。

　一方、日本の大手3社の平均損害率は60〜70%であり、これが損害率から見た損益分岐点であることに鑑みると、太平洋保険の損害率は低すぎるとも考えられる。上記損害率は、リトンペイドベーシスのため、保険料が伸びている時には低めに出る点を割り引いても、太平洋を含む保険業界全体の保険料率水準そのものが高すぎたことは否めない。このように超過利潤が生まれていた保険業界の収益状況が、その後、自動車保険における料率引下げ競争を誘発したと考えられる。

第3節　業務発展期(1995年〜1997年)の経営戦略と経営状況

1. 業務発展期(1995年〜1997年)の経営戦略

　創業期に続いて、業務発展期の経営戦略を、同社の『年報』を手がかりに振り返ってみよう。

第Ⅱ部　保険会社の経営に現れた開放と改革の具体像

　第1に、資金調達を実施した。1995年に太平洋保険は増資を行い、資本金は10億元から20億元に倍増した。前述の高い配当性向の結果、投資資金が不足し、それを補うために増資が行われたと考えられる。交通銀行は相変わらず親会社だったが、その他の株主には、全国の企業287社が名を連ねた。たとえば、江蘇省鎮江市では、鎮江市財政局・鎮江市国家税務局・江蘇船山集団有限責任公司・鎮江市水道公司・鎮江錨綱総廠・鎮江チタン粉末総廠・鎮江市信託投資公司・丹陽市（鎮江市管下）財政局が、太平洋保険の株主となった（鎮江保険志編纂委員会、2005：215-216）。

　第2に、生保において新しい取り組みを行い、生保重視に軸足を移した。1996年になると、生損合計の収入保険料は87.57億元に達した。内訳は、損保54.69億元（構成比62.5％）、生保32.88億元（構成比37.5％）であった。生保に関しては、全国80カ所の大都市ならびに中規模都市で、コミッション制を取り入れた代理人営業モデルを試行し、営業および管理の経験を蓄積した。生保の代理人数は、1995年の2,000人から1996年末には3万人を超えた。その結果、生保の全保険料収入における構成比が上昇した。

　第3に、会社内部の機構改革と管理体制変更が実施された。1996年、法人格を有していた地方支店を、本店中心の1法人に再編成し、地方支店に関わる省別管理体制を確立しようとした。ただし、それは問題解決のスタートラインに立ったに過ぎなかった。この時期において、会社財務の総点検を実施し、問題点を探し出した。会社経営上のリスクの防止と軽減を重視し、営業上の合法性を点検した。

　以上まとめると、同社のこの時期の戦略は、①増資によって、投資余力を回復する　②損保中心の営業戦略を生保業務重視に転換し、個人代理人による販売網を整備する　③独立法人であった地方支店を、本店を中心とする1法人に集約する改革に着手することだった。

　この時期は、順調に営業成績は伸びたが、その中で問題も発生した。『年報』の記載から類推すると、地方支店の独立性が強く本店の統制が行き届かなかったことに起因する「会社資産の社外流出（業務上横領）および過大な不動産投資」と「営業の合法性（生保における無認可代理人との取引）」に

第7章　中国太平洋保険グループの発展戦略と経営状況

問題があったと思われる。ただし、これらの問題に対してしっかりとした対策が採られたのは、1998年に王国良が総経理（社長）に就任した後だった。

2. 業務発展期（1995年～1997年）の経営状況
(1) 業務発展期における全社的な経営指標

まず、業務発展期の業績概要は**表7-8**のとおりである。

この時期は、生保重視の戦略に転換した結果、生保収保の伸び率が高かった。損保収保は伸び悩み、1997年には収保実額で生保を下回った。配当性向は、前期に続いて極めて高い水準であり、太平洋の財務基盤形成および成長のための投資実行を阻害する懸念があった。

つぎに、業務発展期の財務諸表から、経営指標を計算した結果は**表7-9**

表7-8　業務発展期（1995年～1997年）の業績概要

（単位：億元）

年次	損保収保	伸び率	生保収保	伸び率	生損計	伸び率	配当性向
1995年	44.32	160%	12.07	398%	56.39	184%	58.8%
1996年	54.69	123%	32.88	272%	87.57	155%	60.0%
1997年	59.55	109%	72.14	219%	131.70	150%	70.0%

出所：各年次の『中国太平洋保険公司年報』および『中国保険年鑑』より筆者作成。

表7-9　業務発展期（1995年～1997年）の経営指標

（単位：百万元）

	1995年	1996年	1997年
既経過保険料	4,640	7,873	12,755
発生保険金	3,348	6,008	10,360
正味損害率	**72.9%**	**76.3%**	**81.2%**
正味事業費	1,138	1,845	3,166
正味収入保険料	5,180	8,590	12,843
正味事業費率	**22.0%**	**21.5%**	**24.7%**
コンバインド・レシオ	**94.9%**	**97.8%**	**105.9%**
投資収益	62	100	277
資産の部合計	8,391	11,324	15,912
総資産利回り	**0.74%**	**0.88%**	**1.74%**

出所：筆者作成。

のとおりである。

　この期間を通じて、正味損害率は悪化しており、アンダーライティングに問題が出てきていたことを示していた。どの種目に問題が発生していたのかは、以下で個別種目の損害率を見る際に確認したい。

　正味事業費率は20％台で安定しており、経営効率は悪くなかった。コンバインド・レシオは90％を大きく超え、保険事業での収益が減っていることを示していた。1997年には100％を上回り、保険本業で赤字となった。この時期は、保険料は順調に伸びたものの、引受け物件の質に問題があったと考えられる。

　総資産利回りは、日本の大手3社に比較すると見劣りするものの、上昇しつつあった。

(2) 業務発展期における個別保険種目の損害率

　この時期の個別保険種目の損害率は**表7-10**のとおりである。

　種目別の損害率について、自動車は他の種目と比較すると悪績であり、そのアンダーライティングに問題があったと考えられる。おそらく、PICCとの間で料率引き下げによる契約獲得競争が行われた結果、自動車保険の成績が悪化したものと推定される。企業財産は安定的に良績であり、太平洋保険の収益に貢献した。生保について、この時期には業績が拡大する中で良績を保っており、問題が表れていなかった。ただし、この時期は生損保分離が行われていなかったので、生保の正確な損益は不明であった。

表7-10　業務発展期における個別保険種目の損害率

(単位：百万元、損害率％)

	収入保険料					支払保険金				
	企財	自保	生保	他種	合計	企財	自保	生保	他種	合計
1995年	906	2,389	1,506	888	5,639	290	1,285	593	22	2,190
損害率						32.0	53.8	39.4	2.5	38.8
1996年	1,202	3,049	3,263	1,244	8,757	561	1,598	697	1,087	3,943
損害率						46.7	52.4	21.4	87.4	45.0
1997年	1,353	3,371	7,549	897	13,170	591	2,177	1,217	495	4,480
損害率						43.7	64.6	16.1	55.2	34.0

(注)　企財は企業財産を、自保は自動車を、他種はその他種目をさす。
出所：各年次の『中国太平洋保険公司年報』および『中国保険年鑑』より筆者作成。

第4節　調整期（1998年〜2000年）の経営戦略と経営状況

1. 調整期（1998年〜2000年）の経営戦略

引き続き、『年報』を中心に調整期における太平洋保険の動きを見てゆこう。

まず第1の重大な変化は、支店が独立法人であることを廃止し、本店を中心とする1法人化を貫徹したことであった。1998年の『年報』は、「1998年は中国太平洋保険公司の発展史上、平凡ではない1年だった」という書き出しで始まった。その後に続く文言で目を引くのは、「1つの法人として管理を強化した」という表現である。

そもそも、1987年に再建された交通銀行においては、前述のように、支店が独自の法人格を有し、その株主も存在した。そのため、業務指導を除けば、本店の支店に対する拘束力はないに等しかった。

交通銀行の子会社である太平洋保険も支店が法人格を有し、本店の力は及びにくかった。その結果、1998年前後において、資本金が20億元に過ぎない同社の不良資産は、35億元に達していた（陳、2009：87-88）という。1998年に王国良が総経理（社長）に就任すると、資金・財務・業務を集中し、「1つの法人化」を推進した。社有資産についても、全社レベルで調査を実施し、ビル1棟から自動車1台・パソコン1台に至るまで、全て詳細に記帳した。当時、ある支店のトップを務めていた人物によれば、1998年以前は基本的に本店からの指示を聞いたことがなかったが、それ以降状況が一変した（陳、2009：87-88）。

綱紀粛正の具体的な動きとして、1998年10月7日と8日に開催された太平洋保険支店長会議において、王国良は、赤字を計上している16支店の支店長に対して、期限付きの黒字化責任承諾書に署名させた（中国保険年鑑編輯部、1999：128）という。王国良は、太平洋保険の規律委員会書記であった洪涛とともに、軍人気質が濃厚であった支店長たちを服従させるため、人事異動を敢行し、悪質なものは司法機関に処理を委ねる措置を採った。同時

に営業機構の整理も断行し、管理不行き届きで今後の伸びも期待できない不採算支店を閉鎖あるいは合併した（陳、2009：87-88）。

　第2に注目すべき戦略は、「生損保分離」だった。2000年に、太平洋保険はCIRCの要請に応じて、生損保分離を実施した。その準備は、1998年1月に開始された。同社党支部は、生損保分離につき、交通銀行党組へ次のとおり報告した。すなわち、「中国人民銀行は、太平洋保険が太平洋保険（集団）股份有限公司を設立し、その傘下に損保会社ならびに生保会社を持つことを認めた。香港法人および米国法人もその傘下に入ることになった。集団公司（持ち株会社）の生損保事業会社に対する持ち株比率は、当初は90％とし、その後の生損保会社の増資にともない、徐々に40％まで引き下げる。生損保会社の支店については、省レベルおよび地レベル市では生損保の両方を設置し、それ以下は業務量が一定水準に達した場合、支社を設置する。生損保いずれかしか支社を設置できない場合、一方が残りの業務を代理することとする（交通銀行総行、2006：905）」。なお、生保については、業務の特性に留意し、その発展のために3億元を投入した（中国保険年鑑編輯部、2001：239）。

　第3の戦略は、「業務構造の戦略的調整」であった。この時期において、太平洋保険は、生保の業務整理を断行した。具体的には、収益性の低い団体生保業務の4分の1を毎年切り捨てていった。その一方で、1998年に米国のエトナ社と生命保険引受けの合弁会社——太平洋安泰人寿保険股份公司を設立した。出資割合は50：50の折半で、資本金は2億元であった。中国太平洋保険公司副総経理の邵党娣が董事長（会長）に就任し、エトナ国際保険会社大中華区副総裁の張全福が総経理（社長）になった。

　商品面では、生保分野で保障と投資を結びつけた「太平盛世・長発両全（万能型）」という商品を発売した。これは、「ユニバーサル保険」と称される保険種目であり、主に米国で発展した商品である。商品構成は、積立部分と保障部分の2階建てとなっている。積立部分の金利は、市中の短期金利に連動して設定され、競合する銀行預金や投資信託商品に見劣りしない貯蓄機能を備えているのが特徴である。この積立部分から契約管理経費および死亡保障の保険料を払いだす仕組みである（ニッセイ基礎研究所、2011：110-

111)。加えて、傷害保険や健康保険などの短期業務を発展させ、生保の引受け構造を合理化し、業務の質を高めた（中国保険年鑑編輯部、2000：211）。

さらに、同社は市場経済体制に適応し、現代企業制度を確立することを目標にして、会社の営業体制・人事制度・給与制度・リスクマネジメント体制の4分野で体制変換のスピードを加速した。具体的には、社内各レベルで主要なリーダーを新たに選任した。また、全社的に党組を党委員会へ改組し、党組織による垂直指導を全面的に実施した。幹部についても党による垂直指導を貫徹した。党紀違反については厳格に処分した（中国保険年鑑編輯部、2000：211）。

また、1999年には、損保収保の中で比重が大きい自動車保険業務に関して、「10万顧客大訪問」活動を展開し、自動車保険顧客データベースを構築した。それを活用して、事故が多発した営業用自動車の引受けを停止し、自動車保険における業務整理を完成させた。同時に、自動車保険の新約款の使用状況を検査し、自動車保険の引受け健全化を図った結果、CIRCの要求レベルを前倒しで達成した。自動車保険の対前年増収率は9.17％となり、一方、損害率は10.24％低下した（中国保険年鑑編輯部、2000：211）。

販売面では、2000年に大型商業銀行との戦略的提携を強化した。たとえば、交通銀行・招商銀行・深圳発展銀行・中国光大（集団）総公司等と全面的な業務協力協議書を締結し、戦略的パートナーとなった。これは、銀行窓口を通じて保険商品を販売する「バンクアシュアランス」導入への布石であった。さらに、電子商取引の分野へも進出した。

ところで、1998年に総経理に就任し、上記の戦略実行に力を発揮した王国良とはどんな人物なのだろうか。太平洋保険が公表した略歴によれば、王は1950年生まれで、南京大学卒業、江蘇省鎮江市外事弁公室副主任・句容県党委員会副書記・交通銀行鎮江支行副経理・鎮江市軽工業局長・交通銀行本店総合計画部総経理・太平洋保険副董事長を歴任し、太平洋保険総経理に就任したという。主に江蘇省鎮江市の行政経験と交通銀行および太平洋保険における金融の実務経験を併せ持った人物であった。

王は、2005年にある雑誌の取材を受けた際、保険会社の経営について、

次のように述べた[8]。「太平洋保険グループの経営は穏健であり、保守的ですらあるという人々がいる。私は、保険会社は冒険会社ではないと思う。全ての保険証券が利潤を生みださなければならないし、穏健な経営とはすなわち利益を生み出すことだと考える。利潤を生まない業務領域からは退出しなければならない。これは民営保険会社が生存するための基礎だ。単に保険料規模の大きさを追求するのは意味がない」。

また、王は 2006 年 3 月に北京で開催された「中国金融に関する分析および予測会議」において、次のように発言した[9]。「そもそも太平洋保険は、国有資本を主体とする保険会社であり、様々なしがらみを抱えていた。それを打破するために、まず、中国の民間資本を導入し、その後に外資を導入した。その効果は極めて大きかった。特に、人事給与制度について、外資側から『このままでは、金を黄埔江に捨てるようなものだ』との強烈な改革要請があり、一気に制度の革新が進んだ。新商品の開発においても、外資と共同開発した商品が保険料収入の 30 ％を占めているし、損保の利潤の 50 ％前後がそれらの商品によってもたらされている」。

このような発言や経歴から、王は極めてプラグマティックな思考の持ち主であることが分かる。また、国有企業に近い太平洋保険の企業体質を改めるため、民間や外資の圧力と能力をうまく活用したことが窺える。

以上をまとめて、調整期における同社の戦略は、①「1 つの法人化」を強力に推し進め、支店の「独立王国化」を完全に是正する　②生損保分離を実行する　③「業務構造の戦略的調整」を実施する。特に収益性が低い団体生保契約を整理する。損保収保の太宗を占める自動車保険のデータベースを構築し、成績が悪い営業用自動車保険の引受けを謝絶することだった。

2. 調整期（1998 年〜 2000 年）の経営状況
(1) 調整期における全社的な経営指標

まず、この時期の業績概要を示すと**表 7-11** のとおりである。

この時期は、本店を中心とする 1 法人化を推進し、利益を生まないとされた業務の整理を進めたことから、収保の伸び率が対前年でマイナスになる年

第7章　中国太平洋保険グループの発展戦略と経営状況

表7-11　調整期（1998年～2000年）の業績概要

(単位：億元)

年次	損保収保	伸び率	生保収保	伸び率	生損計	伸び率	配当性向
1998年	55.47	93%	69.18	96%	124.65	95%	不明
1999年	58.70	106%	66.22	96%	124.92	100%	65.0%
2000年	68.42	117%	84.06	127%	152.46	122%	不明

出所：各年次の『中国太平洋保険公司年報』および『中国保険年鑑』より筆者作成。

表7-12　調整期（1998年～2000年）の経営指標

(単位：百万元)

	1998年	1999年	2000年
既経過保険料	12,522	11,905	14,377
発生保険金	9,605	8,918	10,705
正味損害率	**76.7%**	**74.9%**	**74.5%**
正味事業費	3,552	3,152	4,059
正味収入保険料	12,379	12,086	14,831
正味事業費率	**28.7%**	**26.1%**	**27.4%**
コンバインド・レシオ	**105.4%**	**101.0%**	**101.8%**
投資収益	315	386	527
資産の部合計	17,897	23,878	31,507
総資産利回り	**1.76%**	**1.62%**	**1.67%**

出所：筆者作成。

次があった。特に、生保においては、大幅な業務整理が断行されたため、1998年と1999年において、収保が連続して減少した。詳細は不明ながら、配当性向は相変わらず高かったと思われる。

つぎに、調整期の財務諸表から全社的な経営指標を計算すると**表7-12**のとおりだった。

損害率については、前期の1997年を底として、1998年以降70％台に戻した。これは、総経理に就任した王国良のリーダーシップによる赤字支店のトップに対する強力な締め付け（期限を切って、黒字転換を約束させ、実現できない場合は辞任を迫るなど）が、一定程度功を奏した結果だった。しかし、創業期以来の損害率のトレンドをみると、1994年から一貫して70％を超えており、アンダーライティング上の問題が解決されていない状況が続いていた。

225

表7-13 調整期（1998年～2000年）における個別種目の損害率

(単位：百万元、損害率%)

	収入保険料					支払保険金				
	企財	自保	貨物	他種	合計	企財	自保	貨物	他種	合計
1998年	1,409	3,224	398	516	5,547	585	2,205	195	395	3,380
損害率						41.5	68.4	49.0	76.6	60.9
1999年	1,423	3,520	341	586	5,870	490	2,047	131	445	3,113
損害率						34.4	58.2	38.4	75.9	53.0
2000年	1,422	4,189	368	863	6,842	505	2,157	186	323	3,171
損害率						35.5	51.5	50.5	37.4	46.3

（注）　企財は企業財産を、自保は自動車を、他種はその他種目をさす。
出所：各年次の『中国太平洋保険公司年報』および『中国保険年鑑』より筆者作成。

事業費率は、20％台後半まで上昇し、高止まり傾向にある。人件費および物件費のコントロールに甘さがあったと思われる。コンバインド・レシオをみると、前期の1997年以降4年連続で100％を超えており、保険本業の赤字が継続していた。

総資産利回りは、コンスタントに1％台後半を維持し、保険本業を支えるようになってきた。

(2) 調整期における個別保険種目の損害率

この時期の個別種目の損害率は**表7-13**のとおりである。

種目別損害率については、業務発展期と同様に自動車保険に問題があったものの、年を追うごとに改善しつつあった。企業財産と貨物は概ね良績であり、むしろ保険料率水準が高かったことを示していた。その他種目の太宗を占める生保は1996年以降悪績であり、それは調整期の1998年と1999年においても同様だった。このことが団体生保の整理につながった。

第5節　グループ会社化推進期（2001～2006年）の経営戦略と経営状況

1. グループ会社化推進期（2001～2006年）の経営戦略

2001年年初、中国太平洋保険（集団）股份有限公司（以下、太平洋（集団）と略称）が正式に設立され、その傘下に中国太平洋財産保険股份有限公司（以下、太平洋財産と略称）と中国太平洋人寿保険股份有限公司（以下、

太平洋人寿と略称）が成立した。この時期については、各年次の『中国保険年鑑』の記述を中心に、個別に持ち株会社（集団）・損保・生保の経営戦略を見てゆこう。

(1) 太平洋（集団）の戦略

「集団として管理し、事業の専業化を進め、市場の動きに合わせて会社を運営する」という経営モデル実現を目指した。具体的には、中国のWTO加盟という挑戦に際して、「グループ全体の株式を上場し、かつ外資の出資を求める」という戦略を立てた。そのために、人材登用の面では、国内外から比較的学歴が高く、業務経験が豊富な人材を招聘し、アクチュアリー・財務管理・情報技術・資産運用および電子商取引などの重要ポストに配置した。

さらに、江蘇省において「都市農村一体化」という発展戦略を進め、経営資源の配置を合理化した。これは、中央政府が江蘇省の南京・無錫・蘇州・徐州などを巨大都市として発展させる方針に適応するものであった（中国保険年鑑編輯部、2002：166-187）。

財務に関しては、2002年に董事会の要請に従って、私募方式により増資を実施した。その結果、資本金は90億元となり、株式数は20.06億株から43億株へ増加した。これは、近い将来、生損事業子会社において、ソルベンシー・マージン（支払余力）を確保するため、増資を実施することを見越した措置だった。

経費管理に関しては、グループとしての購買活動を調達サービスセンターに集中し、コスト削減を図った。

資産運用に関しては、2006年6月に太平洋資産管理公司を設立し、資産運用を専門に行う体制を整えた（中国保険年鑑編輯部、2007：274-287）。

(2) 太平洋財産の戦略

次に、損保の戦略を見てみよう。第1に、自動車保険は、種目構成比が最大でありかつ成績が相対的に振るわなかったので、以下の戦略を採った。まず、約款と料率の管理制度を改め、優良契約の維持拡大に努めた。業務管理面では、「総合統計データベース」を構築し、そこへ全国の数字を集中させ、情報管理レベルを引き上げた。

営業面では、第一汽車乗用車販売公司と保険サービス協議書を締結した結果、中国で初めて保険会社と自動車メーカーとの協力関係を樹立した。さらに、保険ブローカー会社大手の長安保険ブローカー会社・長城保険ブローカー会社・海達保険ブローカー会社と業務協力協定を結び、業務発展力を強化した。

2003年には、自動車保険の大規模検査を実施した。その結果、自動車ローン保証保険の引受けを停止した。2005年には、損害率が低い公用車市場の開拓に努めたことにより、中央国家機関の一括引受け（除く北京市内）の入札に勝利した。その結果、自動車保険は単年度黒字化を達成した。同年、自動車保険の種目別構成比は、61.49％となり、業界平均を5.39％下回った。2006年には、自賠責保険制度の導入に伴い、自賠責保険と任意保険の新約款への切り替えをスムーズに行った。それと並行して、自動車保険の事故処理の質に関する大規模な調査を実施し、コスト管理を徹底した。

第2に、自動車保険以外の種目に関する戦略は次のとおりだった。非自動車保険業務を伸ばすために、人事考課制度や代理店手数料体系など社内外の制度を改め、自動車保険以外の種目を開拓するインセンティブを高めた。個人の住宅火災保険について、ローンの破綻リスクに備えるため、引受け制限を行った。2006年には、企業火災・貨物運送・個人火災・短期傷害といった高収益種目に力を入れた。加えて、海外旅行傷害保険を発売した。特に短期傷害の収保は9.47億元に達し、対前年比44.29％増加した。その結果、短期傷害保険は収保面の三本柱に成長した。

第3に、財務戦略やイメージ戦略は次のとおりだった。2003年に増資を行い、ソルベンシー・マージン（支払余力）を確実に増強した。継続的に会社のイメージ形成に注力した結果、2004年には、PICC・平安・太平洋の3大損保の中で、CIRCが受付けた苦情件数がもっとも少なくなった。その結果、保険会社として初めて、中国質量協会から「全国ユーザー満足企業」の称号を受けた。

(3) 太平洋人寿の戦略

最後に、生保の戦略を見てみよう。第1に、生保事業の利益率を高めるた

め、個人の年払い契約および短期の傷害保険を大きく伸ばそうとした（中国保険年鑑編輯部、2005：256-270）。その一方で、バンクアシュアランス[10]業務と団体保険業務は引受けを制限し、収保構造の合理化を促進した（中国保険年鑑編輯部、2006：285-298）。また、株式配当型保険やユニバーサル保険の引受けも抑制した。

　第2に、営業力を強化するため、個人代理人の拡大に努め、2002年末にはその数が21万人に達した。その結果、生保収入保険料は大幅に伸びたが、それが新たな問題を引き起こした。すなわち、ソルベンシー・マージン（支払余力）不足である。保険料が急激に伸びすぎた結果、事故の際の保険金支払いを保証するための資産規模拡大が追いつかなかった。

　太平洋人寿総経理の金文洪は、一時払い契約の問題点を熟知していた。つまり、一時払いで獲得できる保険料は一見大きいが、毎年毎年新規契約を確保し続ける必要がある。一方、年払い契約の場合、毎年一定額の保険料が入ってくるので、それを基盤として、営業活動を行うことができる。したがって、年払い契約を増やすことが、会社の価値を高める道であった。そのことを、金は外資との出資交渉で身に染みて理解していた。

　金の努力にもかかわらず、太平洋人寿はその後も、支払余力不足に悩まされた。特に2004年8月には当局から警告を受けた。そうなると株主への配当支払いや営業拠点増設も認められないので、業務への影響も大きかった。2005年末になって、やっとカーライル（The Carlyle Group）[11]からの出資により66億元の増資を実現し、支払余力不足を解消することができた（陳、2009：112-115）。

　グループ会社化推進期において同社が採った戦略は、①生損保分離を進め、集団公司のもとに損保事業会社と生保事業会社を設立する　②損保では、種目構成比で6割を超える自動車保険が悪績であったため、契約内容の分析を行い、損害率が低い公用車市場へ進出する。その一方で、収益率が高い傷害保険を積極的に販売する　③生保では、収益率を改善するため、一時払い契約や短期年金業務を整理し、年払い契約を増やす　④ソルベンシー・マージン（支払余力）を改善するため生損保とも増資を実施するということだった。

2. グループ会社化推進期（2001～2006年）の損保経営指標

従前と同様に財務諸表から経営指標を算定してみよう。この時期には、生損保分離が行われたので、損保会社である太平洋財産と生保会社である太平洋人寿とに分けて計算する。まずは、損保について結果を表示（**表7-14**）する。

まず、損害率であるが、2001年と2002年は良績を保っていたものの、2003年以降急速に悪化した。悪績の原因は、種目構成比が最大の自動車保険で何かが起きたためと思われるが、詳細は第6節で論ずる。

次に、事業費率をみると、こちらも2003年に大幅に悪化した。その原因は、正味収入保険料が減少しているのに、正味事業費が増加したためである。人件費および物件費のコントロールに失敗したと思われる。2004年に急激な経費引き締めが行われたが、その効果は1年に止まった。

上記の結果、コンバインド・レシオも2003年には100％を大幅に超え、保険本業で大きな赤字を出した。2004年以降は、持ち直したもののじり高傾向にある。

一方、総資産利回りは、ほぼ継続して上昇した。その結果、2004年以降

表7-14　グループ会社化推進期（2001年～2006年）の損保経営指標

（単位：百万元）

	2001年	2002年	2003年	2004年	2005年	2006年
既経過保険料	7,488	8,854	7,824	7,367	10,854	12,253
発生保険金	3,825	5,041	5,984	4,699	6,463	7,437
正味損害率	**50.1％**	**56.9％**	**76.5％**	**63.8％**	**59.5％**	**60.7％**
正味事業費	2,858	3,256	3,486	2,695	3,948	4,844
正味収入保険料	8,027	9,615	7,926	8,938	11,380	13,821
正味事業費率	**35.6％**	**33.9％**	**44.0％**	**30.2％**	**34.7％**	**35.0％**
コンバインド・レシオ	**86.7％**	**90.8％**	**120.5％**	**93.9％**	**94.2％**	**95.7％**
投資収益	53	121	286	223	556	1,213
資産の部合計	7,509	10,593	14,437	17,541	23,185	30,803
総資産利回り	**0.71％**	**1.14％**	**1.98％**	**1.27％**	**2.40％**	**3.94％**

出所：筆者作成。

表7-15 グループ会社化推進期（2001年～2006年）の個別種目損害率

(単位：百万元、損害率%)

	収入保険料					支払保険金				
	企財	自保	貨物	他種	合計	企財	自保	貨物	他種	合計
2001年	1,514	5,238	442	1,319	8,513	532	2,594	194	414	3,734
損害率						35.1	49.5	43.9	31.4	43.9
2002年	1,575	6,423	466	1,750	10,214	606	3,593	151	635	4,985
損害率						38.5	55.9	32.4	36.3	48.8
2003年	1,636	6,208	530	2,260	10,634	621	4,446	207	575	5,849
損害率						38.0	71.6	39.1	25.4	55.0
2004年	2,312	7,944	659	2,934	13,849	840	4,219	212	663	5,934
損害率						36.3	53.1	32.2	22.6	42.8
2005年	2,265	8,967	756	2,827	14,866	1,151	5,050	243	1,008	7,452
損害率						50.8	56.3	32.1	35.7	50.1
2006年	2,491	11,595	816	3,406	18,308	1,475	5,868	304	1,074	8,721
損害率						59.2	50.6	37.3	31.5	47.6

出所：各年次の『中国保険年鑑』より筆者作成。

は、営業収益よりも投資収益が大きい状態となり、会社収益を支えることとなった。

次に、個別種目ごとの損害率（**表7-15**）を見てみよう。

個別種目の損害率（W/P）は、一見すると2003年の自動車保険が突出して悪績であるほかは、極めて良績のように思われる。一方、全社レベル（全種目計）の損害率（E/I）は、2003年以降、60～70％の水準となっていた。この乖離は、保険料収入が右肩上がりである場合に起きる現象であり、より正確なアンダーライティングの結果は、全社レベルの損害率に表れていた。つまり、E/Iベースでは、各種目とも損益分岐点を若干上回る成績に止まっていたと推定される。

3. グループ会社化推進期（2001～2006年）の生保経営指標

この時期の生保経営指標（経常利益）を財務諸表から算出すると**表7-16**のとおりである。

表7-16のとおり、太平洋人寿は2001年から2004年まで、経常利益がほぼマイナスだった。その中で投資収益は比較的安定的に確保していた。ただ

表 7-16　グループ会社化推進期（2001 年～2006 年）の生保経営指標

(単位：百万元)

	2001 年	2002 年	2003 年	2004 年	2005 年	2006 年
（収益）						
元受保険料	14,343	24,902	37,674	34,618	36,201	37,838
受再保険料	221	521	0	0	0	0
その他収入	487	15	9	84	52	33
未経過責任準備金戻入	254	428	640	755	779	672
生保責任準備金戻入	16,754	28,859	45,639	70,251	90,608	111,936
未払い保険準備金繰戻入	47	308	234	797	797	633
長期責任準備金戻入	0	0	0	0	0	0
（費用）						
支払い保険金	415	766	1,056	1,120	1,040	1,352
生保給付金および返戻金	2,846	4,002	8,183	9,636	10,299	10,086
出再保険料	267	660	2,751	1,269	1,698	2,137
手数料	117	245	560	550	410	484
業務費用及びその他費用	2,477	3,591	4,770	5,038	5,065	5,670
未経過責任準備金繰入	428	640	759	779	672	782
生保責任準備金繰入	28,596	45,639	67,420	90,608	110,955	135,368
長期責任準備金繰入	263	0	0	0	0	0
未払い保険準備金繰入	308	234	333	797	909	688
保険保障基金	9	13	15	16	64	73
営業税及び付加税	72	62	57	83	110	192
営業収益	-3,690	-819	-1,709	-3,269	-3,538	-5,176
投資収益	613	831	1,987	1,805	4,242	8,164
営業外収益	1	4	4	19	3	18
減）営業外費用	31	15	31	20	42	22
前年度損益調整						
税引前当期純利益	-3,107	1	251	-1,602	521	1,573
減）所得税				-517	217	502
当期純利益	-3,107	1	251	-1,086	304	1,070
総資産利回り	2.1 %	1.8 %	2.8 %	2.0 %	3.3 %	5.4 %
経常利益	**-3,079**	**12**	**279**	**-1,586**	**1,457**	**2,444**

出所：各年次の『中国保険年鑑』より筆者作成。

し、生保市場全体の成長と比較して、太平洋人寿の元受保険料の伸びは緩慢であり、マーケット・シェアは低下傾向にあった。2005年と2006年は経常利益を確保したが、この時期全体として生保事業は振るわなかった。

営業収益は一貫して赤字であり、創業後まもない生保会社として、責任準備金の積み増しや契約初年度の経費負担（代理人へのコミッション支払いなど）が重いことを示していた。

第6節　自動車保険を巡る全国的な動き

自動車保険は、中国損保市場でその種目別構成比が、損保各社において60～70％に達する主要種目である。損保会社の主戦場である自動車保険において、2001年から重大な動きがあったので、それを振り返りたい。自動車保険を巡る中国政府の一連の試みが、損保主体に営業をしていた太平洋の経営状況に重大な影響を与え、同社を赤字に追い込んだ。

2001年10月、CIRCの主導により、自動車保険の保険料自由化に関する実験が広東省で始まった。中国政府からみると、自動車保険の料率は公定であり、あたかも計画経済時代の価格統制の名残であるかのように思われた。一方、自動車保険の保険料規模は、損害保険市場全体の約70％を占める最大種目であり、損保会社にとって、その損益は、会社の死命を制する状況であり、慎重な扱いが求められていた（陳、2009：127）。

その中で、戦いの火蓋を切ったのは、広東省に初めて進出した華泰保険だった。華泰は顧客を3つに分類した。すなわち、第1類は、政府や党機関の公用車であり、これに対しては料率を55％引きとした。第2類は、事業単位・銀行などの社有車であり、料率は35％引きとした。第3類は、個人の自家用車などの非営業車であり、料率は25％引きとした。タクシーなど営業車両は、料率を据え置いた。しかし、予想に反して、華泰の引受け件数は10％減少し、収入保険料に至っては、半減した。その原因は、保険ブローカーなど仲介業者が自動車保険の顧客を握っていたためだった。華泰の割引措置は、表面的には顧客に利をもたらすように見えるが、保険仲介業者の実

利を損なうものだったので（割引によって保険料総額が減少すれば、それに比例して、保険仲介業者のコミッション収入も減るので）、かれらは顧客に華泰を紹介しなかった。

広東省では、華泰以外の保険会社は、保険料率の割引には参画しなかったが、裏では「キックバック」（保険料の割戻し）を行い、暗闘を展開した。割戻し率は40％からスタートし、最終的には72％までエスカレートした。2002年には、広東省の自動車保険市場は、保険会社の「自殺」とまで形容された。当然のことながら、保険料を72％割戻せば、利益が出ない。簡単に推計すると、自動車保険の損害率（支払い保険金／収入保険料）は45％～60％程度、税金（営業税）は6.5％、保険会社の営業費用は15％前後、保険仲介コミッションは15～20％なので、もともと割戻しの余地は、多く見積もっても18.5％くらいしかない（陳、2009：128）。

テレビなどの販売合戦とは異なり、保険の場合は、損失が一時的に隠蔽される。すなわち、保険事故は保険料収受後、一定期間を経過して発生し、保険金の支払いはまたその後になる。そのため、保険会社からみると、無論、毎月一定程度の保険金支払いはあるが、それを保険料収入が実額で上回っている場合には、価格戦争に打って出てしまうことが多い。一定期間経過後、大量の保険金支払いに遭遇して初めて、大きな損失に気付く。保険業界は、価格協定を行うなど対抗措置をとったが、抜け駆けする会社が後をたたず、効果を発揮できなかった。

広東省のテストがこのような状態であったのにもかかわらず、中国政府の決定によって、2003年には、自動車保険料率の自由化が全国レベルで行われることになった。2003年および2004年は、悪性競争の結果、自動車保険は業界全体で赤字となった（陳、2009：129）。

その後、損保業界は、免責金額の導入や料率の引き上げなどの施策を実施したが、自動車保険の収益が根本的に解決したのは、2010年だった。その切り札は、代理店やブローカーなどの保険仲介業者を経由せず、保険料を保険会社と保険契約者の間で直接決済する仕組みを導入したこと、および保険金を自動車修理業者に直接支払うことをやめ、保険契約者経由支払うことに

するという制度の大改革だった[12]。

　もっとも、自動車保険料率自由化にも、評価すべき側面があった。それは損保会社各社が保険料率算定のために、アクチュアリー部門を充実させたことである。それまで、生保にはアクチュアリーがいて、料率算定を行っていたが、損保にはアクチュアリーがほとんどいなかった。

おわりに

　太平洋保険は、上海市を基盤とし、同市の発展を支えるために再建された交通銀行の100％子会社として設立された。交通銀行がそうであったように、太平洋保険も株式制を採用した。一見すると、改革開放期の金融業における先進的な試みだったように思われる。しかし、交通銀行の支店も太平洋保険の共同出資者となったことから、現代中国で観察される地方分権的な要素も色濃く帯びた組織となった。太平洋保険の支店は、本店と同様に法人格を持った。同社は、近代から続く中国独特の利益配分方式の影響を受けた結果、著しい高配当を余儀なくされた。そのため、初期の経営実態は厳しいものだった。

　創業期（1991年～1994年）において、太平洋保険は「堅実経営」を掲げ、損保を中心として着実に業容を拡大しようとした。業務発展期（1995年～1997年）においては、倍額増資を行い、その資金を基に生保事業を拡大した。その一方で、支店の独立性が強過ぎたため、本店の統制が行き届かず、資産の社外流失や違法取引などの問題が発生した。

　調整期（1998年～2000年）には、総経理に就任した王国良のリーダーシップの下で、赤字経営の支店を黒字に転換させるよう綱紀粛正が行われた。その結果、1997年を底として、正味損害率およびコンバインド・レシオの改善がみられ、2001年と2002年は業績が著しく好転した。

　グループ会社化推進期（2001年～2006年）には生損保分離を実現した。その間、損保の収入保険料はほぼ順調に伸びたものの、正味損害率とコンバインド・レシオは悪化した。2003年には、損保事業では赤字となった。そ

第Ⅱ部　保険会社の経営に現れた開放と改革の具体像

の原因は、中国政府による急速な自動車保険料の自由化であり、それを契機とした保険会社間の料率引き下げ競争だった。生保事業は、2001年から2004年まで低迷したが、その後は一定程度の経常利益を確保した。

太平洋保険には、王国良という「中興の祖」が現れたが、彼をもってしても、全国的な自動車保険料自由化の波に抗することはできなかった。

太平洋保険の戦略と経営状況を「開放と改革」の視点から通観すると、同社は「改革」の申し子として誕生したものの、「横の管理ライン」からの強力な圧力により、高い配当性向を余儀なくされた。王国良の業務改革は一定程度功を奏したが、生保重視の業界動向に対応しきれず、外資導入による財務体質強化も遅れた。

注
1) 改革開放期の最初かつ最大の株式制総合銀行。旧交通銀行は1908年に成立し、民国期には四大銀行の一角を占めた。人民共和国建国後、政府に接収され、基本建設投資の給付業務に特化。1954年に中国人民建設銀行に改組された。1958年には残された業務も中国人民銀行に吸収され、交通銀行は完全に消滅した。1986年に最初の株式制総合銀行として再建され、急速に発展した（天児他、1999：309）。
2) 1944年生まれ。1967年、中央財政金融学院卒業。中国農業銀行副頭取、交通銀行頭取、中国人民銀行副総裁を経て、同行総裁就任。中国共産党第15期中央委員。その後、天津市書記歴任。
3) A保険会社が引受けたリスクの一部をB保険会社へ売ること。保険会社は自らが負担するリスクの総量をコントロールするため、引受けたリスクの一部を売り買いしている。これを再保険と呼ぶ。再保険を出す（売る）ことを「出再」といい、受ける（買う）ことを「受再」という。
4) 東京大学社会科学研究所で開催された研究会において、中国復旦大学の朱蔭貴教授から聴取した。（聴取日：2011年12月6日）
5) この説明に加えて、株式市場の未発達を理由に挙げることが可能かもしれない。すなわち、株式市場が発達していれば、投資家は配当収入（インカム・ゲイン）に加えて、株式の値上がり益（キャピタル・ゲイン）も期待できる。しかし、株式市場が未発達なためにキャピタル・ゲインが見込めない場合、

投資家が通常の配当（紅利）に加えて、固定利息（官利）を求めることはあり得る。
6）　配当性向は、総配当金額÷当期純利益×100で表される。一般的に、企業の創業期には、内部留保を厚くして初期投資を行うため、配当性向は低くなり、企業が成熟すると高くなる傾向がある。
7）　2社の有価証券報告書から計算した。
8）　http://chuangye.28xl.com、28XL COM 創業網、2012年2月8日閲覧。
9）　http://businese.sohu.com/20060318/n242354263.shtml、捜狐財経、2012年2月8日閲覧。
10）　銀行を代理店として定型的な生保商品を販売すること。
11）　米国の投資ファンドで、資金量は世界最大規模。
12）　日系保険会社A社北京駐在員事務所で聴取した。（聴取日：2010年9月1日）

第 8 章　保険会社の経営比較

　本章では、第 5 章から第 7 章までの個別会社に関する分析を踏まえ、3 社の経営戦略およびその結果である経営状況を、1991 年以降 5 年ごとに区切って比較する。この比較によって、3 社の経営戦略の巧拙を判断しつつ、「開放と改革」のあり方を見てゆく。

第 1 節　1980 年〜1990 年の状況

　この時期は、ほぼ PICC の独占状態が続いていたため、3 社の比較を行うことはできない。したがって、PICC の果たした役割を跡付けることとしたい。

　まず第 1 に、この時期の PICC の役割は、国家財政を補完することだった。1980 年に国内保険業務の引受けを復活した際、国有企業の財産保険から引受けを開始した。政府は、事故が発生しても財政からの支援はないことを明確化し、その代替手段として保険付保を勧奨した。

　さらに、1980 年から 1982 年の間に、PICC の利潤上納問題が国務院で議論された。その結果、保険準備金が十分に積み立てられるまで、利潤上納は免除すると決定されたにもかかわらず、「利改税」政策の結果、所得税と調節税を納付することとなった。そのため、PICC は準備金の積み立てが極めて不十分なまま、保険引受けを続けざるを得ない状況に陥った。納税によって国家財政を支えたため、保険会社としての基盤形成が疎かにされた。

　第 2 に、保険会社の多様化を目前に控え、競争に向けた諸準備を行うことが、PICC の果たすべき役割だった。それが最も端的に表れたのが、人事給与制度改革であった。まず、支店レベルで、個人の行政級別に給与がリンク

する「行政級別給与制」を、職務給を中心とする「構成給与制」へ変えた。さらに、奨励給（ボーナス）支給に関しては、自動車保険の損害率など複数の考課指標を用いて組織の業務成果を計量し、それに基づいて奨励給が支給されるようにした。

加えて、「職務聘任制」や「職位責任制」が導入され、「業務計画立案（Plan）→実施（Do）→検証（See）→ P → D → S」という PDS サイクルが用いられるようになった。このように、社内の「改革」を通じて、保険会社の多様化という社会全体の「改革」への備えが行われた。

第 2 節　1991 年～1995 年の経営戦略と経営状況

この時期から 3 社の競争が始まった。それぞれの経営戦略を比較すると次のとおりである。

第 1 に、PICC の戦略は、①国内で外資との競争を行いつつ、自らも海外進出を図る　②保険法制定に伴い、生損保分離を行うということだった。

第 2 に、太平洋の戦略は、①損保重視の堅実経営を行う　②極めて高い配当性向により低下した投資余力を増資によって回復するということだった。

第 3 に、平安の戦略は、①コングロマリット化を志向する　②生保に注力するということだった。

一方、この時期の経営状況は **表 8-1** のとおりだった。

この時期において、PICC は国内業務再開後 10 年以上経過しており、既に保険会社としての基礎が固まっていた。一方、太平洋は保険業務開始後 4 年から 9 年経過し、平安は創業直後から 5 年経過したところだったので、3 社の業務発展状況は異なっていた。

それを踏まえたうえで、3 社を比較してみよう。

まず、損害率では太平洋が最も優れた成績を残しており、アンダーライティング能力が優れていたことを示していた。「損保重視の堅実経営を行う」という同社の戦略が、保険引受け面では確実に実行されていたことが窺える。平安の損害率は、太平洋とほぼ同等のレベルであり、やはりアンダーライテ

第8章 保険会社の経営比較

表8-1 1991年～1995年の3社経営状況比較

(単位：百万元、%)

	91年			92年			93年		
	PICC	CPIC	平安	PICC	CPIC	平安	PICC	CPIC	平安
既経過	18,195	171	81	23,807	456	230	31,152	1,075	469
保険金	15,173	84	49	18,428	219	253	25,631	642	269
L/R	83.4	49.1	60.5	77.4	48.0	110.0	82.3	59.7	57.4
事業費	2,153	86	18	3,635	321	42	4,462	401	121
収保	18,195	222	111	23,807	592	257	31,152	1,346	650
E/R	11.8	38.7	16.2	15.3	54.2	16.3	14.3	29.8	18.6
C/R	95.2	87.9	76.7	92.7	102.2	126.3	96.6	89.5	76.0
投資益	1,979	0	13	1,266	0	33	1,637	0	179
総資産	35,158	1,001	451	48,008	1,778	1,062	58,518	2,502	3,415
利回り	5.6	0.0	2.9	2.6	0.0	3.1	2.8	0.0	5.2

	94年			95年			平均		
	PICC	CPIC	平安	PICC	CPIC	平安	PICC	CPIC	平安
既経過	37,810	2,352	1,342	45,365	4,640	2,574			
保険金	36,495	1,660	659	39,173	3,348	1,121			
L/R	96.5	70.6	49.1	86.4	72.9	43.6	85.2	60.1	64.1
事業費	11,420	668	314	9,117	1,138	714			
収保	37,810	2,817	1,680	45,365	5,180	3,350			
E/R	30.2	23.7	18.7	20.1	22.0	21.3	18.3	33.7	18.2
C/R	126.7	94.3	67.8	106.4	94.9	64.9	103.5	93.7	82.3
投資益	13,072	30	514	6,398	62	527			
総資産	66,144	4,201	6,376	78,070	8,391	7,613			
利回り	19.8	0.7	8.1	8.2	0.7	6.9	7.8	0.3	5.2

(注) 数字は全て、正味。既経過は既経過保険料をさす。L/Rは損害率を、E/Rは事業費率を、C/Rはコンバインド・レシオをさす。CPICは太平洋保険をさす。
出所：筆者作成。

ィング能力が優れていた。一方、PICC の損害率は 2 社に比べると 20〜25 ポイント高く、明らかに劣っていた。第 5 章の分析によれば、洪水など自然災害の多発に加えて、太平洋との競争激化のため自動車保険の収益が悪化し、その結果、損害率が高くなったと推測される。

　事業費率については、PICC と平安が互角であり、両社とも 20％ を切る状況だった。この部分で両社は競争力を有していた。一方、太平洋の事業費率は 30％ を超えており、人件費・物件費のコントロールが効いていなかった。これは、PICC と平安においては、「縦の管理ライン」の統制が効いていたのに対して、太平洋は「横の管理ライン」の力が強かったため、支店レベルにおける事業費のコントロールが甘かったためと思われる。

　コンバインド・レシオについては、PICC のみが 100％ を超えており、保険本業で赤字だった。PICC は、海外進出を志向するよりも、国内における競争に打ち勝つ戦術を考案し、実行する必要があった。特に、競争が激化し始めた自動車保険対策をここでしっかり固めておくべきだった。一方、太平洋と平安は保険引受けで、黒字を確保していた。

　資産運用については、他社に比べて圧倒的な総資産規模を有する PICC が優れたパフォーマンスを示していた。資産規模は小さいものの、平安もまずまずの運用成績を残していたことに注目すべきである。

　全体を総合すると、創業直後の平安が、アンダーライティング・コスト管理・資産運用の各ディメンションにおいて、バランスのとれた実績を残したと判断される。平安に次ぐ成績を収めたのは太平洋であり、特にアンダーライティングが優れていた。PICC は、収保規模は大きかったものの、資産運用を除くと目立った実績を上げることができなかった。

第 3 節　1996 年〜2000 年の経営戦略と経営状況

　この時期の 3 社の経営戦略を比較すると次のとおりである。

　第 1 に、PICC の戦略は、①大手損保として各種目を幅広く引受け、総合力を発揮する　②生損保分離を実施し、生保・損保・再保険・海外がそれぞ

れグループ会社化する　③個人向け生保の販売網を整備し、生保新商品（利差配当保険）を開発することだった。

第2に、太平洋の戦略は、①生保事業を強化し、代理人による販売網を構築する　②1法人化を完成する　③綱紀粛正を実施するとともに、業務構造の調整を行うことだった。

第3に、平安の戦略は、①生保事業を強化するため、新商品（利差配当保険、投資連結保険）を開発する　②生保の新しい販売チャネルとして「バンクアシュアランス」を開始する　③マッキンゼーのアドバイスに基づき経営改革を実行することだった。

一方、3社の経営状況を同一の尺度で比較するのは困難である。この時期において、3社の重点事業は、PICC：生保と損保の両方、太平洋：損保、平安：生保であったため、3社の経営指標を横断的に比較することができない。加えて、PICCは1996年に生損保分離を果たしたが、残りの2社は生損保兼営のままであった。

そこで、損保事業についてはPICC（中保財産）と太平洋を比較し、生保事業についてはPICC（中保人寿）と平安を比較することとしたい。

まず、損保についての比較を行うと**表8-2**のとおりである。

この時期の2社の経営状況には、明らかな差があった。PICCは太平洋に比べると損害率が15ポイント以上低く、アンダーライティングが優れていた。PICCは、大手損保としての総合力を発揮できていたと言えよう。太平洋は、1法人化を進め、本店から支店への統制を強化したにもかかわらず、アンダーライティング面では、その成果は表れていなかった。

一方、事業費率を見ると太平洋が若干勝っており、経費のコントロールという面では、綱紀粛正の効果があったと思われる。

上記の結果、コンバインド・レシオにも10ポイントの差が付いており、PICCは保険引受けで黒字を確保していたが、太平洋は赤字であった。

両社とも資産運用面ではよいパフォーマンスを示すことはできなかった。

この時期の損保事業全般については、PICCが優れた結果を残していた。

次に、生保についての比較を行うと**表8-3**のとおりであった。

表 8-2　1996 年〜2000 年の損保経営状況比較（PICC：太平洋）

（単位：百万元）

	1996 年		1997 年		1998 年	
	PICC	太平洋	PICC	太平洋	PICC	太平洋
既経過保険料	29,896	7,873	29,773	12,755	34,830	12,522
発生保険金	21,366	6,088	17,936	10,360	21,340	9,605
正味損害率	71.5 %	76.3 %	60.2 %	81.2 %	61.3 %	76.7 %
正味事業費	8,244	1,845	10,642	3,166	10,205	3,552
正味収入保険料	29,361	8,590	30,099	12,843	34,777	12,379
正味事業費率	28.1 %	21.5 %	35.4 %	24.7 %	29.3 %	28.7 %
コンバインド・レシオ	99.5 %	97.8 %	95.6 %	105.9 %	90.6 %	105.4 %
投資収益	189	100	157	277	74	315
資産の部合計	40,740	11,342	45,884	15,912	48,018	17,897
総資産利回り	0.5 %	0.9 %	0.3 %	1.7 %	0.2 %	1.8 %

	1999 年		2000 年		5 年平均	
	PICC	太平洋	PICC	太平洋	PICC	太平洋
既経過保険料	35,243	11,905	36,143	14,377		
発生保険金	19,953	8,918	20,477	10,705		
正味損害率	56.6 %	74.9 %	56.7 %	74.5 %	61.3 %	76.7 %
正味事業費	10,806	3,152	12,083	4,059		
正味収入保険料	35,620	12,086	36,803	14,831		
正味事業費率	30.3 %	26.1 %	32.8 %	27.4 %	31.2 %	25.7 %
コンバインド・レシオ	87.0 %	101.0 %	89.5 %	101.8 %	92.4 %	102.4 %
投資収益	-45	386	-69	527		
資産の部合計	46,667	23,878	48,954	31,507		
総資産利回り	-0.1 %	1.6 %	-0.1 %	1.7 %	0.2 %	1.5 %

出所：筆者作成。

第8章 保険会社の経営比較

表8-3　1996年～2000年の生保経営状況比較（PICC：平安）

（単位：百万元、%）

	1996年		1997年		1998年	
	PICC	平安	PICC	平安	PICC	平安
営業利益				−332	−32	−2,600
投資収益	165		368		702	3,136
当期純利益	184	531	82	139	452	426
経常利益	**6,562**	**544**	**14,416**	**−331**	**669**	**535**

	1999年		2000年		3年平均	
	PICC	平安	PICC	平安	PICC	平安
営業利益	−724	−1,769	−266	−1,634		
投資収益	1,338	2,360	1,473	2,336		
当期純利益	480	536	923	1,606	618	856
経常利益	**614**	**−495**	**1,207**	**702**	**830**	**247**

出所：筆者作成。

　1996年と1997年において、PICCは責任準備金を積まなかったので、決算数字の信頼性が損なわれた。そのため、この2年間を除いて2社を比較する。

　PICCの収保規模は平安の2倍以上であり、経常利益でもそれ以上の差が出ていた。一方、平安の投資収益は実額ベースでPICCのそれを上回っていた。平安は営業利益においては、大幅な赤字を計上していたが、それを投資収益で補っていた。平安がマッキンゼーのアドバイスを生かし、運用資産を国債へシフトした効果が出ていたと思われる。

　この時期の生保事業については、PICCの経営が平安に比べると優れていたと判断される。

第4節　2001年～2006年の経営戦略と経営状況

この時期の3社の経営戦略を比較すると次のとおりである。

　第1に、PICCの戦略は、①グループ会社化を推進し、中国人民・中国人寿・中国再保険・中国保険（海外）の各グループがその内部に、それぞれ損保・生保・資産管理会社を持つ　②生保の利差損解消を図る　③生保

で資産運用を本店に集中し、運用効率を高めることだった。

　第2に、太平洋の戦略は、①自動車保険の収益改善を徹底する　②生保について、個人の代理店網をさらに充実させる　③生保の個人年払い契約を増やし、収益改善を図ることだった。

　第3に、平安の戦略は、①生損保分離を実現しつつ、金融コングロマリット化を徹底する　②生保において、年払い契約および傷害保険の比率を高める　③バンクアシュアランスのあり方を修正し、中国銀行との関係を1社専属の形に持っていくことだった。

　この時期には、平安の2003年を最後に、3社とも生損保分離が完了した。ついては、それ以降の経営状況を損保と生保に分けて見ていこう。

　まず、損保の状況は**表8-4**のとおりである。

　この時期の損保事業については、明らかに経営の巧拙が表れていた。最も優れたパフォーマンスを示していたのは、平安保険であった。同社は、損害率・コンバインド・レシオおよび総資産利回りについて、PICCと太平洋を凌駕していた。特に損害率の低さが際立っていた。自動車保険が大変厳しい競争状況にあった2003年～2004年においても、他社との料率競争に巻き込まれず、堅実なアンダーライティングを維持していたことが窺える。

　PICCは、収保規模が他社の5倍程度に達していた。しかし、コンバインド・レシオが100％に近く、保険引受けではわずかな黒字となるに止まっていた。資産収益によって、会社全体として若干の収益を確保しているという状況だった。

　太平洋は、他社と比較すると経費率が5ポイント近く高かった。王国良が綱紀粛正に努めたにもかかわらず、高コスト体質を変えるには至らなかった。コンバインド・レシオも100％を超えており、保険本業で赤字となっていた。太平洋と平安の収保規模は拮抗していたが、経営パフォーマンスには明確な差があった。

　次に、この時期の生保事業の経営状況を見てみよう（**表8-5**）。

　この時期の生保事業については、各社とも責任準備金の積み立て負担のため、営業利益が赤字になった。その中で、中国人寿が優れたパフォーマンス

表8-4　2003年〜2006年の3社経営状況比較（損保）

(単位：百万元、%)

	2003年			2004年			2005年		
	PICC	CPIC	平安	PICC	CPIC	平安	PICC	CPIC	平安
既経過	54,642	7,824	7,862	54,209	7,367	6,098	53,384	10,854	7,736
保険金	40,133	5,984	5,215	38,906	4,699	3,715	36,327	6,463	4,807
L/R	73.4	76.5	66.3	71.8	63.8	60.9	68.0	59.5	61.9
事業費	13,087	3,486	2,543	15,730	2,695	2,118	15,696	3,948	2,756
収保	58,085	7,926	8,061	56,301	8,938	7,377	53,440	11,380	9,293
E/R	22.5	44.0	31.5	27.9	30.2	28.7	29.4	34.7	29.7
C/R	95.9	120.5	97.9	99.7	93.9	89.6	97.4	94.2	91.6
投資益	677	286	268	249	223	246	1,069	556	391
総資産	76,217	14,437	9,617	77,365	17,541	11,420	79,627	23,185	14,112
利回り	0.9	2.0	2.8	0.3	1.3	2.2	1.3	2.4	2.8

	2006年			4年平均		
	PICC	CPIC	平安	PICC	CPIC	平安
既経過	55,615	12,253	11,170			
保険金	38,980	7,437	6,739			
L/R	70.1	60.7	60.3	70.8	65.1	62.4
事業費	17,920	4,844	4,465			
収保	61,036	13,821	13,288			
E/R	29.4	35.0	33.6	27.3	36.0	30.9
C/R	99.5	95.7	93.9	98.1	101.1	93.3
投資益	2,492	1,213	655			
総資産	88,230	30,803	18,239			
利回り	2.8	3.9	3.6	1.3	2.4	2.9

（注）　数字は全て、正味。既経過は既経過保険料をさす。L/Rは損害率を、E/Rは事業費率を、C/Rはコンバインド・レシオをさす。CPICは太平洋保険をさす。

出所：筆者作成。

表8-5　2003年〜2006年の3社経営状況比較（生保）

(単位：百万元)

	2003年			2004年			2005年		
	PICC	CPIC	平安	PICC	CPIC	平安	PICC	CPIC	平安
営業利益		−1,709	−2,684	−6,901	−3,269	−2,977	−8,075	−3,538	−4,377
投資収益		1,987	5,733	10,632	1,805	6,136	16,538	4,242	8,617
当期純利		251	1,725	2,919	−1,086	2,100	5,456	304	2,840
経常利益		279	3,105	6,253	−1,586	2,316	10,772	1,457	3,176

	2006年			4年平均		
	PICC	CPIC	平安	PICC	CPIC	平安
営業利益	−13,821	−5,176	−13,277	−9,599	−3,423	−5,829
投資収益	30,845	8,164	19,979	19,338	4,050	10,116
当期純利	9,601	1,070	4,785	5,992	135	2,863
経常利益	19,880	2,444	5,217	12,302	649	3,454

（注）　PICCは中国人寿を、CPICは太平洋人寿を、平安は平安人寿をさす。当期純利は当期純利益をさす。2003年は中国人寿が半期決算であったため、記載を省略した。したがって、同社については、4年平均ではなく3年平均を示した。
出所：筆者作成。

を示していた。経常利益の源泉は、資産規模の大きさを生かした投資収益だった。中国人寿は、分公司に分散していた資金を本店に集中して資産運用を行い、潤沢な投資収益をあげた。

　平安人寿は、営業利益の赤字幅が太平洋人寿に比べると大きかったが、それを投資収益で補い、安定的に経常利益を確保した。

　太平洋人寿は、他社に比べて収保規模が小さかったため、営業利益の赤字幅も小さかった。しかし、投資収益の規模は他社に大きく及ばず、経常利益も最も低いレベルにとどまった。

第5節　経営状況に対する全体的な評価

　1991年から2006年の経営状況を通観すると、次のとおりであった。以下では、1991年から1995年までをⅠ期、1996年から2000年までをⅡ期、2001年から2006年までをⅢ期と呼ぶことにする。

第 1 に、全期を通じて、平安の経営パフォーマンスが優れていた。Ⅰ期では、経費率が高くならないようにコントロールを効かせた。創業 5 年後には、生保重視の戦略を採用し、収保規模を急激に拡大しつつ、投資収益を確実にあげた。Ⅱ期の生保事業において、投資収益面で PICC を上回った。Ⅲ期には、損保でも優れた経営実績を残し、損害率・コンバインド・レシオ・運用利回りの各指標で他社を凌駕した。

第 2 に、PICC は、Ⅰ期では損害率が高かったため、コンバインド・レシオが 100％を超えており、保険本業で赤字であった。Ⅱ期では、損保のアンダーライティングが優れており、太平洋を凌駕する総合力を発揮した。生保の業績も、平安を上回った。Ⅲ期においては、生保事業で資産規模の大きさを生かして投資収益を生み、優れた実績を残した。生保事業では 2 社を上回ったと言えよう。

第 3 に、太平洋は全期を通して、相対的に優れた経営実績を残すことができなかった。Ⅰ期においては、損保のアンダーライティングが優れていたものの、高い配当性向を余儀なくされたため、十分な内部留保を確保することができなかった。また、Ⅱ期の中盤までは、支店の独立性が強かったため、経費のコントロールが効かず、経費率が高かった。その状況を、Ⅲ期でも改善することができなかった。特に生保での業績に大きな差がついた。

それでは、なぜ平安は優れた経営実績を残すことができたのだろうか。

まず第 1 に、創業者である馬明哲の開放的な経営姿勢にその原因があったと考えられる。ゼロから出発した平安に、馬は社外から多くの経営資源やノウハウを導入した。創業直後には日本企業に倣い、朝礼を実施し、企業文化の創設とその浸透を図った。従業員の求心力を高めつつ、他社との差別化を図る仕組みは平安独特のものだった。初期の資本不足は、MS と GS から出資を仰ぐことで凌いだ。マッキンゼーによる経営改革も社外からのノウハウ導入の具体例であった。中国生保市場で初めてバンクアシュアランスを採用したが、それも欧米から学んだものだった。外国には存在するが中国にはないものをいち早く導入する「差別化戦略」が功奏したと言えよう。換言すれば、平安は「開放と改革」をほぼ全面的に体現した保険会社だった。

第2に、生保重視の戦略を立案し、実行したことが優れた経営実績につながった。PICCや太平洋が生保の重要性に気付く前に、生保に目を付けた先見性が平安にはあった。生保戦略を進める際にも、まずは台湾からノウハウと人材を導入した。生保事業の急拡大によって、利差損も発生したが、それは国債購入によって緩和した。生保市場全般が低成長に陥った際には、海外の変額保険に倣い「投資連結保険」を開発して、市場を活性化した。スピード感をもって経営判断を下す経営陣と、それを実行する各部門の行動力が平安には備わっていた。生保営業の面では、生保事業への「集中化戦略」がうまくいったと考えられる。加えて、社外の経済環境が平安に幸いした。すなわち、平安が生保に注力しはじめた1990年代半ば以降、中国国内の資本市場が徐々に整備され、資産運用の手段が増えたことが平安の投資収益拡大に寄与した。平安は金融改革の成果をうまく活用した。

　第3に、生保に注力したとはいえ、損保の経営もおろそかにしなかったことが、平安の成功要因に挙げられる。自動車保険の激戦期にも、堅実なアンダーライティングを維持したところに、それが表れていた。他社に先駆けて生保事業に進出し、グループとしての経営基盤をいち早く固めていたため、損保の主要事業である自動車保険で無理に料率を引き下げる必要がなかったことが平安の好成績につながった。

　ただし、平安にも問題点はあった。その1つが、コングロマリット化の遅れである。平安は、創立直後から金融コングロマリット化を標榜していたが、2006年の時点でもそれが実現しているとは言い難い状況であった。

　もっとも、金融コングロマリット化がグループに収益をもたらすか否かについては、現在では、欧米の金融業界には懐疑的な見方が広がっている。たとえば、アメリカの大手保険会社トラベラーズ（Travelers Group）社は、大手銀行シティコープ（Citicorp）と1998年に合併し、シティグループ（Citigroup）を形成した。しかし、保険業務と銀行業務の相乗効果を上げられなかったため、シティグループは2002年にトラベラーズの損保部門を売却し、2005年には生保・年金部門も売却した。ドイツの大手保険会社アリアンツ（Allianz）社は、2001年にドイツの大手銀行ドレスナー（Dresdner Bank AG）社を買収し

たものの、やはり保険と銀行の相乗効果を上げられず、2008年に同銀行をコメルツ銀行（Commerzbank）へ売却した。これらの例に見られるように、現在では、金融コングロマリット化を目指すよりも、銀行や保険の専業化によって収益拡大を目指す方向性が強まっている。

第6節　中国保険市場の特徴

1. 改革開放期の中国保険市場

本書が対象とした改革開放期における中国保険市場の状況をまとめると、次のとおりだった。

①損保市場

1949年以降、損保市場は国有の中国人民保険公司（PICC）が独占していた。1959年の国内保険業務引受け停止により、損保市場は実質的に消滅し、その状況が1979年まで続いた。1980年に損保市場が復活したが、引受けの中心は企業財産保険（国有企業や集団所有制企業向け火災保険）だった。政府からの通達によって、国有企業が罹災しても財政からの補填はないことを明確化し、保険付保へ国有企業を誘導した。

1986年に新疆生産建設兵団農牧業保険公司が営業を開始したことによって、PICCの独占体制は終わりを告げた。1988年に深圳の平安保険公司が営業認可を取得し、1991年には上海で中国太平洋保険公司が設立された。その後、中国人民保険・中国太平洋保険・中国平安保険の3社合計の市場占有率が、80～90％程度となる状況が続いた。1988年に自動車保険料が企業財産保険料を初めて上回り、種目別構成比が最も高い種目となった。

1992年には、米国のThe American International Group（AIG）が上海で営業認可を取得し、保険市場の対外開放が試験的に始まった。1995年には自動車保険の構成比が約65％となり、中国損保市場も先進諸国と同様に自動車保険を中心とする市場となった。

2003年には、自動車保険料の自由化が全国レベルで進められた結果、極めて激しい保険料の引き下げ競争が起きた。その結果、損保各社の経営は大

第Ⅱ部　保険会社の経営に現れた開放と改革の具体像

表8-6　損保種目別保険料の推移

(単位：億元)

	企業財産	自動車	貨物	その他	合計
1980年	3				3
1985年	10	9	1	1	21
1990年	28	41	14	24	107
1995年	58	190	21	24	293
2000年	118	373	36	13	540
2005年	150	858	51	225	1,284

出所：各年次の『中国保険年鑑』および中国保険学会（1998）から筆者作成。

図8-1　損保種目別保険料の推移

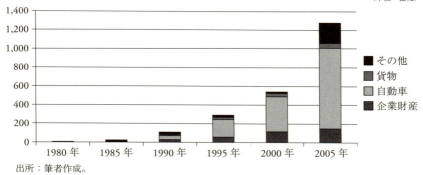

出所：筆者作成。

幅な赤字に陥り、それが7年間継続した。損保市場における種目別保険料の推移を5年ごとに見てみると**表8-6**のとおりだった。

表8-6をグラフにすると**図8-1**のとおりである。

図8-1、表8-6からも明らかなとおり、近年、自動車保険の構成比がとみに高まっており、損保市場のほぼ7割を占めている。したがって、自動車保険の収益性の動向が、損保会社全体の収益のカギを握っている。その他保険に含まれる賠償責任保険や傷害保険も、これから伸びが期待される種目である。

②生保市場

中国保険市場の特色の1つは、1995年に「保険法」が制定されるまで、1つの保険会社が生保と損保を兼営していたことである。第4章で述べたとお

り、生保と損保では、保険料の徴収方法や保険期間が全く違うので、本来は個別に経営を管理する必要がある。それが中国で実現したのは、1996年から2003年の間だった。

生保市場の復活は、損保より2年遅れの1982年だった。その頃の販売商品は、団体向けの生命保険・簡易保険・傷害保険だった。販売手法は、損保商品を企業に売り込む際に、それと併せて従業員の一括付保を勧めるという形だった。地方では、行政の力を借りつつ、村や町ぐるみで一括付保を推進した。

1992年に上海へ進出したAIGが、生保の販売手法に革命的な変化をもたらした。同社は中国生保市場に初めて個人代理人を投入し、個別訪問によって、生保販売を行った。その結果、AIGは上海において、新規個人生保市場の約7割を押さえた。平安保険もそれに刺激され、台湾から大量に中間管理職をリクルートし、個人代理人の育成ならびに市場への投入を担わせた。PICCや中国太平洋保険もそれに続いた。

1996年以降、新華人寿・泰康人寿といった保険会社が営業認可を取得した。1996年から1999年の間に、中国人民銀行（中央銀行）は、預金金利を7回引き下げた。一方、1997年までは、生保の予定利率が高止まりしていたため、資金が大量に生保会社へ流入した。一見すると、生保会社の経営規模が拡大したように見えた。しかし、当時の生保会社は、主に定期預金で資産運用をしていたため、巨額の利差損（予定利率に基づき契約者に約束した収益と、実際の資産運用による収益の差額）を抱えることとなった。1997年には、中国保険市場全体で、生保保険料が損保保険料を上回った。

1997年以降、予定利率の引き下げによって、生保の販売は低迷した。それに対して、平安保険は、1999年に「投資連結保険（株式などで保険料を運用するタイプの保険。運用リスクは保険契約者が負う「変額保険」の一種）」を開発し、市場を拡大した。激戦地の上海市場において、平安は新規契約高で業界首位に躍り出た。その背景には、1995年から2000年まで続いた株式市場の活況があった。平安以外の各社も同種の保険を発売した。2001年に株式の下落が始まると、投資連結保険の売れ行きは急激に衰え、解約が

表8-7 生保種目別保険料の推移

(単位:億元)

	年金	傷害・医療	投資型	配当付	配当無	合計
1985年	2	1			1	4
1990年	23	10			16	49
1995年	34	32			95	161
2000年			22	9	951	982
2005年		401	266	2,022	960	3,649

(注)　投資型とは、「投資連結保険」と「万能保険(ユニバーサル保険)」をさす。
出所:各年次の『中国保険年鑑』および『中国統計年鑑』から筆者作成。

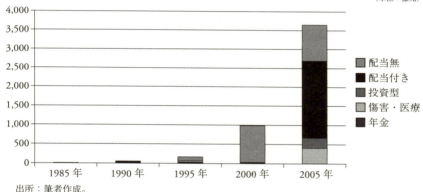

図8-2　生保種目別保険料の推移

出所:筆者作成。

相次いだ。平安保険は、2000年からバンクアシュアランス(銀行の窓口で保険を販売するビジネスモデル)を開始し、逆に市場占有率を引き上げることに成功した。中国人寿(中国人民保険公司の生保部門が独立した会社)や太平洋人寿も平安に続いた。株式の下落は2005年まで継続し、その間は配当付きの生保商品が売れ行きを増した。生保における種目別保険料の推移を5年ごとに見てみると**表8-7**のとおりだった。

表8-7をグラフで示すと**図8-2**のとおりである。

図8-2、表8-7から明らかなとおり、生保市場は爆発的に拡大している。近年は「配当付き保険」の比重が急激に高まっている。配当付き保険とは、終身保険などに対して、保険会社が運用実績に応じた配当を支払う商品であ

る。投資型保険は、株式市場の景況によって販売が左右された。販売が好調だったのは、1999年から2001年までと2006年後半以降2008年のリーマン・ショックまでだった。傷害・医療保険も大きく伸びており、今後の成長分野と考えられる。

2. 各国の生保市場に現れた差異

損保市場の発展形態を見ると、国ごとに大きな差異はない。まずは、貨物海上保険や企業の火災保険など企業向け商品から、保険引受けがスタートする。その後、個人の自動車保険や火災保険など家庭向け商品のウェイトが高まる。現在では、自動車保険が最大の種目であり、それに賠償責任保険や傷害保険などの「新種保険」が続き、火災保険が3番目の種目となっている。中国の損保市場も例外ではなく、ほぼ上記の発展過程をたどっている。

一方、生保市場の発展は、国ごとに趣が異なる。ついては、主要国の現状を見てみよう（**表8-8**）。なお、2009年の国別の市場占有率は、アメリカ

表8-8 主要国の生保市場

	主要商品（新規契約）	生保会社の資産構成
アメリカ (2008年)	①年金保険（51.2％） ②医療保険（25.7％） ③死亡保険（23.0％）	①社債（42.4％） ②株式（24.4％） ③公債（13.6％）
イギリス (2009年)	①ユニットリンク保険（変額保険）（63.9％） ②定額個人年金（19.7％） ③定額個人生保（16.4％）	①普通株式（31.4％） ②社債・優先株（24.3％） ③投資信託（13.8％）
フランス (2009年)	①生存保険（76.8％） ②傷害疾病保険（10.8％） ③貯蓄保険（6.2％）	①債券、投資信託（69.9％） ②株式、投資信託（25.5％） ③不動産（2.8％）
ドイツ (2009年)	①個人年金（41.0％） ②養老保険（11.9％） ③定期保険（11.9％）	①公社債、貸付（54.1％） ②株式（26.1％） ③不動産担保証券（11.3％）
日本 (2010年)	①医療保険（26.4％） ②終身保険（23.8％） ③養老保険（13.8％）	①有価証券（77.3％） ②貸付金（13.7％） ③その他（3.8％）

（注）カッコ内は、構成比を示す。ドイツ生保会社の資産構成は、2000年の統計数字。
出所：出口（2009）：19-22、生命保険協会HPおよびニッセイ基礎研究所REPORT 2003.11より筆者作成。

(21.1％)、日本（17.1％）、イギリス（9.3％）、フランス（8.3％）、イタリア（4.9％）、ドイツ（4.8％）、中国（4.7％）であり、この7カ国で世界の70.2％を占めた。

まず、アメリカについて見てみると、保険料のうち75％以上が年金と医療で占められている。これは、序論で述べたとおり、国民皆保険制度がなかったことを反映している。死亡保険の構成比が20％を超えており、死亡保障に対して一定程度のニーズがあることが分かる。生保会社の資産構成を見ると、年金商品が多いことを反映して、一定程度の運用リスクを取って、公社債や株式での運用が行われている。

イギリスでは、ユニットリンクと呼ばれる変額保険が60％以上を占めており、死亡保険はほとんど存在しない。生保会社の資産構成は、株式や投資信託が中心で、リスクを大きく取った運用が行われている。

フランスでは、死亡保険の割合はわずか6.2％であり、残りは生存保険や傷害疾病保険が占めている。生保会社の資産運用においても、投資信託中心の積極的な運用が行われている。

ドイツでは、個人年金の割合が高いものの、死亡保障を含む定期保険と養老保険のシェアも20％を超えている。資産運用は公社債中心の堅実型である。

日本では、医療保険の引受け割合が高まってきているが、死亡保障を含む終身保険や養老保険の割合が40％近い。資産運用は、有価証券（特に国債と外国証券）に偏っているが、株式の割合はわずか6.5％にしか過ぎない。

このように見てくると、死亡保障が手厚いのが日本の特徴であることが分かる。日本の生保手配には、残された家族の救済を意図する家族主義的色彩が濃いと言えるだろう。この状況をもたらした原因は多岐にわたる。その1つとして、日本の生保業界においては、女性の販売員が死亡保障を根気よく販売し、それによって生保会社と販売員がともに潤っていたという歴史があった。

一方、イギリスとフランスには、死亡保険がほとんど存在せず、生保は資産運用手段とされている。英仏2国では、個人主義的な生保手配が主流と考

えられるだろう。その中間にあるのが、アメリカとドイツである。

　それでは、中国の状況はどうなのだろうか。表8-7や図8-2からも分かる通り、1990年代においては、死亡保障を主体とする保険の引受けが一般的であった。この時点では、日本に近い状況だったと言えるだろう。1999年に平安が投資連結保険（投資型保険）を発売して以降、株価の上昇局面では、同種の保険の販売が好調だった。それでも、投資型生保の構成比は10〜20％前後であり、英仏両国のように生保の大部分を占めるという状況ではなかった。このように見てくると、2000年代半ばの中国生保を巡る状況は、アメリカやドイツに近いと考えられる。

　現在、生保の販売チャネルとしては、銀行経由が全体の7〜8割を占めており、今後もこの傾向は変わらないと思われる。中国の生保商品は、銀行預金と利回りを比較される金融商品として扱われ、傷害・医療保険分野が伸びるとともに、全体としては徐々に英仏の状況に近づいていくだろう。

結びにかえて

　本書は、保険業を題材として、中国における計画経済から市場経済への移行とその程度を検証した。マクロの面から保険に関わる政策展開を分析するとともに、ミクロのレベルで個別保険会社の経営戦略と経営状況を考察した。本書は、中国当代史研究において、日中両国を通じて、保険史の分野を初めて包括的に取り上げた。

　マクロ面での考察の出発点は、強制保険制度を中心とする保険引受け体制の確立とその崩壊過程である。保険における改革開放の起点は、1959年から1979年までの20年間、保険業が姿を消していたという事実にある。諸資料を分析した結果、保険業消滅の過程では、地方政府の役割が大きかったことが分かった。そこには、計画経済期における地方分権的な中国社会のありようが示されていた。換言すれば、計画経済すなわち中央集権とはいえないという例が見出された。その後、中国政府は開放によって海外から保険のノウハウを導入した。しかる後、中国系保険会社の数を増やすことによって、改革を開始した。

　上記のとおり、保険の開放は改革より早く始動した。中国保険業と海外との関係が復活したのは1972年であり、先鞭をつけたのは米国のAIG社であった。中国政府は、1989年の六四事件後の政治的および経済的苦境を打破し、米国との関係正常化を図るための1つの手段として、1992年にAIG社へ営業認可を与えた。保険の改革は、政府の立法措置によって進められた。その目的は、PICCの独占を打破することによって競争を促進すること、ならびに保険市場の規範化を図ることだった。同時に中国系保険会社にWTO加盟に向けての諸準備を行わせることも目指していた。

　ミクロのレベルでは、保険における開放と改革の具体像を、保険会社の経

営戦略とその結果である経営状況から考察した。まず、中国の3大保険グループ（PICC・平安保険・太平洋保険）の「年次報告書」から、それぞれの経営戦略を読み取った。さらに、各社の財務諸表に基づいて保険会社に特有の経営指標を算出した。その結果をグループ毎に時系列で提示し、経営戦略の妥当性を検証した。その後、太平洋保険が設立された1991年から、5年毎に期間を区切って、グループ間の比較を行った。

上記分析の結果、民営企業に近い平安保険の経営パフォーマンスが、国有企業であったPICCや半官半民というべき太平洋保険より優れていたことが分かった。平安は「開放」を通じて経営資源を海外から手に入れ、それらを順次活用することで、競争優位を継続させた。生保事業に経営資源をシフトし、国内の金融「改革」によって利用可能となった資本市場を活用して、投資収益を拡大させた。

現代中国では、広大な国土と社会を管理し、経済を円滑に運営するため、国務院による「縦の管理ライン（条々）」と地方党政組織による「横の管理ライン（塊々）」による二元管理体制が生み出された。PICCを題材として、「条々塊々」の作用を分析した結果、人事管理・資産運用の両分野では、横の管理ラインの指導が強力だったことが分かった。保険引受けと並ぶ「人事」と「財務」という保険会社の最重要業務が、横の管理ラインによって運営されていたという事象にも、計画経済期における地方分権的な中国社会のあり方が受け継がれていた。

さて、ここで本書冒頭の問題意識に立ち戻ってみよう。すなわち、中国の保険は、どのように時代や社会を映していたのだろうか。開放と改革の視点から見た保険は、前章までに述べたとおりである。一方、別の観点から注目すべきは、モータリゼーションに伴う自動車保険の急伸である。まず、自動車の生産台数の推移を見てみよう。なお、**表結び-1**には、「農用車（「低速貨車」と「三輪汽車」の通称、合計で年産200～300万台程度）」の生産台数は含まれていない。

表結び-1より、1995年以降、自動車生産が急激に増加していることが分かる。この時期に、中国のモータリゼーションが本格化したと考えられる。

結びにかえて

表結び-1　自動車生産台数推移

(単位：万台)

	1980 年	1985 年	1990 年	1995 年	2000 年	2005 年
自動車	22	44	51	145	207	570
内トラック	14	27	29	60	86	149
内バス					58	128
内乗用車					61	277

出所：『中国統計年鑑』各年版より筆者作成。

表結び-2　自動車保険料推移

単位：億元

	1980 年	1985 年	1990 年	1995 年	2000 年	2005 年
自動車保険料		9	41	190	373	858

出所：各年版の『中国保険年鑑』および中国保険学会（1998）より筆者作成。

最初に、トラックの生産が伸び始めたことから、まずは物資の輸送に力を入れたことが窺える。バスと乗用車については、2000年から2005年の間の伸びが著しく、この時期から大都市におけるモータリゼーションが目に見える形で急進した。この間の自動車生産台数の伸び率は、約2.75倍に達した。なお、本書の分析対象期間からは外れるが、2008年以降、乗用車生産が著増した。

一方、この間の自動車保険料の推移は**表結び-2**のとおりである。

自動車保険についても、1995年以降、急伸していることが分かる。特に、2000年から2005年においては、保険料収入実額が大きく伸び、伸び率は約2.3倍だった。

上記2表をグラフで示すと**図結び-1**のとおりである。

図結び-1を見ると、自動車生産台数は2000年から2005年にかけて急増した。この間、自動車の輸出は極めて小規模なのでほぼ全数が国内向けとみなしてよい。それに伴って、自動車保険料も急伸した。これはある意味当然の帰結ではあるが、第7章第6節で述べたとおり、2003年以降、全国レベルで自動車保険料率の自由化が進んだことにより、激しい料率引き下げ競争

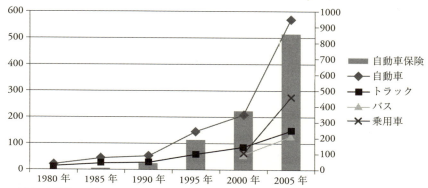

図結び-1　自動車生産台数と自動車保険料の推移

（注）　左縦軸の単位は万台であり、自動車生産台数が対象。右縦軸の単位は億元であり、自動車保険料が対象。
出所：筆者作成。

が起きたので、自動車保険料の伸び率が減少してもおかしくはなかった。

実際、前述のとおり2000年から2005年における自動車生産の伸び率は、2.75倍に達していたのに対して、同期間の自動車保険料の伸び率は2.3倍に止まっていた。ちなみに、個人の自動車保有台数は、2000年の625万台から2005年には1,848万台となり、2000年の2.96倍に達した。一般的に、自動車保険の加入率は、年毎にはあまり変動しないので、自動車保険料の伸び率が自動車生産や自動車保有のそれに比べて低くなった原因は、最大で72％引きにも及んだ料率引き下げ競争にあったと推定される。本件は、市場経済化を急激に進めた結果、競争が極端に拡大し、市場が混乱した事例である。

次に、保険は時代や社会を反映するという問題意識に関して、生保の商品構成に注目してみたい。第8章第6節の表3-7を以下に再掲する。

表結び-3によれば、近年大きく伸びているのは、「配当付」と「投資型」である。第6章第3節で述べたとおり、1999年に平安が「投資連結保険（変額保険）」を発売したことが、「投資型」の伸びを誘発した。しかし、2001年以降2005年までは、株式市場が低迷したため、「投資型」にかわって「配当付」が急伸した。株式市場の整備という社会の変化に伴い、それを活用した保険種目である「投資型」商品が開発された。その一方で、株式市場が低迷

表結び-3　生保種目別保険料の推移

単位：億元

	年金	傷害・医療	投資型	配当付	配当無	合計
1985年	2	1			1	4
1990年	23	10			16	49
1995年	34	32			95	161
2000年			22	9	951	982
2005年		401	266	2,022	960	3,649

（注）　投資型とは、「投資連結保険」と「万能保険（ユニバーサル保険）」をさす。
出所：各年次の『中国保険年鑑』および『中国統計年鑑』から筆者作成。

したことによって、貯蓄性の強い「配当付」商品が生まれた。ここにも社会の変化を映し出す保険のあり様が窺える。

　冒頭の問題意識に関連して、保険会社の財務諸表の信憑性について、簡単に検討したい。本書全体を振り返って、結論を言えば、相当程度の信憑性はあると判断する。筆者が注目するのは、決算数字が公表されなかったケースである。たとえば、PICCについて見ると、自動車保険の競争が大変厳しく、全種目合計のコンバインド・レシオが100％を超えていた1994年と1995年については、自動車保険単種目の収入保険料および支払保険金が公表されていなかった。また、同様に全国レベルで自動車保険の料率引き下げが展開された2004年と2005年についても、自動車保険単種目の収入保険料および支払保険金が公表されていない。両年に関しては、新規株式公開にかかわる投資家との約束から見て、自動車保険の損害率は78％を超えており、同保険が大幅な赤字であったことは間違いない。

　このように自動車保険引受けの成績が極端に振るわなかった年次の決算数字のみを公表しなかったという状況から見て、逆に、それ以外の年次（あるいは自動車保険以外の保険種目）については、比較的ありのままの姿を公表しているとみなしても、それほど的外れではないと考える。

　本書の筆を擱く前に、開放と改革とは直接的なかかわりは薄いものの、その一方で重要と思われる中国保険業の特徴について、一言述べたい。
　第1に、中国保険業は、中国社会が近代以降抱えていた「資本不足」とい

う社会のあり様から影響を受けてきた。

　第2に、中国の保険は「薄利多売」という一見保険思想とは相容れない考え方と親和性を持っている。

　まず、「資本不足」と保険の関係を見てみよう。近代的な保険制度は19世紀初頭にイギリスから中国に伝わったと言われている。その後、イギリスやアメリカの保険会社は、上海・香港・天津などに所在するジャーディン・マセソン（Jardine Matheson & Co.、怡和洋行）やデント（Dent & Co.、宝順洋行）などの「洋行」を代理店として、主に輸出入に関わる貨物保険や船舶保険の引受けを行った。

　19世紀後半になると、中国系の保険会社も設立されたが、保険引受けに必要な資産を十分に保有していなかったため、彼らが引受けたリスクの過半は「再保険」という形で、欧米の保険会社が引受けることとなった。このように、中華人民共和国成立以前の中国では、実質的に欧米の保険会社が様々なリスクを引受けていた。

　日本で日系の保険会社が設立されたのも19世紀後半であったが、中国系保険会社のように欧米保険会社の再保険に全面的に依存して、保険引受けを行うという商習慣は一般的ではなかった。日中とも同じ新興保険会社でありながら、中国系保険会社の資本不足が際立っていた。

　しかし、この現象には別の見方も成り立つ。中国系保険会社のように自社の中にリスクを抱えず、再保険という形でそれを社外へ移転してしまえば、保険料が流出する代わりに、事故発生時の保険金支払いも少なくて済む。極端な形として、まるで保険ブローカーのように、全くリスクを引受けずに、それを右（元受保険会社）から左（再保険会社）へ流すだけで、再保険手数料を稼ぐことも可能である。「資本不足」という中国社会全体の問題に対処する方策として、中国系保険会社は、自らを保険ブローカー化したとも考えられる。その意味で、「中国系保険会社の保険ブローカー化」は、資本不足の下では、保険引受けリスク（保険金支払いリスク）を負わずに手数料を稼ぐための合理的な選択であったとも言える。このように保険会社の経営実態が、中国社会における「資本不足」の影響を色濃く受けていた。

結びにかえて

　中華人民共和国建国後、中国政府は当時のソ連に倣い、企業の火災保険などの「強制保険化」を推進した。広く強制保険を実施することによって、社会から資金を吸収したことから見ると、当時の保険は「リスク分担」の手段ではなく、「遊休資本の回収」のための手段だった。つまり、資本不足を補う1手段として保険が活用され、財政を補完した。その後、1959年から1979年までの20年間は、保険の引受けが中断する時期が続いた。1980年に保険引受けが復活した後も、保険会社のとしての重要な機能である「保険準備金の積み立て」が十分には行われず、保険準備金のうち相当額が政府へ上納された。これも中国社会が相変わらず「資本不足」であったため、将来の保険金支払いに備えるという保険本来の機能発揮よりも、財政への補完が優先された結果であった。このように見てくると、中国の保険は、中華人民共和国建国の前後を問わず、中国社会における「資本不足」という状況から多大な影響を被ったと考えられる。

　ただし、最近は、保険業の発展にともない、状況が大きく変わってきている。たとえば、2013年12月末現在、中国保険業界の総資産額は約8.29兆元（約140兆円）に達しており、株式市場時価総額（約23.91兆元）の約35％に相当する巨大なものとなった。中国の保険会社は、機関投資家として重要性を増しており、その投資動向が資本市場を左右しうる存在となっている。

　つぎに、中国の保険と「薄利多売」という考え方との関わりを見てみよう。序章で説明したとおり、保険は「大数の法則」に基づいて合理的に設計された仕組みである。過去の事象を長期間にわたって観察した結果、導き出された事故発生確率に基づき、保険料率が計算されている。そこには、原理的に「割引」という考え方が入り込む余地はない。「大数の法則」に反して割引をすれば、保険会社は、一定期間経過後、確実に損失を被る。確かに、自動車保険などには「無事故割引」という制度があるが、これは一定の範囲内で保険料率が上下する仕組みであり、その範囲総体でみれば「大数の法則」を逸脱しているわけではない。

　ところが、中国の保険においては、「大数の法則」を無視する形で「薄利多売」が横行していた。たとえば、保険業を管理していた中国人民銀行総裁

李葆華は、1982年の全国保険工作会議において、「（保険業は：筆者補足）通俗的な言葉でいえば、『薄利多売』という経営思想に基づいてやればよい」と述べた（『保険研究』、1982：第2期増刊2)。保険業の監督者が「薄利多売」にお墨付きを与えたわけで、保険会社は堂々とこれを実施するだろう。事実、保険引受け実務においては、ある顧客がA保険会社からB保険会社に契約を切り替えた場合、B保険会社は保険料を1年間無料とするということも行われている。さらに、第7章第6節で述べたように、自動車保険の保険料率が自由化された2002年から約8年間にわたり、割引率が最大で72％に及ぶ壮絶な「薄利多売」競争が行われた。

　この現象は、「購買力を持った人々の人口が巨大である」という中国社会の特性を反映していると思われる。中国社会では、「薄利多売」は最も有力な販売戦略であり、中国の人々は、差別化が難しい汎用製品においては、それが勝ち残りへの唯一の道であると考えているように見受けられる。たとえば、現代において、携帯電話端末・オートバイ・テレビなどの業界で展開されている競争は「薄利多売」そのものである。これらの産業に共通するのは、「部品の共通化あるいはモジュール化によるコスト削減」である。中国の人々から見れば、保険も大部分の家電製品のように、差別化が難しい汎用製品と同様なのではあるまいか。

　一方、科学的に算出された料率に基づいて保険事業を行うことが、保険契約者や保険会社あるいは社会全体にとって、望ましい結果をもたらすことには疑いの余地がない。中国の保険に関わる多くの人々が、ともすれば陥りがちな「薄利多売」への誘惑を断ち切り、保険商品の魅力を中心に据え、保険サービスを巡る広範な競争に基づいて、保険を運営するようになれば、保険業はさらに大きな発展を遂げるだろう。第7章第6節で述べたとおり、2010年前後の自動車保険において、好ましい兆候が見えている。この傾向が拡大しかつ定着することによって、中国の保険の未来が切り開かれていくことを望みたい。

あとがき

　東京外国語大学入学後、中国のことを勉強し始めて以来、40年が経過した。大学では、金丸邦三先生・林暁容先生・依藤醇先生から、中国語および中国文学の手ほどきを受けた。大学3年の時に金丸先生のご厚意で、大学院の夏合宿に入れていただき、研究の世界を垣間見た。

　中国と直接関わるようになったのは、東京海上火災保険（現　東京海上日動火災保険）入社後の1979年に、中国語研修生として北京語言学院（現北京語言大学）へ派遣されてからである。クラス担任の楊殿武先生に、中国語の精読とはどのようなものかを教えていただいた。中国各地への合計4ヶ月にわたる旅行を含め、語言学院で過ごした2年間の経験が、中国の人々や社会を理解するための基礎となった。そこから、東京海上を退職した2008年までの30年の間、ほぼ一貫して中国業務に携わった。その間、極めて変化に富みかつやりがいのある仕事を経験することができた。

　2008年に東京大学大学院総合文化研究科地域文化研究専攻修士課程へ入学し、中国について研究する機会を持った。そこで出会ったのが、大学院の指導教員である谷垣真理子先生である。谷垣先生は、地域文化研究・政治学・現代香港論を専攻されており、香港政治に造詣が深い。そもそも筆者は、大学院入学当初、鄧小平と改革開放政策の関係について研究しようと考えていた。しかし、谷垣先生と後述の代田智明先生から「前職の経験を活かした方がよい」とのアドバイスをいただいた結果、保険を切り口として改革開放の展開を分析することにした。谷垣先生は、筆者のつたない論文を一字一句懇切丁寧に添削くださった。添削に次ぐ再執筆というサイクルは、博士課程修了まで続き、谷垣先生には大変なご苦労をおかけした。改めて、長きにわたるご指導に深く感謝の意を表したい。

　修士課程では、代田先生にお世話になった。先生のゼミで、沈従文の小説など難解な中国語の作品をいくつも読解することにより、中国語資料の読み

込みの力が増した。石井剛先生のゼミでは、先生と文字通りマンツーマンで中国現代思想に関する資料を読解するというまことに得難い経験をした。

　修士課程から博士課程にかけては、本郷の先生方にもお世話になった。当時、社会科学研究所においでになった田島俊雄先生、ならびに丸川知雄先生のゼミに参加させていただいたことにより、中国経済研究の最前線に触れることができた。

　田島先生のゼミでは、論文を読む際の目の付けどころをご指導いただいた。また、筆者が書き終えた修士論文について、詳細なコメントをいただき感激した。その後、博士論文執筆に際しても、書き始めから完成に至るまで、まことにきめ細かなご指導をいただいた。

　丸川先生のゼミでは、内外の新しくかつ刺激的な論文を読むことを通じて、自らが論文を執筆する際の「研究の芽」の見つけ方とその育み方をご教示いただいた。

　法学政治学研究科の高原明生先生のゼミは、大変活気に満ちていた。毎週、3本くらいの論文を輪読するのが常だったが、いつも活発な議論が展開され、刺激を受けた。

　本書の基になった博士論文執筆に際しても、多くの先生方にご指導いただいた。村田雄二郎先生からは、論文執筆に行き詰まるたびに、それを打開する貴重なヒントをいただき、大変有り難かった。田原史起先生からは、論文の構成に関して、有益なアドバイスを頂戴した。荒巻健二先生には、国際金融の観点から、専門的なご意見をいただいた。さらに、渡邉真理子先生（学習院大学、当時は日本貿易振興機構アジア経済研究所）からは、中国金融のご専門の立場より、多くの貴重なご助言を承った。先生方のご指導を本書に活かせていることを願う。

　本書の編集出版に際しては、東京大学社会科学研究所現代中国研究拠点から支援を受けた。ここに深く感謝の意を表したい。この支援により、本書の出版が可能となった。また、編集から出版に至る全過程で、御茶の水書房編集部小堺章夫氏のお手を煩わせた。そのご尽力に厚くお礼を申し上げたい。

　30年間にわたって東京海上における筆者の活動を導き、支えてくれた会

あとがき

　社の上司・同僚にも深く感謝したい。あまりにも多くの方々のお世話になったので、一人一人のお名前を挙げることはできないが、これらの人々の協力によって本書を執筆することができた。
　最後に、共に人生を歩み、筆者の転身に驚きつつも、研究活動に対する支援を惜しまなかった妻と二人の娘および両親に心から感謝したい。

　2015 年 1 月

　　　　　　　　　　　　　　　　　　　　　　　　　　　　伊藤　博

参考文献一覧

日本語
《単行本および論文》

磯部　靖(2008)『現代中国の中央・地方関係　広東省における地方分権と省指導者』慶應義塾大学出版会。

大谷孝一他(2009)『保険論[第2版]』成文堂。

大塚正修編(2002)『中国社会保障改革の衝撃――自己責任の拡大と社会安定の行方――』勁草書房。

大橋英夫(2000)「第2章　中央・地方関係の経済的側面　財政・金融を中心に」天児慧編『現代中国の構造変動　政治―中央と地方の構図』東京大学出版会。

木村栄一・野村修也・平澤敦(2006)『損害保険論』有斐閣。

クレイン、デュワイト・B他(2000)『金融の本質――21世紀型金融革命の羅針盤――』(野村総合研究所訳、原著は1995年発行)野村総合研究所広報部。

沙銀華(2007)「10　保険産業」佐々木信彰編『現代中国産業経済論』世界思想社。

沈奇志(2003)『改革開放中国の光と「陰」』文眞堂。

銭其琛(2006)『銭其琛回顧録――中国外交20年の証言(外交十記)』(濱本良一訳、原著は2003年発行)東洋書院。

田島俊雄(1990)「中国の経済変動――大躍進・小躍進と経済改革――」『アジア経済』第31巻第4号41～60ページ。

――(2000)「第3章　中国の財政金融制度改革」中兼和津次編『現代中国の構造変動　経済――構造変動と市場化』東京大学出版会。

玉村勝彦(2011)『損害保険の知識〈第3版〉』日本経済新聞社。

陳錦華(2007)『国事憶述――中国国家経済運営のキーパーソンが綴る現代中国の産業・経済発展史』(杉本孝訳、原著は2005年発行)財団法人日中経済協会。

出口治明(2009)『生命保険入門新版』岩波書店。

ニッセイ基礎研究所(2003)『ニッセイ基礎研究所 REPORT 2003.11』。

ニッセイ基礎研究所(2011)『概説　日本の生命保険』日本経済新聞出版社。

日中経済協会(2001)『中国WTO加盟関係文書　中国WTO加盟作業部会報告書・議定書／サービス約束表』財団法人日中経済協会。

マン、ジェームズ(1999)『米中奔流』(鈴木主税訳、原著は1998年発行)共同通信社。

三宅康之(2006)『中国・改革開放の政治経済学』ミネルヴァ書房。

毛里和子(2006)『日中関係　戦後から新時代へ』岩波書店。

《辞典類》
天児慧他編(1999)『岩波　現代中国事典』岩波書店。
岡部達味・安藤正士編(1996)『原典中国現代史　別巻　中国研究ハンドブック』岩波書店。
藤堂明保他編(1985)『最新中国情報辞典』小学館。

《ウェブ・サイト》
株式会社損害保険ジャパンHP、http://www.sompo-japan.co.jp、2012年3月15日閲覧。
社団法人生命保険協会HP、http://www.seiho.or.jp/、2012年3月15日閲覧。
第一生命保険株式会社HP、http://www.dai-ichi-life.co.jp、2012年3月15日閲覧。
東京海上日動火災保険株式会社HP、http://www.tokiomarine-nichido.co.jp、2012年3月15日閲覧。
日本生命保険相互会社HP、http://www.nissay.co.jp、2012年3月15日閲覧。
三井住友海上保険株式会社HP、http://www.ms-ins.com、2012年3月15日閲覧。
明治安田生命保険相互会社HP、http://www.meijiyasuda.co.jp、2012年3月15日閲覧。

中国語（著者名ピンイン順）
《檔案》
「保険業概況」(1950-1952)　上海市檔案館蔵、檔号S181-4-17。
「関於逐歩収縮保険業務的問題」(1958)　北京市檔案館蔵、檔号134-1-298。
「国務院関於改進保険工作管理制度的規定」(1958)　北京市檔案館蔵、檔号2-10-127。
「泰山保険公司工会為争取公司前途意見書」(1952)　上海市檔案館蔵、檔号Q362-1-24-119。

《保険志および金融志》
安徽省保険志編纂委員会(1998)『安徽省保険志』北京：方志出版社。
常州市金融志編纂委員会(1999)『常州市金融志』江蘇省常州市：河海大学出版社。
傅筱玲(1992)『洛陽市保険志』北京：生活・読書・新知三聯書店。
広東省地方志編纂委員会(1999)『広東省志・金融志』広東省広州市：広東人民出版社。
海南省地方志編纂委員会(1993)『海南省志　第一巻　金融志』海南省海口市：南海出版公司。
河北省保険志編纂委員会(1990)『河北省保険志』河北省石家庄市：河北科学技術出版社。
合肥金融志編纂委員会(1996)『合肥金融志』安徽省合肥市。
淮陰市金融志編纂委員会(2006)『淮陰市金融志』北京：中国金融出版社。
江津県保険志編輯小組(1987)『江津県保険志』四川省江津県。
江蘇省地方志編纂委員会(1998)『江蘇省志・保険志』江蘇省南京市：江蘇古籍出版社。

李如斌(1995)『南京金融志』江蘇省南京市：南京出版社。
連雲港市金融志編纂委員会(2001)『連雲港市金融志』江蘇省連雲港市：中国礦業大学出版社。
柳雲(1993)『広西保険志』広西民族出版社。
茂名市金融志編纂委員会(2004)『茂名市金融志』北京：中国金融出版社。
番禺金融志編委会(1994)『番禺金融志』。
順徳県金融志編写組(1993)『順徳県金融志』広東省広州市：広州出版社。
蘇州市金融志編纂委員会(1994)『蘇州市金融志』江蘇省南京市：南京大学出版社。
天津市地方志編修委員会編(1999)『天津通志・保険志』天津：天津社会科学院出版社。
徐州市保険志編纂委員会(1988)『徐州市保険志 1918-1987』江蘇省徐州市。
張榮坤(1996)『無錫市金融志』上海：復旦大学出版社。
浙江省保険志編纂委員会(1999)『浙江省保険志』北京：中華書局。
鎮江保険志編纂委員会(2005)『鎮江保険志：1871-2003』北京：方志出版社。
中国人民保険公司鞍山市支公司(1989)『鞍山市保険志』遼寧省鞍山市。
中国人民保険公司保定中心支公司(1990)『保定保険志』河北省保定市。
中山市金融志編纂委員会(1993)『中山市金融志』広東省広州市：広東科技出版社。

《単行本》
陳懇(2009)『迷失的盛宴 中国保険産業1919-2009』浙江省杭州市：浙江大学出版社。
陳述(2008)『改革開放重大事件和決策述実』北京：人民出版社。
当代北京金融史料編写組(1988)『当代北京金融史料 一九四九－一九八五 上冊』出版社名不詳。
当代北京金融史料編写組(1988)『当代北京金融史料 一九四九－一九八五 下冊』出版社名不詳。
交通銀行総行編(2006)『交通銀行史料 第三巻(1986-2001) 中冊』北京：中国金融出版社。（交通銀行檔案を含む）
李先念伝編写組・鄂豫辺区革命史編輯部(2011)『李先念年譜 第一巻～第六巻』北京：中央文献出版社。
李先念論財政金融貿易編輯組(2010)『李先念論財政金融貿易（一九五〇－一九九一年）下巻』北京：中国財政経済出版社。
李揚他(2008)『中国金融改革開放30年研究』北京：経済管理出版社。
李耀華(2012)『中国当代保険業 発展歴史及其効率研究』北京：知識産権出版社。
劉鴻儒(2000)『劉鴻儒論中国金融体制改革 上下巻』北京：中国金融出版社。
劉鴻儒他(2009)『変革——中国金融体制発展六十年』北京：中国金融出版社。
劉魯風他主編(1989)『中華人民共和国要事録』山東省済南市：山東人民出版社。
劉仁伍(2008)『中国保険業：現状與発展』北京：社会科学文献出版社。
馬永偉・施岳群(1996)『当代中国保険』北京：当代中国出版社。
尚明・陳立・王成銘主編(1993)『中華人民共和国金融大事記』北京：中国金融出

版社。
王安(2008)『保険中国 200 年』北京：中国言実出版社。
王安他(2005)『我経歴了中国保険 50 年』北京：現代出版社。
呉定富(2004)『中国保険業発展改革報告（1979-2003)』北京：中国経済出版社。
呉建融(2009)『見証　上海金融改革 30 年』上海：上海遠東出版社。
呉暁霊編(2008)『中国金融体制改革 30 年回顧與展望』北京：人民出版社。
熊金福・高淑芬(2008)『平安之道』広東省深圳市：海天出版社。
殷孟波主編(2008)『中国経済改革 30 年　金融巻』四川省成都市：西南財経大学出版社。
趙蘭亮(2003)『近代上海保険市場研究（1843-1937）』上海：復旦大学出版社。
趙守兵他(2007)『解密友邦　友邦保険中国攻略』北京：中国発展出版社。
趙学軍(2008)『中国金融業発展研究（1949-1957)』福建省福州市：福建人民出版社。
中国保険学会(1998)『中国保険史』北京：中国金融出版社。
中国保険学会・中国保険報(2005)『中国保険業二百年（1805-2005)』北京：当代世界出版社。
中国社会科学院・中央檔案館編(1996)『1949-1952　中華人民共和国経済檔案資料選編　金融巻』北京：中国物資出版社。
中国社会科学院・中央檔案館編(2000)『1953-1957　中華人民共和国経済檔案資料選編　金融巻』北京：中国物価出版社。
周道許(2006)『中国保険業発展若干問題研究　上冊』北京：中国金融出版社。

《専門誌・新聞および学位論文》
「李葆華行長在全国保険工作会議結束時的講話」『保険研究』1982 年第 2 期増刊 2 ページ。
杜伯儒・金家銓(1989)「保険業支部在上海解放前夕的活動」上海市保険学会・上海保険研究所『上海保険』1989 年第 2 期 41～44 ページ。
堵春勇(2006)「法規差異対中外資保険公司競争力的影響」中央財経大学修士学位論文。
林震峰(1989)「関於接管上海官僚資本保険機構的回憶」上海市保険学会・上海保険研究所『上海保険』1989 年第 6 期 4～5 ページ。
──(1999)「建国初期的上海保険業」『中国保険』1999 年第 142 期 16～17 ページ。
馬明哲(1999)「平安初創」『中国保険』1999 年第 142 期 36～37 ページ。
上海市保険学会・上海保険研究所(1985)『上海保険』1985 年第 5 期（内部発行）5 ページ。
施哲明(1983a)「保険発展史簡介（四）」『保険研究』1983 年第 1 期 59～64 ページ。
──(1983b)「保険発展史簡介（五）」『保険研究』1983 年第 2 期 56～59 ページ。
──(1983c)「保険発展史簡介（六）」『保険研究』1983 年第 3 期 39～45 ペー

ジ。
宋国華(1980)「発展人民保険事業　為四化建設服務」『中国金融』1980年第1期 7～8ページ。
──(1985)「関於保険資金的投資問題」『中国保険』1985年第2期14～16ページ。
呉越(1999)「接管的日子」『中国保険』1999年第142期14～15ページ。
余彦君「専訪平安孫建一：他代表平安與摩根"談恋愛"」2008年8月15日付『晶報』。
張崇福(1980)「関於保険体制的改革設想」『経済管理』1980年第2期15～17ページ。
張蓬(1985)「新中国保険事業的国内業務両度停弁的教訓」『上海保険』1990年3期40～41ページ（原典は、上海市保険学会『中国民族保険業創弁一百周年紀念専集（1885-1985）』所収）。
『中国金融』1980年第1期9ページ（無署名記事）。
中国人民銀行研究局・同行金融研究所(2004)「中国寿険業的経営風険與対策」『金融研究報告』2004年第6期（内部報告）。
周志誠(1987)「加快保険立法工作的歩伐」上海市保険学会・上海保険研究所『上海保険』1987年第7期（内部発行）2～3ページ。
朱蔭貴(2001)「引進與改革：近代中国企業官利制度分析」『近代史研究』2001年第4期。

《辞典・年鑑》
劉鴻儒編(1987)『経済大辞典　金融巻』上海：上海辞書出版社。
中国保険年鑑編輯委員会編(2001)『1981-1997　中国保険年鑑』北京：中国保険年鑑編輯部。
中国保険年鑑編輯委員会編(1998-2007)『中国保険年鑑』各年版、北京：中国保険年鑑編輯部。

《年報》
中国平安保険股份有限公司(1997-2000)『中国平安保険股份有限公司年報』各年版。
中国太平洋保険公司(1991-2000)『中国太平洋保険公司年報』各年版。

《ウェブ・サイト》
百度百科　http://baike.baidu.com/view/320756.htm、2011年11月10日閲覧。
「馬明哲創業史及後台背景掲秘」、http://bangpai.taobao.com、2012年2月9日閲覧。
通信百科　http://baike.580114.com、2012年2月9日閲覧。
中国保険監督管理委員会「統計信息」、http://www.circ.gov.cn/tabid/434/InfoID/63415/Default.aspx/、2008年7月28日、2009年9月9日および2012年6月25日閲覧。
中国平安保険（集団）公司HP、http://www.pingan.com/、2012年6月27日閲覧。
中国人民財産保険股份公司HP、http://www.piccnet.com.cn/cn/tzz/gsbg/index.shtml、

275

2012年6月27日閲覧。

中国人寿保険（集団）公司 HP、http://www.chinalife.com.cn/publish/zhuzhan/641/index.html、2012年6月27日閲覧。

中国太平洋保険（集団）公司 HP、http://www.cpic.com.cn/cpic/index.shtml、2012年6月27日閲覧。

http://chuangye.28xl.com、28XL COM 創業網、2012年2月8日閲覧。

http://businese.sohu.com/20060318/n242354263.shtml、捜狐財経、2012年2月8日閲覧。

英語

The American International Group（発行年未詳）, *AIG IN CHINA*, AIG New York（2000年に筆者が入手した AIG 社発行のパンフレット）

Shelp, Ronald（2006）, *Fallen Giant: The Amazing Story of Hank Greenberg and The History of AIG*, Hoboken New Jersey: John Wiley & Sons, Inc.

索引

あ行

アーンドインカードベイシスの損害率　105
IPO　145, 146
アンダーセン会計事務所　181
アンダーライティング　105
イーグルバーガー　62
医療保険　78
運用資産利回り　106
AIG　50, 55, 59, 60, 65, 92, 140
袁庚　84
エンベディッド・バリュー　110
王恩韶　23, 87
黄宜庚　180
王憲章　184
王国良　221, 223, 225
王仲石　50
OSS　61

か行

カーライル　229
華安合群保寿公司　21
海上石油開発　52
花渓飯店　162
何静芝　89, 163
何椿霖　59
諫当保安行　20
幹部職務聘任制　130
官利　212
機関投資家　148
既経過保険料　102
基礎利益　109
キックバック　234
キッシンジャー・アソシエイツ　51, 61
既発生未報告損害備金　103
龔浩成　59
強制保険　4, 32, 40, 43
義和公司保険行　20
グリーンバーグ，モーリス　61
経済調整政策　74
経常利益　110
公私合営保険会社　30
江蘇省宏達投資有限公司　157
交通銀行　82, 205
紅利　212
呉越　22, 27, 76
コーポレートガバナンス　147
ゴールドマン・サックス　180
国外業務　74
国外付保規制　81
国内業務　74
国内業務引受け停止　37
国内保険業務引受け停止　4, 45
胡景澐　24

個人代理人　179
コンバインド・レシオ　106, 114, 171

さ行

三星火災　66
3利源損益　109
自国保険主義　81
資産運用　147
自然保険料　103
施哲明　23, 29
自動車保険　128
支払備金　103
支払余力　88, 93, 229
社会保険　12
謝寿天　23, 29
上海外資保険機構暫定管理弁法　57
上海市軍事管制委員会　30
周恩来　34
従業員持ち株会　175
戎子和　38
朱元仁　29, 163
朱鎔基　61, 70
条々塊々　5, 153
正味事業費率　106, 113
正味損害率　104, 105, 113
奨励給　129
職位責任制　131
徐潤　21
新疆生産建設兵団農牧業保険公司　82
秦道夫　27, 87
新豊保険公司　30

スコウクロフト　62
スター，コーネリアス・ヴァンダー　60
盛宣懐　21
生損保兼営　82, 112
生損保分離　134, 179, 190, 194, 222
生命保険　11
生命保険代理人　60
責任準備金　104
宋国華　61, 76, 162
総資産利回り　106
属地的経済システム　7
ソルベンシー・マージン比率　106
損害保険　11
損害率　33
孫文敏　23, 27, 29
損保ジャパン　66

た行

大数の法則　10
戴相龍　210
太平保険公司　30
縦の系列　156
WTO加盟　65, 93
地方分権　35, 122, 259, 260
中国人寿保険公司　90
中国人民銀行　32
中国人民保険公司　19, 119
中国太平洋保険公司　83, 203
中国保険監督管理委員会　91, 93, 138
中国保険公司　23
中美保険公司　52, 61

張勁夫　84
趙紫陽　205
張崇福　76
張蓬　34
陳雲　35, 36, 74
陳慕華　84
定額保険　12
田紀雲　97
トゥウィーディー　61
東京海上　53, 55
投資連結保険　184
唐廷枢　21
ドノバン　61

な行

日中共同保険　51

は行

配当性向　213, 215, 219
薄一波　76
馬明哲　84, 176
潘其昌　211
バンクアシュアランス　186, 195
万里　38
PICC　89, 119
馮国璋　21
馮天順　51
含み損益　110
普通備金　103
プライベート・エクイティー　181
分紅保険　148
平安保険公司　83, 140, 173

平準保険料　103
変額保険　12
貿易保険　128
ポケット論　35
保険企業管理暫定条例　81, 128, 157
保険招商局　21
保険法　87, 89, 93
保険料積立金　103

ま行

マッキンゼー社　187
未経過保険料　102
毛沢東　34, 35
モノバンク制度　32, 55
モルガン・スタンレー　180

や行

ヤングマン　61
ユニバーサル保険　222
養老保険　78
横の系列　156, 168

ら行

利改税　123, 239
李貴鮮　87
李鴻章　20
利差損　90, 142, 146, 185, 191
利差配当保険　140, 184
利潤留保　122, 170
李先念　36, 74
リトンペイドベイシスの損害率　105

龍永図　63
劉鴻儒　84, 97

林震峰　23, 29
黎元洪　21

図表索引

序章
表序−1	被保険利益による損害保険の分類	11
表序−2	生保個人保険の基本商品	12
表序−3	日本の社会保険	12
表序−4	中国の社会保険	13

第1章
図1−1	PICC組織図（1949年）	23
図1−2	地下党員の動き	24

第2章
表2−1	WTO加盟時の保険市場開放に関する約束	65

第3章
図3−1	PICCの組織改革（1996年）	89
図3−2	PICCの組織改革（1998年）	90
図3−3	PICCグループの株式会社化（2002年以降）	92
表3−1	2002年の「保険法」改正	94
表3−2	保監会制定の主な規定とその効果	94

第4章
図4−1	損害保険会社における保険料の認識	102
図4−2	生保の平準保険料のイメージ（20歳で保険に加入するモデル）	104
図4−3	2011年損保収保上位5社	116
図4−4	2011年生保収保上位5社	117
表4−1	2001～2006年の中国人民財産保険　損益計算書	108
表4−2	2001～2006年の中国人民財産保険経営指標	109
表4−3	1996年～2000年の中国人寿保険公司　損益計算書	111
表4−4	1996年～2000年の中国人寿保険公司　経常利益	112

表 4 - 5	日本大手 3 社の正味損害率	113
表 4 - 6	日本大手 3 社の正味事業費率	115
表 4 - 7	日本大手 3 社のコンバインド・レシオ	115
表 4 - 8	日本大手 3 社の運用資産利回り	115
表 4 - 9	日本大手生保 3 社基礎利益	115
表 4 - 10	2011 年損保収保上位 5 社	115
表 4 - 11	2011 年生保収保上位 5 社	117

第 5 章

表 5 - 1	中国人民財産保険股份有限公司概要	120
表 5 - 2	中国人寿保険股份有限公司概要	120
表 5 - 3	国内業務復活期の業績概要	125
表 5 - 4	国内業務復活期（1980 年〜1985 年）の貸借対照表	126
表 5 - 5	国内業務復活期（1980 年〜1985 年）の損益計算書	127
表 5 - 6	国内業務復活期（1980 年〜1985 年）の経営指標	127
表 5 - 7	業務発展期の業績概要	133
表 5 - 8	業務発展期（1986 年〜1991 年）の経営指標	133
表 5 - 9	業務発展期（1986 年〜1991 年）の種目別損害率	133
表 5 - 10	競争激化期の業績概要	135
表 5 - 11	競争激化期（1992 年〜1995 年）の経営指標	136
表 5 - 12	競争激化期（1992 年〜1995 年）の種目別損害率	137
表 5 - 13	生損保分離期損保業績概要	138
表 5 - 14	生損保分離期（1996 年〜2000 年）の損保経営指標	139
表 5 - 15	生損保分離期（1996 年〜2000 年）の生保経営指標	141
表 5 - 16	グループ会社化推進期損保業績概要	145
表 5 - 17	グループ会社化推進期（2001 年〜2006 年）の損保経営指標	145
表 5 - 18	グループ会社化推進期（2001 年〜2006 年）の種目別損害率	146
表 5 - 19	グループ会社化推進期（2001 年〜2006 年）の生保経営指標	149

第 5 章補論

表 5 補-1	PICC 江蘇省分公司資産運用状況	161
表 5 補-2	PICC 淮陰市分公司の資産運用状況	168

第6章

図6－1	中国生保市場と平安	186
図6－2	上海指数の推移	187
表6－1	中国平安人寿保険股份有限公司概要	174
表6－2	中国平安財産保険股份有限公司概要	174
表6－3	創業期（1988年～1992年）の貸借対照表	177
表6－4	創業期（1988年～1992年）の損益計算書	178
表6－5	創業期（1988年～1992年）における経営指標	178
表6－6	コングロマリット志向期業績概要	182
表6－7	コングロマリット志向期（1993年～1996年）の経営指標	182
表6－8	コングロマリット志向期（1993年～1996年）の種目別損害率	183
表6－9	中国生保市場と平安	185
表6－10	銀行金利と生保予定利率	192
表6－11	生保伸長期（1997年～2002年）の生保経営指標	193
表6－12	生保伸長期（1997年～2002年）の損保種目別損害率	194
表6－13	生損保分離期の生保経営指標	197
表6－14	生損保分離期（2003年～2006年）の損保経営指標	198

第7章

表7－1	中国太平洋人寿保険股份有限公司概要	203
表7－2	中国太平洋財産保険股份有限公司概要	204
表7－3	創業期（1991年～1994年）の業績概要	214
表7－4	創業期（1991年～1994年）の貸借対照表	214
表7－5	創業期（1991年～1994年）の損益計算書	215
表7－6	創業期（1991年～1994年）の経営指標	216
表7－7	創業期における個別保険種目の損害率	217
表7－8	業務発展期（1995年～1997年）の業績概要	219
表7－9	業務発展期（1995年～1997年）の経営指標	219
表7－10	業務発展期における個別保険種目の損害率	220
表7－11	調整期（1998年～2000年）の業績概要	225
表7－12	調整期（1998年～2000年）の経営指標	225
表7－13	調整期（1998年～2000年）における個別種目の損害率	226
表7－14	グループ会社化推進期（2001年～2006年）の損保経営指標	230
表7－15	グループ会社化推進期（2001年～2006年）の個別種目損害率	231

表7－16　グループ会社化推進期（2001年～2006年）の生保経営指標 ……… 232

第8章
図8－1　損保種目別保険料の推移…………………………………………… 252
図8－2　生保種目別保険料の推移…………………………………………… 254
表8－1　1991年～1995年の3社経営状況比較　………………………… 241
表8－2　1996年～2000年の損保経営状況比較（PICC：太平洋）……… 244
表8－3　1996年～2000年の生保経営状況比較（PICC：平安）………… 245
表8－4　2003年～2006年の3社経営状況比較（損保）………………… 247
表8－5　2003年～2006年の3社経営状況比較（生保）………………… 248
表8－6　損保種目別保険料の推移…………………………………………… 252
表8－7　生保種目別保険料の推移…………………………………………… 254
表8－8　主要国の生保市場…………………………………………………… 255

結びにかえて
図結び－1　自動車生産台数と自動車保険料の推移……………………… 262
表結び－1　自動車生産台数推移……………………………………………… 261
表結び－2　自動車保険料推移………………………………………………… 261
表結び－3　生保種目別保険料の推移………………………………………… 263

著者紹介

伊藤　博（いとう　ひろし）

1955 年　東京生まれ。
1978 年　東京外国語大学外国語学部中国語学科卒業、同年東京海上火災保険株式会社入社。
2008 年　同社退職、東京大学大学院総合文化研究科地域文化研究修士課程入学。
2013 年　同学博士課程修了。博士（学術）。
現　在　一般社団法人中国研究所勤務、東京大学大学院総合文化研究科学術研究員。

研究テーマは、現代中国の金融・保険および現代日中経済関係史。

中国保険業における開放と改革──政策展開と企業経営──

2015年2月5日　第1版第1刷発行

著　者　伊　藤　　博
発行者　橋　本　盛　作
発行所　株式会社　御茶の水書房
〒113-0033　東京都文京区本郷5-30-20
電話　03-5684-0751

印刷・製本：シナノ印刷㈱

Printed in Japan
©Ito Hiroshi 2015

ISBN 978-4-275-02001-7 C3033

東アジア市場経済：多様性と可能性	山口重克編著	菊判・450頁・価格 8400円
中国農村経済と社会の変動	中兼和津次編著	A5判・356頁・価格 6500円
中国セメント産業の発展	田島俊雄・朱蔭貴・加島潤編著	A5判・354頁・価格 6800円
中国農業の構造と変動	田島俊雄著	A5判・422頁・価格 7400円
中国に継承された「満洲国」の産業	峰毅著	A5判・284頁・価格 5600円
近代台湾の電力産業	湊照宏著	A5判・254頁・価格 5600円
中国国有企業の金融構造	王京濱著	A5判・260頁・価格 5200円
中国「国有企業」の経営と労使関係	李捷生著	A5判・490頁・価格 8200円
中国の企業統治システム	唐燕霞著	A5判・314頁・価格 6700円
現代中国の政府間財政関係	張忠任著	A5判・260頁・価格 5800円
台湾造船公司の研究	洪紹洋著	A5判・300頁・価格 8000円
東アジアのビジネス・ダイナミックス	伊藤正一編著	A5判・284頁・価格 4000円
転換期を迎える東アジアの企業経営	孫飛舟編著	A5判・192頁・価格 3600円

御茶の水書房
（価格は消費税抜き）